"十二五"职业教育国家规划教材配套教材

出境旅游领队实务（双语）

The Practice of Outbound Tour Leader（Bilingual Version）

主　编　徐　辉
副主编　孙　艺

中国财政经济出版社

图书在版编目（CIP）数据

出境旅游领队实务 = The Practice of Outbound Tour Leader（Bilingual Version）：中英/徐辉主编．—北京：中国财政经济出版社，2016.7

"十二五"职业教育国家规划教材配套教材

ISBN 978－7－5095－6743－2

Ⅰ.①出… Ⅱ.①徐… Ⅲ.①国际旅游－旅游服务－双语教学－高等职业教育－教材 Ⅳ.①F590.63

中国版本图书馆 CIP 数据核字（2016）第 106255 号

责任编辑：蔡宾　王晓敏　　　　　责任校对：张　凡
封面设计：华乐功　　　　　　　　版式设计：董生平

中国财政经济出版社 出版

URL：http://www.cfeph.cn
E-mail：jiaoyu@cfeph.cn

（版权所有　翻印必究）

社址：北京市海淀区阜成路甲 28 号　邮政编码：100142
发行处电话：88190406　财经书店电话：64033436
中煤（北京）印务有限公司印装　各地新华书店经销
787×1092 毫米　16 开　16.75 印张　404 000 字
2016 年 7 月第 1 版　2018 年 8 月北京第 3 次印刷
定价：34.00 元
ISBN 978－7－5095－6743－2/F·5425
（图书出现印装问题，本社负责调换）
质量投诉电话：010－88190744
打击盗版举报热线：010－88190492，QQ：634579818

前 言

据世界旅行及旅游业理事会（WTTC）预测，中国将在2023年成为世界第一大旅游经济体。旅游专家认为，今后5年中国公民出境旅游总人数有望突破4亿人次。2015年，中国出境游人数已达1.2亿人次，从总量上来看，已经连续4年成为世界排名第一的世界客源国。截至2015年1月，中国公民组团出境旅游目的地国家或地区已达155个，中国公民可组团前往的国家和地区达117个，占与我国建交的172个国家的68%。我国出境旅游的高速发展使出境旅游领队越来越受到人们的关注。

出境旅游领队是近十几年中国出境旅游迅速发展而催生的新职业。2015年版《中华人民共和国职业分类大典》（简称《大典》）将旅游团队领队等4个职业作为新职业纳入《大典》，这标志着出境旅游领队职业身份在国家职业体系中首次得以确立。而具有出境资质的国际旅行社（公司）急需旅游院校培养出既有理论基础，又有实战经验的应用型旅游人才，以应对日益发展的出境旅游行业对旅游人才的需求。

当今，越来越多的旅游院校及旅游学系开设了"领队实务"这门课程。但由于缺乏师资与教材，许多旅游院校及旅游学系只能在"导游业务"课程中开设一个模块，或者根本无能力开设该课程，这显然与行业及学科的发展是不相适应的。基于此，编者在多年亲自带团担任出境旅游领队积累实战经验和参阅大量国内外研究出境旅游带团成果的基础上，对旅行社出境旅游领队带团的流程进行了系统梳理，编写了《出境旅游领队实务》（双语）一书。本教材具有以下鲜明特点：

1. 内容前沿，条理清晰。本书涉及出境旅游领队带团工作中常遇到的各方面知识，涵盖出境旅游领队与旅游业的关联、出境旅游领队应具备的资格及素质、出境旅游领队必须储备的相关知识、出境旅游领队带团的整个作业流程、出境旅游领队带团的操作与讲解技巧、带团中事故的处理与预防等八个篇章。本书基本囊括了出境旅游领队应具备的带团能力和技巧，加上本书的编写者来自不同的旅游院校，更有来自旅行社行业的资深业者，他们不但有着丰富的出境旅游领队经验，也有丰富的旅游教学经验，从而可以从全方位、多角度搜集发生在全球各地带团案例、梳理带团流程来编纂此书。

2. 体例双重，创新教学。本书分为基础概述篇、操作实务篇、技能提升篇三大模块。基础概述篇和技能提升篇的体例采用本章导读、学习目标、思考与练习，文中穿插知识链接、图片、出境旅游案例及评析。正文的开始由出境游案例导入进行分析，引导阅读者关注正文所要阐述的内容。而阐述领队带团流程的操作实务篇采用任务驱动和部分中英文双语的体例，该部分的内容设计以真实出境旅游领队职业活动为导向，以真实的出境旅游领队工作任务为载体，配合带团的实景照片，加上中英文的温馨提示，整合序化教学内容，导入教学情境，重视学生的能力训练，采用以学生为主题，学做一体化的课程教学模式。

3. 注重实用，服务多元。本书中的素材选择和实务，编者坚持与旅行社行业接轨，并吸收了大量的出境旅游领队带团的实战经验，反映了旅行社业实践和研究的新成果，内容具有较强的前瞻性。特别一提的是此书辅以十几个真实的、有代表性的最新案例及评析，大部分是由主编原创撰写。此书既可作为旅游院校的教学用书，又可作为出境旅游领队培训教材，同时也可作为广大出境旅游爱好者的参考书。该书内容全面、层次清晰，有很强的可读性。

本书由浙江旅游职业学院旅行社管理系徐辉担任主编，负责该书的整体设计、统稿及定稿等工作；浙江省中国旅行社集团有限公司资深出境游领队兼德语翻译孙艺担任副主编，浙江外国语学院国际商学院乔桂强参与编写与翻译，浙江旅游职业学院外语系厉玲玲、陈积峰参与翻译。全书共分八章，各章具体分工为：孙艺（第一章、第八章）、徐辉（第二章、第三章、第四章、第五章、第六章）、乔桂强（第七章）。部分英文翻译分工为：陈积峰（翻译第三章）、乔桂强（翻译第四章）、厉玲玲（翻译第五章）。浙江旅游职业学院张建融教授对全书内容进行审稿并提出了修改意见。

在编写过程中，编者参考和借鉴了旅游界诸多同行和专家的研究成果；同时，有旅游企业专业人士、高层管理人员与旅游媒体的共同参与，体现校企合作、媒体参与开发课程的新理念。浙江省中青国际旅游有限公司出国 & 出境旅游中心朱小军副总经理提供了本书附录部分的内容；领队部经理陈曦和资深出境游领队陈雪峰提供了大量的案例线索；澳新部陈钗经理提供给主编担任"澳大利亚凯恩斯8日游"的领队工作机会，夯实了本书操作实务篇的内容；浙江光大国际旅游有限公司苏华经理特别委派主编担任为期12天的"英格兰、苏格兰、北爱尔兰及爱尔兰"律师团的翻译和领队工作，丰富了技能提升篇的内涵。浙报传媒《江南游报》总编江如文给予积极支持，在显著的版面上连续刊登出境游案例及专家评析，让高校、企业与媒体的合作形成了良性循环。另外，杭州海外旅游有限公司资深出境游领队童智毅对此教材的编写工作给予了很大的帮助。在此一并表示感谢。

由于本书涉及的内容广泛，专业性强，我们的学识水平有限，难免存在不足之处，恳请读者匡正赐教，以期通过不断的修订达到完善和提升。

徐 辉

2016 年 6 月于杭州

目 录

基础概述篇

第一章 出境旅游领队概述 ……………………………………………………（ 3 ）
 第一节 出境旅游领队的发展历程 ……………………………………（ 4 ）
 第二节 国家对出境旅游领队的相关政策规定 ………………………（ 10 ）
 第三节 出境旅游领队从业资格和素质要求 …………………………（ 14 ）
 第四节 出境旅游领队在旅游业中的地位 ……………………………（ 25 ）
 思考与练习 ………………………………………………………………（ 33 ）

第二章 出境旅游领队必须储备的相关知识 …………………………………（ 35 ）
 第一节 护照与签证的基本知识 ………………………………………（ 37 ）
 第二节 出境旅游交通的相关知识 ……………………………………（ 44 ）
 第三节 保险的相关知识 ………………………………………………（ 54 ）
 思考与练习 ………………………………………………………………（ 58 ）

操作实务篇

第三章 出团前的工作准备 ……………………………………………………（ 63 ）
 第一节 接受旅游公司所分配的带团任务 ……………………………（ 70 ）
 第二节 组织召开行前说明会 …………………………………………（ 75 ）
 第三节 出团前的诸项准备 ……………………………………………（ 83 ）
 实操与训练 ………………………………………………………………（ 89 ）

第四章 行程与带团中的工作 …………………………………………………（ 92 ）
 第一节 中国出境流程及手续 …………………………………………（ 93 ）
 第二节 飞行途中 ………………………………………………………（106）
 第三节 目的地国家（地区）入境流程及手续 ………………………（112）
 第四节 旅途中转机 ……………………………………………………（118）
 第五节 在境外带团期间的主要工作 …………………………………（121）

第六节　目的地国家（地区）离境流程及手续 …………………………………… (133)
　　第七节　中国入境流程及手续 …………………………………………………… (142)
　　实操与训练 ………………………………………………………………………… (147)

第五章　带团返回后的后续工作 ……………………………………………………… (148)
　　第一节　与组团社计调人员进行工作交接 ……………………………………… (148)
　　第二节　财务报销 ………………………………………………………………… (151)
　　第三节　对出境旅游者的后续服务 ……………………………………………… (151)
　　实操与训练 ………………………………………………………………………… (152)

技能提升篇

第六章　带团中的操作流程与技巧 …………………………………………………… (159)
　　第一节　境外餐饮服务 …………………………………………………………… (160)
　　第二节　境外酒店服务 …………………………………………………………… (167)
　　第三节　境外交通服务 …………………………………………………………… (171)
　　第四节　境外游览服务 …………………………………………………………… (177)
　　第五节　境外购物服务 …………………………………………………………… (182)
　　思考与练习 ………………………………………………………………………… (185)

第七章　讲解的技巧与方法 …………………………………………………………… (186)
　　第一节　领队讲解的原则和要求 ………………………………………………… (187)
　　第二节　把握讲解配合要诀 ……………………………………………………… (191)
　　第三节　出境游领队讲解的技巧 ………………………………………………… (192)
　　第四节　出境游领队讲解的方法 ………………………………………………… (197)
　　思考与练习 ………………………………………………………………………… (201)

第八章　事故的处理与预防 …………………………………………………………… (202)
　　第一节　突发性事件的处理 ……………………………………………………… (203)
　　第二节　技术性事件的处理 ……………………………………………………… (209)
　　第三节　目的地国家或地区突发事件的处理 …………………………………… (212)
　　第四节　目的地国家或地区非正常交通情况的处理 …………………………… (215)
　　第五节　各种事故的预防 ………………………………………………………… (218)
　　第六节　自然灾害应急处理 ……………………………………………………… (219)
　　第七节　出境旅游急救知识 ……………………………………………………… (222)
　　思考与练习 ………………………………………………………………………… (227)

附录： …………………………………………………………………………………… (229)
　　附录1：《旅行社行前说明服务规范》 …………………………………………… (231)

附录2：《领队导游引导文明旅游规范》 ……………………………………（236）
附录3：《旅行社出境旅游服务规范》 ……………………………………（242）
附录4：《各国报警电话一览》 ……………………………………………（250）

参考文献 ……………………………………………………………………（256）

基础概述篇

目 录

第一章　出境旅游领队概述
第二章　出境旅游领队必须储备的相关知识

第一章
出境旅游领队概述

根据世界旅行及旅游业理事会（WTTC）预测，中国将在2023年成为世界第一大旅游经济体。旅游专家认为，今后5年中国公民出境旅游总人数有望突破4亿人次。据统计，2015年中国国内旅游人数达到40亿人次，入境旅游人数达到1.2亿人次，中国已经成为世界第一大旅游目的地国和第四大客源输出国。2016年中国的出境旅游计划达到1.26亿人次，同比增长8%。出境旅游的发展使我国的出境旅游领队越来越受到人们的关注。

本章分别从多方面专门介绍我国的出境旅游领队在出境旅游活动中的地位和作用；详细介绍了我国的出境旅游领队队伍从无到有、从探索到成熟的发展历程；参照国家的有关规定阐明了出境旅游领队的定义，展望了出境旅游领队在今后的发展方向。同时，参照国家的有关法律法规详细介绍了国家对出境旅游团必须配备出境旅游领队人员的各项规定，阐明了出境旅游领队人员的职责和义务。

学习目标

知识目标： 1. 熟悉出境旅游领队在旅游业的地位和作用。
2. 掌握我国出境旅游领队的发展过程。
3. 了解出境旅游领队与旅游业和其他产业的关系。

能力目标： 1. 掌握出境旅游中旅游者下榻饭店的分类方法。
2. 了解出境旅游中景区景点的分类方法。
3. 熟悉出境旅游中所使用交通工具的特点。
4. 掌握旅游团安全事故的预防与处理方法。
5. 掌握引导旅游者在境外文明旅游的技能。

 **出境游案例**

你是我们的埃及导游吗？

在非洲埃及带团的日子里，开罗机场所发生的一幕，笔者今日想来仍然历历在目……

下午，团员们乘船欣赏了土耳其伊斯坦布尔的博斯普鲁斯海峡和欧亚跨海大桥的绝佳风光后，乘埃及航空公司的飞机前往埃及首都开罗进行游览。飞机飞行了两个小时，抵达开罗国际机场时已是晚上9点。过了绿色通道，拿到行李后，在国际抵达处有一位阿拉伯人长相的青年人手上举着"Welcome Zhejiang Delegation"（欢迎浙江代表团）的接站牌，用英语问我："Are you a tour manager from China（你是从中国来的领队吗）?"我回答："是的。"然后我问了这位阿拉伯小伙子的名字，发现他的名字与公司给我的接待计划中的埃及导游名字不一样。于是我就问他："Are you our Egyptian tour guide（你是我们的埃及导游吗）?"阿拉伯小伙子回答道：我是机场代表，导游Nassor明天会来酒店接你们去游览。

当确定了导游的名字与计划上的名字相符，核对了团队的人员、团名，我才放心地让团员们随机场代表赴酒店入住。

▶ 案例评析

美国著名的营销家Parsuraman等人（1998）提出了五种服务质量标准：可靠性、反应性、保证性、移情性、有形性。可靠性是指旅游企业可靠地、准备无误地完成所承载的服务能力，是旅游服务质量属性的核心内容和关键部分。例如，旅游者希望航空公司的飞机能正点起飞、正点降落。结合旅游服务的特性，笔者认为安全性也是旅游服务质量属性之一。安全性是指旅游企业向旅游者提供的服务使旅游者感到人身与财产安全。

埃及毕竟是远离中国的非洲国家，也是一个对中国开放不久的旅游目的地国家。其旅行社运作的体系跟中国也有差异，如接送团体由机场代表负责完成，游览部分由导游完成。在本案例中，笔者出团前通过网络搜索了解到，在埃及开罗机场经常有佩戴埃及旅游协会（Egyptian Chamber of Tourism）之类的徽章的人和旅游者搭讪，因此领队在与地陪交接时要格外小心。核对导游姓名、人数、团名等，以确保服务的可靠性与安全性，也符合了服务质量标准中可靠性的另一层含义，即服务的连续一致性。也就是说，第一次就将事情做对，信守对团队中每一位旅游者承诺。设想，如果导游接错了团，团员们在异国他乡会是怎么样的一种感受呢？

（资料来源：徐辉.国际旅游业对客服务艺术案例［M］.杭州：浙江科学技术出版社.2008.）

第一节 出境旅游领队的发展历程

我国自实行改革开放政策以来，国民经济实现快速增长。国民可支配收入的快速增长和国家给予的公共假期的不断增多，使旅游消费进入越来越多家庭的开支计划，其消费比例也在家庭总收入中不断增大。当今，富裕起来的中国公民不满足于仅仅游览本国的名山大川、名胜古迹，更是逐渐走出国门，融入国际旅游的潮流之中，出境旅游在中国已经渐成时尚。

发展势头强劲的出境旅游不仅丰富了我国公民的休闲生活，同时也加深了我国人民对世界各国的了解，促进了中国人民与世界各国人民的联系与沟通。

据国家旅游局的统计，2014年，中国出境旅游人数首次过亿，达到1.07亿人次，与2013年相比，同比增长19.49%（如表1-1）。2015年，中国出境游人数已达1.2亿人次。从总量上来看，已经连续4年成为世界排名第一的世界客源国。就绝对数量而言，中国出境市场已经超过德国与美国。根据世界旅游组织公布的数据显示，2014年全球共13亿多旅游者出国旅游，这意味着全球每10个出境旅游的人中，就有1个是中国人。中国内地公民出境旅游人数自1998年的843万人次，到2014年破亿，增长了10.8倍，是世界旅游史上绝无仅有的奇迹，是中国旅游业发展的一个里程碑，成为我们国家开放、国力强盛、国民小康的标志。

知识链接

表1-1　　　　　　　　　　　中国公民出境总人数

年份	1997	1998	1999	2000	2001	2002	2003	2004	2005	2006	2007	2008	2009	2010	2011	2012	2013	2014
人数（万）	532	843	923	1 047	1 213	1 660	2 020	2 850	3 102	3 452	3 910	4 584	4 765	5 739	7 025	8 318	9 819	1.07亿
增长率（%）	—	58.46	9.49	13.43	15.85	36.85	21.69	41.09	8.84	11.26	13.27	17.23	3.94	20.40	22.42	18.41	18.00	19.49

（资料来源：《中国旅游年鉴》（1997—2015）.）

一、我国出境旅游领队的产生与发展

根据旅游学原理，一个国家发展旅游应该首先发展国内旅游，然后再发展国际旅游。国内旅游是国际旅游的基础，国际旅游是国内旅游的延伸。国际旅游包括入境旅游和出境旅游。

在中国，因为特殊的国情，旅游业的发展则是先从国际旅游起步，但是一直以来，入境旅游和出境旅游两种业务没有形成同时发展的态势。从新中国成立到改革开放初期，国家一直致力于大力发展入境旅游，而对出境旅游的推动和促进则从20世纪80年代才开始。当时国家的发展方针是适度发展出境旅游，大力发展入境旅游，积极发展国内旅游。所以，直到改革开放初期，有关出境"领队"的称谓在旅游界还并不为人们所熟悉。人们原有印象中的"领队"还仅仅停留在对入境旅游团中来自我国客源国旅行社工作人员的定位，而与今天我国众多具有从事出境旅游资质的旅行社委派的领队毫无关联。

"领队"一词在我国真正被旅行社业广泛使用，还是在我国的出境旅游快速发展起来之后。境外的旅行社对"领队"的翻译多种多样，大致上有"Tour Leader""Tour Manager""Tour Director""Tour Conductor"和"Tour Escort"几种称呼。具有出境资质的旅行社因为业务发展和管理的需要培养了不少高素质的出境旅游领队人员，大批出境旅游者在境外旅游

中领略了出境旅游领队的风采,才使人们对"领队"一词有了比较深刻的了解。出境旅游领队的出现及人们对其的认可过程,是和我国公民出境旅游的发展过程紧密相连的。我国出境旅游领队队伍的发展同时也从另外一个角度反映了我国的对外开放程度。

我国最早的出境旅游领队——港澳游领队产生于广东省。由于历史原因和特殊的地理位置,广东省及附近居民与港澳地区有着千丝万缕的联系。改革开放初期,在发展经济、文化交流、探亲访友等方面广东省比内地其他地区有更加迫切的需求和不可超越的优势。尤其在人员往来方面,广东省可以说占尽了天时地利人和,交通便利、文化同脉、语言同宗、习性相近等区位优势使广东省成为我国第一个被允许经营内地居民出境旅游的地区。1983年,广东省的旅行社开始经营居民赴港澳地区的探亲游业务。按照国家规定,每个赴港澳的出境旅游团队必须包含一名由组团社派遣的领队随团出境旅游,以保证刚起步的港澳探亲旅游的顺利进行。至此,中国的出境旅游领队开始以出境旅游团带团人员的身份出现在出境旅游团队之中,出境旅游领队也成为我国旅行社内部的一个重要工作岗位。

我国最早的出国旅游领队开始于赴东南亚旅游的开展。经过几年港澳探亲游的探索和实践,我国旅行社在出境旅游方面积累了一定的经验,同时我国公民的出境旅游意识不断提高,出境旅游市场推动着我国旅游业不断发展,逐步开发出境出国旅游变成了水到渠成的事情。1990年,面对不断增长的市场需求,国家旅游局发布实施了《关于组织我国公民赴东南亚三国旅游的暂行管理办法》,一些具有出境旅游经营资质的旅行社纷纷组团前往东南亚三国旅游观光。旅行社的领队人员开始率领出境旅游团在新加坡、马来西亚和泰国进行旅游观光活动,开启了中国旅行社领队在境外带团游览新的篇章。

经过数年的出境旅游实践和推广,出境旅游为越来越多的旅游者所接受,出境旅游的人数成倍增长,旅游者对出境旅游的要求和期望也越来越高,出境目的地迅速增多,出境(国)旅游迅猛增长,政策越来越宽松,需求越来越多元化,出境旅游市场发生深刻变化。为了进一步规范旅游市场的发展,使中国的出境旅游管理更加有序进行,1997年7月1日,国务院批准了《中国公民自费出国旅游管理暂行办法》。同年,全国上百家具有出境旅游特许资质的旅行社的一大批领队,经过严格的资格审查和业务培训,顺利通过出境旅游领队资格考试后,获得了我国第一批出境旅游领队资格证。

《出境旅游领队人员管理办法》中规定:"领队人员从事领队业务时,必须佩戴领队证。未取得领队证的人员,不得从事出境旅游领队业务。"领队人员在带领出境旅游团离境的时候,不仅要如实向边防检查站提供相关的文件,也要自觉接受有关领队证的查验。领队人员在工作期间还要求佩戴领队证,这样不仅把自己的身份向他人显示,也方便旅游者辨认,有利于领队工作的开展和他人对领队的监督。

自从1983年从广东省率先开展港澳探亲游以来,我国的出境旅游一直以来几乎呈现出飞跃式的增长。中国公民的出境旅游势头一直很强劲,中国人的旅游活动几乎触及五大洲四大洋。对不少旅游目的地国家来说,中国已经成为其主要的旅游客源国之一,对推动当地的经济活动、增加当地的经济收入、带动当地的就业市场起着举足轻重的作用。截至2015年底,国家旅游局公布的中国出境旅游目的地国家(地区)当地接待社的名单已有几百家。

2000年以来,中国公民出境游的主要目的地产生了变化,开放最早的新马泰排位后移,近距离的日本和韩国、接壤的越南和俄罗斯排位前移,洲际的美国、澳大利亚、德国、法国、意大利和英国均榜上有名。从出境（国）旅游的市场规模来看，我国前往主要目的地的客流量逐年增加。

由于我国公民的出境旅游目的地大大增加，同时也进一步激发了我国公民的出境旅游热情，可以说目前我国出境旅游的发展已经呈现出锐不可当之势，因而对出境旅游领队的需求量也不断增加。截至2014年底，国家旅游局批准的具有出境旅游资质的国际旅行社达到3 000家左右。出境领队人员的数量和质量都大幅度提高，一大批业务水平好、带团能力强的出境旅游领队脱颖而出，成为旅行社的主要骨干力量。

随着我国公民物质文化水平的不断提高，出境旅游越来越成为每个家庭休闲度假的一个重要选项。作为世界上重要和主要旅游目的地国家的客源国，中国的出境旅游者受到了足够的重视和欢迎。国家旅游局历来高度重视国际交流与合作，很多国家和地区已经或正在简化对中国旅游者的签证政策。截至2015年1月，中国公民组团出境旅游目的地国家或地区已达155个，中国公民可组团前往的国家和地区达117个，占与我国建交的172个国家的68%。

二、出境旅游领队的定义

国家旅游局在2002年10月14日颁布的《出境旅游领队人员管理办法》（以下简称《办法》）中，对旅行社的出境旅游领队人员进行了如下定义：出境旅游领队人员，是指按照规定取得出境旅游领队证，接受具有出境旅游业务经营权的国际旅行社的委派，从事出境旅游领队业务的人员。

这里的"取得领队证"就是指出境领队人员要符合一定的条件，经过必要的培训，参加严格的培训来取得领队证。

该《办法》中所称"领队业务"，是指为出境旅游团提供旅途全程陪同和相关服务；作为组团社的代表，协同境外接待旅行社（以下简称"接待社"）完成旅游计划安排；协调处理旅游过程中相关事务等活动。

2015年版《中华人民共和国职业分类大典》（简称大典）将旅游团队领队、旅行社计调、旅游咨询员、休闲农业服务员4个职业作为新职业纳入《大典》，这标志着出境旅游领队等职业身份在国家职业体系中首次得以确认。

三、出境旅游领队的工作特点

出境旅游发展的良好势头也给"领队"这一职业带来了新的发展机遇。领队是旅游业最具代表性的工作人员，其工作的角色与地位非常特殊。领队站在旅游接待工作的第一线，其接待效果的好坏直接决定旅游者的满意度。了解领队的工作特点对旅游业的发展具有重要意义。领队的工作特点归纳为以下诸点。

（一）涉及产业面广

领队的工作涉及酒店、餐饮、交通运输、旅游景区、购物等各方面。领队重要的工作是负责各机构之间的沟通协调。例如：协调旅行社计调人员、航空公司、旅游汽车公司、旅游巴士司机、餐厅、酒店等各种从业人员，还要处理旅游者的各种个性化需求、问题及意外事件等。领队工作的人际关系繁杂，但每一项工作都不能有差错，否则将造成不良后果及旅游纠纷。

(二) 工作量及压力大

领队的工作并非是朝九晚五，协调工作常因时空变化而改变服务的内容，且因人、因时、因地而异，领队随时在待命中。在旅游旺季，旅行社的领队人员几乎没有休息调整的可能，而在带团过程中领队几乎是一天二十四小时都处于待命状态，对带队期间发生的突发性事件的处理，也往往超过正常的工作量，故其所负的责任更大，挑战性更强。

(三) 独立性强

旅行社的领队人员应该具备理解并且独立执行现行国家政策的能力，虽然今天领队的工作具有越来越强的经济性和民间交往性质，但是目前我国的领队工作仍然是一项政策性很强的工作。

领队是接受旅行社委托，带领团队在外接待旅游者的服务人员，往往要独当一面。在整个出境旅游过程中，领队必须时时刻刻照顾旅游者的衣、食、住、行、娱乐等各个方面的需求。作为领队要独立组织协调方方面面的关系，尤其是在国外全由领队兼导游去完成每一项任务，回答旅游者提出的问题、处理突发事件，更需要领队当机立断，独自决策，事后才向公司报告，其工作的独立性不在话下。

领队人员的讲解也具有相对的独立性。领队人员要根据旅游者的不同文化层次和审美情趣进行有针对性的讲解，这些工作其他人无法替代。

(四) 重复度高

旅游者可能认为领队人员的工作就是游山玩水、吃喝玩乐，既轻松愉快又潇洒自如，其实大部分人不了解领队工作的艰苦性。实际上，除了上述特点以外，领队从事的还是一个重复度很高的工作，可能某个国家、某个景点领队已经光顾了无数次，可能某个表演、某个博物馆、某个展览已经看过很多遍，但是作为自己工作的一部分，领队人员必须时时刻刻进入角色，做好本职工作，绝不能因为去过好多次就不想出行，看过好多次就不愿意与旅游者同行，这是领队工作的基本性质所决定的。

知识链接

表1-2　　　　　中国开放出境旅游目的地国家（地区）启动时间表

序号	启动时间	目的地国家或地区
1—2	1983 年	中国香港、中国澳门
3	1988 年	泰国
4—5	1990 年	新加坡、马来西亚
6	1992 年	菲律宾
7	1998 年	韩国
8—9	1999 年	澳大利亚、新西兰
10—14	2000 年	日本、越南、柬埔寨、缅甸、文莱
15—19	2002 年	尼泊尔、印度尼西亚、马耳他、土耳其、埃及

续表

序号	启动时间	目的地国家或地区
20—28	2003 年	德国、印度、马尔代夫、斯里兰卡、南非、克罗地亚、匈牙利、巴基斯坦、古巴
29—54	2004 年 9 月	希腊、法国、荷兰、比利时、卢森堡、葡萄牙、西班牙、意大利、奥地利、芬兰、瑞典、捷克、爱沙尼亚、拉脱维亚、立陶宛、波兰、斯洛文尼亚、斯洛伐克、塞浦路斯、丹麦、冰岛、爱尔兰、挪威、罗马尼亚、瑞士、列支敦士登
55—63	2004 年 12 月	埃塞俄比亚、津巴布韦、坦桑尼亚、毛里求斯、突尼斯、塞舌尔、肯尼亚、赞比亚、约旦
64	2005 年 4 月	北马里亚纳群岛联邦
65—66	2005 年 5 月	斐济、瓦努阿图
67—69	2005 年 7 月	英国、智利、牙买加
70	2005 年 8 月	俄罗斯
71—76	2005 年 9 月	巴西、墨西哥、秘鲁、安提瓜和巴布达、巴巴多斯、老挝
77—81	2006 年 3 月	蒙古、汤加、格拉纳达、巴哈马、圣卢西亚
82—85	2007 年 1 月	委内瑞拉、乌干达、孟加拉国、安道尔
86—91	2007 年 10 月	保加利亚、摩洛哥、摩纳哥、叙利亚、阿曼、纳米比亚
92	2008 年 6 月	美国
93	2008 年 7 月	中国台湾
94—95	2008 年 9 月	法属波利尼西亚、以色列
96—104	2009 年 9 月	佛得角共和国、圭亚那、黑山共和国、加纳共和国、厄瓜多尔、多米尼克、阿拉伯联合酋长国、巴布亚新几内亚、马里共和国
105—106	2010 年 4 月	朝鲜、密克罗尼西亚
107—108	2010 年 5 月	乌兹别克斯坦、黎巴嫩
109—110	2010 年 8 月	加拿大、塞尔维亚共和国
111	2011 年 8 月	伊朗伊斯兰共和国
112—113	2012 年 2 月	马达加斯加共和国、哥伦比亚共和国
114	2012 年 4 月	萨摩亚独立国
115	2012 年 12 月	喀麦隆
116	2013 年 7 月	卢旺达共和国
117	2014 年 9 月	乌克兰

(资料来源：中国国家旅游局网站.)

第二节 国家对出境旅游领队的有关政策规定

自从我国旅游主管部门允许旅行社经营出境旅游业务以来,国家颁布了许多有关政策法规,对指导旅行社出境游领队队伍的健康发展起到了决定性的作用。

一、《旅行社条例》和《旅行社条例实施细则》中有关领队带团的规定

在1996年10月15日国务院颁布的《旅行社管理条例》中第二十五条规定指出:"旅行社为组织旅游者所聘用的领队,应当持有省、自治区、直辖市以上人民政府行政管理部门颁发的领队证。"这是我国国家行政主管机构在旅游法规中第一次把"领队"这个称谓提到了正式官方文本上。从此,我国的旅行社业、旅游业及广大旅游者开始认识并逐渐接受了这个岗位名称。

在1996年11月28日国家旅游局发布的《旅行社管理条例实施细则》中,对我国的旅行社开展出境旅游业务及出境旅游领队的管理进行了详细的规定,在对旅行社出境旅游的阐述中,就明确了旅行社必须为出境旅游团安排领队的规定。

《旅行社管理条例实施细则》中第五条"国际旅行社可以经营的业务"共列有四项内容,前两项是入境旅游业务,后两项为出境旅游业务。其中对出境旅游业务的规定当中,就明确了旅行社要为旅游团安排领队的要求,具体如下:

(1) 经国家旅游局批准,招徕、组织中华人民共和国境内居民到外国和中国香港、中国澳门、中国台湾地区旅游,为其安排领队及委托服务;

(2) 经国家旅游局批准,招徕、组织中华人民共和国境内居民到规定的与我国接壤国家的边境地区旅游,为其安排领队及委托接待服务。

从上述规定可以看出,20世纪我国的出境旅游业务还没有大规模地展开,这里涉及的领队人员仅仅指当时我方的港澳旅游领队及前往我国周边国家边境游的领队。而2001年修订后的《旅行社管理条例》则对"领队"和"出境旅游"的规定和要求予以进一步完善。修订后的《旅行社管理条例》第二十四条指出"旅行社为接待旅游者聘用的导游和为组织旅游者出境旅游聘用的领队,应当持有省、自治区、直辖市以上人民政府旅游行政管理部门颁发的资格证书"。

2009年5月1日起,新版的《旅行社条例》正式实施,其中关于旅行社出境旅游领队管理的条文表述更加规范,对出境旅游领队的性质、责任、义务、处分等都进行了明确细致的规定。

新版的《旅行社条例》第三十条、三十一条、三十二条规定,旅行社必须为旅游者在出境旅游时安排持有领队证的旅行社正式工作人员(依法签订劳动合同)进行全程陪同。

第三十条 旅行社组织中国内地居民出境旅游的,应当为旅游团队安排领队全程陪同。

第三十一条 旅行社为接待旅游者委派的导游人员或者为组织旅游者出境旅游委派的领队人员,应当持有国家规定的导游证、领队证。

第三十二条　旅行社聘用导游人员、领队人员应当依法签订劳动合同，并向其支付不低于当地最低工资标准的报酬。

新版的《旅行社条例》第三十九条、四十条对出境旅游领队的部分责任和义务进行了说明，要求领队对确保旅游者在境外的人身、财物安全必须采取一定的措施。同时指出，领队如果发现旅游者在异国他乡有滞留不归的现象必须及时向有关部门报告。

第三十九条　旅行社对可能危及旅游者人身、财产安全的事项，应当向旅游者作出真实的说明和明确的警示，并采取防止危害发生的必要措施。发生危及旅游者人身安全的情形的，旅行社及其委派的导游人员、领队人员应当采取必要的处置措施并及时报告旅游行政管理部门；在境外发生的，还应当及时报告中华人民共和国驻该国使领馆、相关驻外机构、当地警方。

第四十条　旅游者在境外滞留不归的，旅行社委派的领队人员应当及时向旅行社和中华人民共和国驻该国使领馆、相关驻外机构报告。旅行社接到报告后应当及时向旅游行政管理部门和公安机关报告，并协助提供非法滞留者的信息。旅行社接待入境旅游发生旅游者非法滞留我国境内的，应当及时向旅游行政管理部门、公安机关和外事部门报告，并协助提供非法滞留者的信息。

2009年《旅行社条例实施细则》由国家旅游局局长办公会议审议通过，当年5月3日起施行。《旅行社条例实施细则》也对具有出境旅游资质的旅行社及出境旅游领队的服务、义务、责任、权利、行为准则、礼貌礼仪及违规责任进行了详细的说明和解释。其中第二条对旅行社的经营范围和服务范围作出了明确规定。

第二条　《条例》第二条所称招徕、组织、接待旅游者提供的相关旅游服务，主要包括：

（一）安排交通服务；

（二）安排住宿服务；

（三）安排餐饮服务；

（四）安排观光游览、休闲度假等服务；

（五）导游、领队服务；

（六）旅游咨询、旅游活动设计服务。

其中第三十一条为维护导游人员和领队人员的利益向旅行社提出了要求。

第三十一条　《条例》第三十四条所规定的旅行社不得要求导游人员和领队人员承担接待旅游团队的相关费用，主要包括：

（一）垫付旅游接待费用；

（二）为接待旅游团队向旅行社支付费用；

（三）其他不合理费用。

第三十六条再次说明何种行为属于擅自改变旅游合同安排行程。

第三十六条　旅行社及其委派的导游人员和领队人员的下列行为，属于擅自改变旅游合同安排行程：

（一）减少游览项目或者缩短游览时间的；

（二）增加或者变更旅游项目的；

（三）增加购物次数或者延长购物时间的；

（四）其他擅自改变旅游合同安排的行为。

其中第三十八条规定导游人员和领队人员不能因为旅游者拒绝进行购物和参加自费项目而拒绝对其继续服务甚至对其刁难。

第三十八条　在旅游行程中，旅游者有权拒绝参加旅行社在旅游合同之外安排的购物活动或者需要旅游者另行付费的旅游项目。

旅行社及其委派的导游人员和领队人员不得因旅游者拒绝参加旅行社安排的购物活动或者需要旅游者另行付费的旅游项目等情形，以任何借口、理由，拒绝继续履行合同、提供服务，或者以拒绝继续履行合同、提供服务相威胁。

其中第三十九条规定导游人员和领队人员要对旅游者的人身和财产安全负责。

第三十九条　旅行社及其委派的导游人员、领队人员，应当对其提供的服务可能危及旅游者人身、财物安全的事项，向旅游者作出真实的说明和明确的警示。

在旅游行程中的自由活动时间，旅游者应当选择自己能够控制风险的活动项目，并在自己能够控制风险的范围内活动。

其中第四十二条规定导游人员和领队人员有责任提醒旅游者在境外应该开展文明旅游活动。

第四十二条　在旅游行程中，旅行社及其委派的导游人员、领队人员应当提示旅游者遵守文明旅游公约和礼仪。

其中第四十三条规定了旅行社导游人员和领队人员在业务经营、对客服务中的权利。

第四十三条　旅行社及其委派的导游人员、领队人员在经营、服务中享有下列权利：

（一）要求旅游者如实提供旅游所必需的个人信息，按时提交相关证明文件；

（二）要求旅游者遵守旅游合同约定的旅游行程安排，妥善保管随身物品；

（三）出现突发公共事件或者其他危急情形，以及旅行社因违反旅游合同约定采取补救措施时，要求旅游者配合处理防止扩大损失，以将损失降低到最低程度；

（四）拒绝旅游者提出的超出旅游合同约定的不合理要求；

（五）制止旅游者违背旅游目的地的法律、风俗习惯的言行。

其中第五十七条规定了旅行社及其导游人员和领队人员违反实施本细则第三十八条第二款的处罚力度。

第五十七条　违反本实施细则第三十八条第二款的规定，旅行社及其导游人员和领队人员拒绝继续履行合同、提供服务，或者以拒绝继续履行合同、提供服务相威胁的，由县级以上旅游行政管理部门依照《条例》第五十九条的规定处罚。

综上所述，《旅行社条例》及其实施细则都明确要求，每个具有出境旅游资质的组团社要认真负责地选择国外接待社，以"安全第一"为原则，选择使用安全、舒适的旅游交通工具；组团社必须为每个出国旅游团委派持有领队证的专业出境旅游领队，要求领队切实履行境外安全提醒责任，对可能影响旅游者人身、财产安全的问题及时进行提示，严格执行境外旅游事故报告制度。旅行社和领队人员不得侵犯旅游者的合法权益。

二、《中国公民出国旅游管理办法》中要求旅行社安排领队的规定

我国公民出境旅游活动发展迅猛，出国旅游人数越来越多。在整体增长中，因私出境人口的增长幅度大大高于因公出境人口的增长幅度；旅游出境增长幅度大大高于其他目的的因

私出境增长幅度。这说明，我国出境旅游发展速度很快，中国旅游业已经形成入境旅游、出境旅游、国内旅游三大市场格局，我国已成为举世瞩目的旅游大国。

为了促进旅游业的健康发展，国家旅游局、公安部于1997年7月1日发布了经国务院批准、由国家旅游局制定的《中国公民自费出国旅游管理暂行办法》。这个法规的出台使各地具有出境旅游资质的旅行社在开展组织我国公民出境旅游业务时有了明确的法律依据，也为出境旅游领队的作用和职能提供了支持。

经过了5年左右的发展，特别是中国加入世贸组织后，新的形势对旅游业提出了许多新的要求，需要规范的问题逐渐增多。为保障出国旅游者和出国旅游经营者的合法权益，有关部门经过研究论证，在《中国公民自费出国旅游管理暂行办法》的基础上反复征求相关部门、有关企业和旅游消费者各方面意见，形成了《中国公民出国旅游管理办法》。2002年5月27日，时任国务院总理的朱镕基正式签署了第354号中华人民共和国国务院令，宣布《中国公民出国旅游管理办法》将于2002年7月1日起正式施行，原有的《中国公民自费出国旅游管理暂行办法》同时废止。

我国的旅行社在组织旅游团时，委派专职出境旅游领队率团出境，在以往的法律法规中都有明确表述，这是国家在允许经营出境旅游业务政策中的一贯指令。国家旅游局、公安部1997年7月1日发布的《中国公民自费出国旅游管理暂行办法》中就有"团队的旅游活动须在领队的带领下进行"的规定。新的《中国公民出国旅游管理办法》对此进一步作出了规定，其中第十条明确规定："组团社应当为旅游团队安排专职领队。领队应当经省、自治区、直辖市旅游行政部门考核合格，取得领队证。"这条规定进一步明确了领队在出境旅游中的地位和作用，表明旅行社委派出境旅游领队是经营出境旅游的一个重要条件。《中国公民出国旅游管理办法》对不委派专业出境旅游领队的旅行社的处罚力度也进行了明确表述。

三、《旅行社出境旅游服务质量》对旅行社委派领队的具体规定

《中国公民出国旅游管理办法》出台后，国家旅游局又于2002年7月27日颁布了《旅行社出境旅游服务质量》，这样就把出境旅行团队必须随团委派领队人员作为一种行业标准。实际上就是进一步强化了出境旅游必须委派专业领队的指令，把是否委派专业领队随旅游团出境作为一个可以量化的指标。在"领队与接待服务"的总要求一节中明确规定，出境旅游团队应配备领队。

四、《中华人民共和国旅游法》对旅行社委派领队的具体规定

2013年10月颁布的《中华人民共和国旅游法》第36条规定：旅行社组织团队出境旅游或者组织、接待团队入境旅游，应当按照规定安排领队或者导游全程陪同。此条款进一步强调了出境旅游必须派遣专业领队。

第三节　出境旅游领队从业资格和素质要求

一、国家法规对旅行社出境旅游领队从业资格的要求

出境旅游领队作为旅游业的一个重要工作岗位，已经越来越受到人们的关注和青睐。不同年龄、不同阶层、不同文化背景的群体都希望成为旅行社的专业出境旅游领队。在《出境旅游领队人员管理办法》中，国家对有志于获得领队证的人群规定了相应的条件，同时也可以被认为是我国旅游行政部门对出境旅游领队人员的认定标准。

（一）基本要求

申请领队证的人员，应当符合下列四项条件：

1. 有完全民事行为能力的中华人民共和国公民

该规定要求旅行社的专业出境旅游领队人员必须身体健康，智力健全，既能进行复杂的脑力劳动，包括能进行有效的讲解、回答旅游者提出的问题、处理各种复杂的问题和应对突发性事件，也能应付高强度的体力劳动。除此以外，对旅行社的专业领队人员的国籍也进行了限制，即必须是中华人民共和国的正式公民。尽管一些已入外国籍的华裔、港澳地区的年轻人和懂汉语的外国留学生希望在出境旅游业务中占有一席之地，但是根据此条规定，他们的愿望无法成为现实。

2. 热爱祖国，遵纪守法

这一要求对领队人员十分重要。热爱祖国是领队人员处理个人与企业、个人与社会、个人与国家的一项行为准则，也是对各行各业从业人员的一项共同道德规范和基本要求。具有爱国主义意识是对领队人员从业的基本要求。领队人员在旅行社的窗口工作岗位，代表着国家旅游业的形象。领队人员在向旅游者提供服务时，要自觉维护祖国的利益和国家的尊严。领队人员应该有民族自尊心和民族自豪感。遵纪守法是每个公民的义务，领队人员作为旅行社行业的形象和代表，更加应该成为遵纪守法的典范。领队人员不仅要遵守国家的法律法规、遵守旅游业的法规、规章和制度，严格按照《旅行社出境旅游服务质量》、《出境旅游领队人员管理办法》、《中国公民出国旅游管理办法》等法规从事领队服务工作，而且还要在讲解中自觉宣传国家的大政方针、在履行领队义务中依法维护旅游者和自己的合法权益。

3. 可切实负起领队责任的旅行社人员

该条要求领队人员有一定的工作能力，能完成《出境旅游领队人员管理办法》第八条规定的职责。同时这里也规定了作为旅行社的出境旅游领队人员必须是具备出境旅游资质的旅行社的正式员工，其他人士不能担任这一职责。

4. 掌握旅游目的地国家或地区的有关情况

要求领队人员"掌握旅游目的地国家或地区的有关情况"是对领队人员业务素质的基本要求。随着我国公民出境旅游目的地的不断增多，领队人员必须努力学习，擅于学习，全面、正确地掌握旅游目的地的情况，以满足旅游者各种不同的需求。

上述四个条件是成为一名旅行社出境旅游领队人员最基本的条件。要成为一名优秀的、旅游者信赖的出境旅游领队人员必须经过严格的专业知识培训，具备良好的职业素养、服务意识、心理素质、高超的外语水平，熟悉旅游目的地国家和地区的法律法规及民风民俗，熟悉出境旅游的操作流程和销售技巧，具备一定的沟通能力、协调能力，掌握解决事故及处理突发性事件的技能。

（二）资历要求

根据《旅游法》第三十九条规定，首先必须取得导游证，具有相应的学历（大专以上学历）、语言能力（与出境旅游目的地国家和地区相对应的语言能力）和旅游从业经历（两年以上旅行社相关岗位从业经历），并与旅行社订立劳动合同的人员，可以申请取得领队证。2013年10月1日前已取得领队证的人员，在2016年10月1日前，应当符合《旅游法》规定的相应条件。

二、出境旅游领队人员的职责

作为中华人民共和国旅游行业标准的《旅行社出境旅游服务质量》中的"领队素质要求"，也就是对旅行社出境旅游领队人员的素质要求，被指定由《导游服务质量》的整章内容来替代。其中指出：

领队的基本素质应符合《导游服务质量》（GB/T15971）第五章的要求。

《旅行社出境旅游服务质量》中提及的《导游服务质量》第五章内容，就是关于"导游人员的基本素质"的内容。《导游服务质量》第五章的具体规定如下：

5. 导游人员的基本素质

为保证导游服务质量，导游人员应具备以下素质：

5.1 爱国主义意识

导游人员应具有爱国主义意识，在为旅游者提供热情有效服务的同时，要维护国家的利益和民族的尊严。

5.2 法规意识和职业道德

5.2.1 遵纪守法

导游人员应认真学习并模范遵守有关法律及规章制度。

5.2.2 遵守公德

导游人员应讲文明，模范遵守社会公德。

5.2.3 尽职敬业

导游人员应热爱本职工作，不断检查和改进自己的工作，努力提高服务水平。

5.2.4 维护旅游者的合法权益

导游人员应有较高职业道德，认真完成旅游接待计划所规定的各项任务，维护旅游者的合法权益。对旅游者所提出的计划外的合理要求，经主管部门同意，在条件允许的情况下应尽力予以满足。

5.3 业务水平

5.3.1 能力

导游人员应具备较强的组织、协调、应变能力。

无论是外语、普通话、地方语和少数民族语言，导游人员都应做到语言准确、生动、形象、富有表达力，同时注意使用礼貌语言。

5.3.2 知识

导游人员应有较广泛的基本知识，尤其是政治、经济、历史、地理及国情、风土习俗等方面的知识。

5.4 仪容仪表

导游人员应穿工作服或指定的服装，服装要整洁、得体。

导游人员应举止大方、端庄、稳重、表情自然、诚恳、和蔼，努力克服不合礼仪的生活习惯。

通过上述各项具体规定，可以归纳出国家要求每个导游人员和领队人员在爱国主义情怀、法律意识、职业道德、业务水平、知识范围、仪容仪表方面都要成为行业的表率、旅行社的先行者。

《旅行社出境旅游服务质量》除了明确阐述导游人员和领队人员的基本素质要求外，还专门为出境旅游领队人员量身定制了相应的岗位特色标准：

（1）领队应具备一定的英语或目的地国家/地区语言的能力；

（2）领队上岗前应具备一定的导游工作经验；

（3）领队应切实履行领队职责，严格遵守外事纪律，并具有一定的应急处理能力。

上述岗位特色标准是一个旅行社的出境旅游领队通过严格培训应该达到的技能水平。其中"一定的英语或目的地国家/地区语言的能力"表明作为领队人员必须掌握可以在境外利用外语与目的地国家的有关人员进行沟通的能力。"领队上岗前应具备一定的导游工作经验"，这一表述对领队人员的工作经验提出了要求，希望领队人员作为旅行社的出境领队应该有一定的国内带团的经验，或者说已经获得了导游证并有带团经历。"领队应切实履行领队职责，严格遵守外事纪律，并具有一定的应急处理能力"，这一标准进一步对领队人员的责任、纪律提出了要求，并且要求领队人员具备一定的境外单独处理旅游事故和突发性事件的能力。

由此可见，对旅行社出境旅游领队人员在外语水平、工作经历和人际沟通方面的要求比在国内从事导游工作的导游人员更高。

 出境游案例

2004年12月26日，杭州市中国旅行社领队蔡玮伟带领一支由26名杭州游客组成的旅游团赴泰国普吉岛游览，并乘坐当地时间上午8点30分的班船前往PP岛。上午11点左右，旅游团到达PP岛码头后，大家立刻被如诗如画的海岛风光迷住了，纷纷拿出照相机和DV机狂拍起来。这时细心的小蔡突然发现海岸边的水正在迅速地后退，码头的船只都搁浅了。因为这种现象以前从来没有发生过，所以引起了小蔡的警惕。她心里突然涌上了一种不祥的感觉，突然想起无意中曾读过一本有关海啸的书，书中说海啸之前，海水退潮的速度很快。与此同时，她看见远处的海水正在快速地回涨。小蔡马上预感到了眼前的危险，因为正常的涨潮落潮不可能有这么快的速度和这么大的幅度。她当机立断，大声地

对所有团友喊:"大家赶快往酒店方向跑!有危险!"但是客人们都玩在兴头上,根本没有意识到危险即将到来。看着不远处迅速靠近的海水,蔡玮伟着急了,她用尽全身力气、撕心裂肺地对着客人们大喊:"海水涨起来了,大家快往酒店楼上跑,大家快往楼上跑!"游客们定睛一看,才明白事态的严重性,分别向酒店的主、副两楼狂奔。就在他们跑进酒店大门的瞬间,一股巨浪向酒店背面的几栋楼席卷而来,若再迟上几十秒钟,后果不堪设想……奔进酒店后,当时大堂里还有不少外国游客并不知道外面所发生的危险,都以怀疑的眼光打量着这群气喘吁吁又惊魂未定的游客。小蔡在楼梯上加劲催促团友们"快上楼,快上楼",同时还用英语大喊了一声:"海水来了,快上楼!"就在这时,海水已经破门而入。外国游客这才反应过来,纷纷向楼梯口飞奔。小蔡跑在团友的最后,就在他们逃到酒店三楼的一刹那,一楼、二楼都已经被汹涌的海水淹没。有不少外国游客因为迟了一步,被冲倒在海水中再也没有起来。还有部分外国游客虽然奋力从海浪中挣脱出来,好不容易爬上了楼梯,但已经被海水卷来的器物击伤而全身是血,酒店到处是尖叫声、哭喊声……

眼前的一幕幕让情绪稍稍稳定的小蔡立即反应过来,她开始统计自己团队的人有没有全部上楼,有没有脱险。小蔡让周边的团友集中在一起,结果一清点只有14位,另外12位上哪儿去了?小蔡一颗心立刻提到了嗓子眼。这时的她已经顾不上害怕,也顾不上后面是否还有大浪,早已把自己的生死置之度外,脑子里只有一个念头"赶快去找人"!因为与26名团友相处时间才只有短短的两天,彼此还不够熟悉,她就用手机拍下了14位团友的面容,以便对照查找其他团友。在简单安顿好14名团友后,小蔡立即挨个房间去敲门、大喊、寻找……敲遍了三楼所有的房间,但毫无收获。于是她又涉水到二楼去寻找,同样也没有发现。直到最后才发现团队中有8位团友在慌乱中跑到副楼去了。小蔡马上设法把他们接到主楼和14位团友会合。但是,还有4人呢?这时的潮水已经慢慢退了下去,但是4位团友的失踪让小蔡心急如焚。于是她让所有的团友在阳台上一起大声呼喊4个失踪者的名字。喊了很久,终于从隔壁一幢副楼的平台上传来了回应声。小蔡赶紧与另一名自告奋勇的小伙子王某一起赶往副楼,因为一楼过道里海浪卷来的杂物已经堆积如山,两个人只能手脚并用地爬了上去。到达阳台后,现场的一幕让小蔡大吃一惊:一名女团友躺在地上,手臂上有个很大的伤口,骨头都露出来了,鲜血直流,身边有很多呕吐物;另一位男团友左脚背上的肉全被玻璃碎片削掉了。这时的小蔡已经根本顾不上脏和乱,强迫自己镇定下来,运用导游领队培训中所学到的急救知识,用酒店里的毛巾给她包扎,压迫血管替她止血。就在紧急处理伤口的过程中,又听到有人大喊:"第二波潮水又逼近了!"他们只能扶起伤员,以最快的速度通过平台上临时用桌子、椅子搭起的楼梯向楼顶爬去。

到达副楼楼顶之后,小蔡稍稍恢复了一点体力,便马上掏出手机向国内报告情况。公司领导在电话里一再鼓励小蔡让她坚持住,一定要尽力照顾好每一位游客。有了领导在后方的鼓励,小蔡忘记了疲惫,又投入到救助伤员的行列。当时的副楼楼顶上除了小蔡几个人以外,还有一些外国散客,大多数都受了伤。小蔡在处理好自己团员的伤势后,不顾自己疲惫的身体,主动帮助几个掉队的外国游客包扎伤口,还把自己背包里仅剩的小半瓶矿泉水一口一口地喂给了一名素不相识但因重伤急需补水的欧洲游客。这些举动赢得了在场所有游客的好感。3个小时后，团里另外几名小伙子也到达了这幢副楼的楼顶，大家合力把2名伤员抬到了主楼三楼。但是刚刚到达三楼，酒店的负责人通知说由于海浪冲击，这幢大楼的瓦斯容器破裂并泄露，让所有在场的人立刻撤离到副楼的平台上。为了减轻移动过程中伤员的痛楚，小蔡灵机一动，带着几个小伙子拆下门板抬上两名伤员，忍受着浓烈的瓦斯气味以最快的速度撤离现场……

当时有来自各方面的消息，其一说到晚上可能还会有30多米高的巨浪。为了保险起见，小蔡与团友们商量后决定爬上酒店背后的小山上去过一夜。小蔡临时组织了几个人从客房里找来了一些毛毯、点心和矿泉水，让大家分别带上御寒充饥。由于海水冲刷过的路面很滑，小蔡就动员大家边走边捡那些被水冲到路边的鞋子，换下脚上的拖鞋，以方便走路和爬山。在爬到一个近80米高的平坡后，她运用自己学到的热带雨林防护知识，让大家把床单撕碎，分别扎紧袖口和裤腿，坐在一起，以防蛇虫。她还和团里的几个小伙子趁着空隙和当地人一起砍了些树木，又向同在一个坡上避险的一名华侨借了一口锅，生起火煮了点水，把全团唯一的一包方便面泡好。大家谦让着你吃一口我吃一口，谁也不肯多吃，温暖就这样传递……暂时安顿下来后，虽然团友们几次劝小蔡坐下来好好休息一下，但肩负20多人生命财产安全的责任还是让她保持了高度的警觉。小蔡抵住了一阵阵袭来的疲倦和睡意，目光始终不离团友，瞌睡来了就站起来巡视一圈，累了再坐下来休息片刻，望着月亮一点点升起又一点点落下……向来活泼开朗的她第一次尝到了度日如年的感觉，在PP岛的山坡上度过了一个让她终身难忘的不眠之夜。27日凌晨，当地接旅行社的负责人告知小蔡另外两位一直失踪的团友已经找到，并已经安全地在普吉岛酒店休息了，全团的人都为这个好消息兴奋地鼓起掌来。27日凌晨，小蔡带领的24名团友顺利地搭上了第一艘救生船，两个小时后又顺利抵达普吉岛码头，并在酒店与另外两名失踪一昼夜的团友会合。在国家旅游局和中国驻泰国大使馆的努力下，28日凌晨他们搭乘东航班机，于当地时间凌晨2点40分飞离普吉岛，北京时间上午7点50分顺利到达上海浦东国际机场，全团游客一个不少地回到了祖国的怀抱。

●●●▶ 案例评析

首先，蔡玮伟在2004年12月26日海啸事件中的每一段感人的事迹，都诠释着"先人后己"的精神，显示了中国年轻的导游队伍拼搏进取、爱岗敬业、乐于奉献、全心全意的优良作风。

其次，小蔡遇事冷静，能结合平时积累的业务知识，作出正确的判断。在与死亡搏斗中，她帮助游客自救与互救。她的半瓶"救命水"使一位身受重伤、奄奄一息的外国游客坚持到获救为止。她挽救了全团游客的生命，最后一个也不少地将旅游团游客带回国。

最后，作为领队，应当使游客在危难中得到身心上的关心和安慰。领队的精神能够感染每位游客，使全团在危难中得到慰藉和安心，并使全团在危难中形成团结友爱的氛围。

（资料来源：仉向明，黄恢月.出境旅游领队工作案例解析［M］.北京：旅游教育出版社.2008.）

三、出境游领队引导旅游者在境外文明旅游

随着出境旅游市场的快速发展,一些旅游者在境外游览中表现出来的"不懂礼仪、不守秩序、喧哗吵闹"的不文明行为,引起了海内外舆论的关注和批评,严重影响了中国礼仪之邦的形象。在境外带团过程中,每当看到用中文书写的提示语,每当遇到对中国旅行团抱有偏见和误解的外国人,作为出境旅游领队都深感痛心。提升中国公民文明旅游的素质、规范文明旅游的行为已经到了刻不容缓的时刻。每一个从事出境旅游的领队要率先遵守中央文明办、国家旅游局颁布的《中国公民出境旅游行为指南》,以自身文明言行示范带动游客;规范经营行为,恪守职业道德,遵纪守法,信守合同;切实履行引导游客文明旅游的职责,及时劝阻游客的不文明行为。

国家旅游局于2015年4月2日正式发布《导游领队引导文明旅游规范》(LB/T 039-2014)和《旅行社行前说明服务规范》(LB/T 040-2014)两项旅游业行业标准。这是国家旅游局首次对旅行社服务全过程中的某一环节提出专门的行业服务标准,对落实《旅游法》相关精神、倡导游客"文明旅游"、促进旅行社服务向精细化方向发展具有深远意义。总而言之,出境旅游领队人员要在提升游客文明旅游素质方面发挥重要的引导作用。

知识链接

中国公民出境旅游文明行为指南

中国公民,出境旅游,注重礼仪,保持尊严。
讲究卫生,爱护环境;衣着得体,请勿喧哗。
尊老爱幼,助人为乐;女士优先,礼貌谦让。
出行办事,遵守时间;排队有序,不越黄线。
文明住宿,不损用品;安静用餐,请勿浪费。
健康娱乐,有益身心;赌博色情,坚决拒绝。
参观游览,遵守规定;习俗禁忌,切勿冒犯。
遇有疑难,咨询领馆;文明出行,一路平安。

(资料来源:中央文明办、国家旅游局,2006年10月2日颁布.)

(一)出境旅游领队人员要做文明旅游的模范表率

旅行社要将文明旅游学习纳入全员培训体系中,特别要对出境旅游领队人员加强这方面的教育。结合出境旅游的热点问题,每个出境旅游领队人员主动承担起对游客的文明旅游宣传、服务和引导责任。国家旅游局已经将《中国公民出境旅游文明行为指南》纳入旅游合同。酝酿多年的《中华人民共和国旅游法》在2013年10月1日出台,第四章第四十一条明确规定如下:

导游和领队从事业务活动,应当佩戴导游证、领队证,遵守职业道德,尊重旅游者的风俗习惯和宗教信仰,应当向旅游者告知和解释旅游文明行为规范,引导旅游者健康、文明旅

游，劝阻旅游者违反社会公德的行为。

领队的道德行为不仅作为个人修养，也涉及法律层面，不仅是道德更是法律问题。作为出境旅游领队人员要率先实行中央文明办、国家旅游局颁布的《中国公民国内旅游文明公约》、《中国公民出境文明旅游行为指南》。尤其是领队人员在境外带团过程中，应将文明旅游宣传引导纳入讲解之中，做好榜样，以自身行为示范带动游客。领队人员一定要严于律己，必须要以身作则，成为游客文明出游的标杆和表率。

作为出境旅游领队，衣着要大方得体、平整干净，谈吐要文明，举止要恰当，在用餐、交通、环境保护等方面要起到示范引导作用。只有这样，才能真正引领游客，共同提升出境旅游文明素质。提高自身素质，应该是出境旅游领队人员的不断修行之一。领队人员以自身的文明言行带动和影响着旅游者，不仅能使大家共同享受文明旅游的乐趣，还为旅游者赢得了他人尊重，最终领队也赢得了旅游者对自己的尊重。

（二）严格贯彻执行行前说明会制度

旅行社与旅游者签订包价旅游合同，在约定的旅游活动成行前，就约定的服务内容向旅游者告知重要信息，有助于顺利完成旅游的活动，是旅行社提供的包价旅游产品中不可缺少的服务环节之一。为了让旅行社在"行前告知、事先防范"方面的工作做得更务实有效，国家旅游局在2015年4月2日发布了《旅行社行前说明服务规范》（LB/T 040－2014）（以下简称《规范》），并于2105年5月1日起实施。《规范》旨在引导旅游行业遵照"以人为本"的原则，以"问题导向"思维，从"事前沟通、安全防范、应急避险、文明旅游"入手，对旅游者与旅行社签约后、行程前旅行社提供的说明服务流程加以识别和规范，引导旅行社逐步向着避免事后纠纷、减少安全隐患、提升服务品质、提倡文明旅游、提高旅游幸福指数的目标迈进。

经过多年的实践探索，大多数旅行社已建立起相对比较健全的出游前说明会制度。旅行社通过行前说明会对游客进行文明旅游教育引导，提醒游客知礼守礼、文明游览。经验丰富的领队会在说明会上向游客介绍旅游目的地的风俗习惯、文化传统和宗教信仰；向旅游者说明哪些行为在当地是不受欢迎的，要求每位旅游者都遵守法律，恪守公德，讲究礼仪，爱护环境，尊重旅游目的地的文化习俗，以文明言行举止为自己加分，为中国添彩。

领队人员要在说明会上用视频、幻灯片等方式举例反面教材，列举出境游中常见的不文明行为，讲述这些行为的危害，让旅游者出行前心中有数、心中有礼。其实很多旅游者的不文明行为不是故意为之，只是对当地的文化风俗了解得不够详细，所以这时领队的责任就显得至关重要。

出团前，领队必须向旅游者普及旅游目的地民俗风情等知识。例如，在泰国等一些信奉佛教的东南亚国家，除了僧侣以外，普通人是不能摸别人头的；即便是在炎热的天气参观意大利的教堂，旅游者也必须穿着谨慎，无论男士还是女士，都不能穿短裤和无袖上衣。在当地的教堂门口会有警卫或教民检查，因此领队人员要提醒旅游者在出发的时候记得带上一件长袖衫或其他套头衫等。还有进入歌剧院、大教堂等景点参观时不能拍照、大声喧哗、录像等。作为在一线直接面对旅游者的领队人员，务必要高度重视行前说明会，这也是贯彻文明旅游的最佳途径。

（三）以督促引导为具体抓手，落实过程管控

作为出境旅游领队人员要重视旅游过程中的文明旅游督促和引导，在重要环节做好对旅游者的及时提醒。领队人员肩负着文明旅游宣传员、监督员的责任,因此,要强化领队在出境旅游过程中对旅游者文明行为的提示和提醒责任。在带团过程中,要发挥好组织、协调、引导旅游者的作用,全程做好文明引导和文明礼仪宣传工作,积极宣传文明旅游理念及文明用语,引导旅游者自觉遵守旅游目的地的法律法规及社会公德,及时提醒游客、劝阻游客的不文明行为。

出境旅游领队人员要将文明旅游作为基本讲解词,用娱乐的方式提醒旅游者,将文明旅游、安全旅游等注意事项向旅游者予以告知和提示。在游览过程中,当不文明情况发生时,领队应及时委婉地对旅游者予以提醒和警示,引导其遵守秩序、爱护环境、使用文明用语、注意自身言行等,同时用行动提醒旅游者牢记自己是国家"形象大使",不能给中国人丢脸。从某种角度讲,能否帮助自己团队的旅游者在境外文明旅游,体现了领队人员的软实力。

出境游中一些不文明行为的出现,也可能跟旅游者出境后的不安全感和紧张心理有关。因此,作为领队人员应当注重培养大家的团队意识,增强旅游者之间,旅游者和领队之间的信任感、依赖感,让大家时时感受到大家庭的温暖,从而有效降低不文明行为的发生概率。

知识链接

文明旅游十大提醒语

一、树立文明旅游意识的普遍性提示
1. 文明是最美的风景
2. 旅途漫漫　文明相伴
3. 旅游美时美刻　文明随时随地
4. 文明游天下　快乐你我他
5. 一花一木皆是景　一言一行要文明

二、针对具体不文明旅游行为的提示
1. 游遍天下山川　只留脚印一串（用于提醒保护生态环境）
2. 出游讲礼仪　入乡要随俗（用于提醒尊重别人权利）
3. 垃圾不乱扔　举止显文明（用于提醒维护环境卫生）
4. 多看美景　不刻美名（用于提醒保护生态环境和文物古迹）
5. 平安是福　文明是金（用于提醒出游安全）

（资料来源：国家旅游局,2014年1月发布.）

（四）出境旅游领队行为禁忌

领队行为禁忌也就是领队在工作中不应该实施的行为。这些行为或者有损出境旅游领队形象,或者违反旅游政策法规。出境领队个人的一些不良习气和不文明行为也有可能严重影响旅游计划的实施。所以,出境领队的一言一行还应当符合国家法律法规和旅行社企业规范。国家法规中明令禁止的各种行为,领队都应当设定为自己的工作禁忌而不越雷池半步。

1. 形象邋遢

领队的衣着打扮代表着个人的形象，也代表着旅行社的形象。但还是有一些领队，在日常带团时衣着不修边幅，多日不换衣服，衣装的领口、袖口看上去十分肮脏。一些不卫生或不雅观的行为，如挖眼屎、擤鼻涕、抠鼻孔、剔牙齿等也无所顾忌地在公共场合下展示。另外也有的领队，不光是个人卫生不佳，还将随地吐痰、乱弹烟灰、乱丢果皮纸屑等坏习惯也随旅游团带到了国外。

2. 言语龌龊、举止轻浮

有一些领队人员在团中讲黄色笑话、下流话，并以此为荣且美其名曰"调节团队气氛"。调节团队气氛有很多种方法，以上方式只是很恶俗的一种手法，可能会有很小一部分的受众，但更多情况下只会引起旅游者的反感，特别是团队中有儿童的，此为大忌。

有些女领队穿着暴露，在男性旅游者面前搔首弄姿、举止轻浮，女领队的此类举动，特别容易引起团队里中年女性的反感。一方面，女领队不妥当的举止会破坏其应有的职业形象；另一方面，如招致其他女性旅游者的反感，最终也会给领队带团带来更多的不便和阻碍。

3. 不尊重旅游者

有的领队与旅游者打招呼时，无所顾忌地直呼其名，包括对团队中年龄较大、身份较高的旅游者，也不懂得礼貌称呼。一些领队和旅游者讲话的时候，语气很冲，对于旅游者提出的建议强硬打断，并且训斥旅游者"我带团不用你来教我"等。

4. 唯利是图

一些领队出来带团，一心想的是赚钱。个别领队完全抛弃了应有的职业道德，在去购物店或推荐自费的时候，比导游还积极，如果旅游者在购物店内没有购物，或者在参加另行付费项目时不踊跃，领队就直接把情绪挂在脸上，对这些旅游者爱理不理。旅游者一般对领队与导游串通一气，把主要精力放在如何动员自费节目、购物促销、私拿回扣等行为非常反感。

5. 工作马虎、疏于职守

（1）不认真核对团队资料。领队在交接资料后，没有及时进行护照、机票、酒店等相关信息的核对，导致旅游者出入境时被阻。

（2）面对导游对旅行者的欺凌，领队软弱无能不作为。基于自己业务能力或资历的原因，碰到强势的导游，领队就不敢声响，任由导游欺负旅游者。此类状况发生后，旅游者若进行投诉，一般都以"领队不作为"为理由进行投诉。

（3）不熟悉业务，旅游者一问三不知。领队对于目的地知识掌握不够，出发前也没有及时做好准备，以致旅游者询问时，都无法给出及时的应答，从而被旅游者鄙视。

（4）丢三落四是领队的大忌。忘记导游规定的出发时间，团队出发前处理事情拖泥带水，旅游者等待领队，丢失团队的证件、机票及其他重要文件，应该做的事情让游客提醒，丢失自己的物品……以上这些情况领队在带团中应尽力避免出现。

（5）认不清游客。领队带团多天，还记不清团中游客的面孔，或者把旅游者的姓名叫错，归根结底还是领队的责任心不强、对待工作敷衍了事方面的原因。

（6）对行程计划不熟悉。有的领队对待工作马马虎虎，对行程计划全然不晓，将维护旅游者权益的重任也全然抛于脑后。

（7）只顾自我享乐，忘记领队任务。有的领队把带团当成了参团，把自己当成了旅游者，将领队应该做的工作全部置之脑后，几乎不记得领队的任务究竟是什么。

6. 心中不快，浮于脸面

领队在带团时会受到来自各方面情绪的干扰，如家庭原因、工作原因等，有的领队就会把不快的情绪放在脸上。领队应该尽量避免个人情绪影响团队的计划实施，不能因为自己的情绪低落而影响全体旅游者的情绪。旅游者花钱购买的旅行产品中，领队的高质量服务是其中的重要内容。

四、出境旅游领队必须重视境外安全旅游

出境旅游安全是指出境旅游活动可以容忍的风险程度，是对出境旅游活动处于平衡、稳定、正常状态的一种统称。出境旅游安全主要表现为：旅游者、旅游企业和旅游资源等主体不受威胁和外界因素干扰而免于承受身心压力、伤害或财物损失的自然状态，使旅游者在整个旅游过程中始终处于轻松愉悦之中，不受到外来的骚扰和威胁，也没有发生任何有惊无险的情况。旅游安全是旅游活动中各相关主体的一切安全现象的总称。

旅游安全是旅游业的生命线，是旅游业发展的基础和保障。作为旅行社的代表，出境旅游领队必须非常清楚旅游救援工作的目的和意义，掌握境外安全事故善后处理的基本原则，掌握境外旅游安全事故发生后的救援程序。领队要熟悉与境外国际救援组织的联系方法和工作程序。

面对旅游者，领队首先要做到的是在行前说明会中，尽量向旅游者宣传旅游安全的重要性，遇到紧急情况时的应急联络方式，向旅游者告知我国驻外使、领馆应急联络方式，应该或能够在行程中为旅游者提供安全保障的其他机构或人员信息。

如何做好出境游安全工作，如何成为一个合格的领队，是我国出境游市场和各出境游旅行社面临的一个紧迫课题。出境领队应该认真学习《旅游法》，特别要细心领会有关旅游安全的条款：

《旅游法》第十二条：旅游者在人身、财产安全遇有危险时，有请求救助和保护的权利。

《旅游法》第八十一条：突发事件或者旅游安全事故发生后，旅游经营者应当立即采取必要的救助和处置措施，依法履行报告义务，并对旅游者作出妥善安排。

《旅游法》第八十二条：旅游者在人身、财产安全遇有危险时，有权请求旅游经营者、当地政府和相关机构进行及时救助。中国出境旅游者在境外陷于困境时，有权请求我国驻当地机构在其职责范围内给予协助和保护。

在出境旅游游览过程中，常常会碰到很多始料不及的天灾人祸，这些因素有可能影响旅游团计划的实施，给旅游者带来无法回避的损失。一般旅游者没有应对安全事故的经验，则可能产生恐慌情绪，甚至导致某些损失。旅行社的领队如果有强烈的安全意识，经过专业的培训，同时拥有良好的心理素质和专业技能，完全有可能将旅游者和旅行社的损失降到最低。领队在专业培训中学习到的紧急救护知识，可以在突发事件来临之时，及时进行抢救，最大限度地挽救旅游者的人身和财物损失。

如果在境外旅游中出现了安全问题，领队要第一时间了解情况，主动提供服务、帮助、救助。要注意收集证据，主动与旅游者沟通，征求旅游者对处理问题的看法，整个处理过程要有详细的书面记录，还要有旅游者的认可签名。

在出境旅游活动过程中，领队对安全的重视和对事故的预防尤为重要，要牢记安全事故预防在先。领队应该非常明确自己在出境旅游中对旅游安全负有的责任，要不断提高自己在出境旅游中处理安全事故的能力。

 **出境游案例**

巴厘岛阿勇河漂流惊险一幕

许多到过印尼巴厘岛的游客感慨，参加过阿勇河漂流，才真正了解巴厘岛。阿勇河全长11公里，流经22处急流点，两岸均是原始森林的变换景象。阿勇河漂流一般由专门水上教练陪同，一般橡皮艇上乘坐4—6人。河流在深窄的峡谷中急进，两旁是赤道风格的热带雨林，藤蔓密布，椰树成林。整个线路上，迎面而来的景观，忽而是茂盛的树林，忽而是辽阔的田野，忽而是阴森的蝙蝠洞，忽而是美丽的瀑布，变换无穷，令人赞叹不已。

领队小宣带旅行团参加巴厘岛阿勇河漂流活动。领队和其中一组游客乘坐一台皮筏艇，皮筏艇上坐4位客人，加上领队及教练共6人。

漂流开始大约不到10分钟，就来到第一个转弯处，领队看到前方有台皮筏艇在转弯处搁浅，乘坐皮筏艇的人正努力使皮筏艇下水。由于事出突然，还来不及反应领队一行就向他们撞了过去，皮筏艇的一边冲到了他们这台皮筏的上面，从而使得领队一行的艇侧翻并最后180度翻转。此时领队船上5人全部落水，其中两个人在落水瞬间被大水冲走，皮筏艇教练本能地去追那两个被冲走的游客。而剩下两名女游客和领队被压在了皮筏艇下面，皮筏艇就像一个大锅盖重重地把3个人扣在了水下。

此时，女游客惊慌失措地不停打转和大叫。领队不断撞击皮筏艇，试图将其顶开，但是根本没有任何作用。领队意识到想要活命就必须从皮筏艇下面出来。于是领队使劲往水底游，并且刚好抓住皮筏艇一边的绳子，从另一边钻了出来。此时，领队看见两名女游客还在水下被皮筏艇压着，并且还被大水冲得打滚，就立刻又回去拉皮筏艇。领队沿着绳子钻到皮筏艇下面，想把其翻开，但是人在水下没有着力点，加上大水不断的冲击，领队根本站不住脚。后来领队直接跪了下来，跪在水底一块大石头上面，然后使劲往水流前进的方向推皮筏艇。终于皮筏艇被推开了，两名游客当时就浮起来而后又被冲了下去，此时领队也瞬间失去可以支撑的物体，被水冲了下去。领队只觉得他的脚被无数块大石头划过，最后右脚背重重地打了一块大石头上，刚好这时教练用船桨把领队拉了上来。领队刚坐上皮筏艇就看到那两名游客漂在旁边，于是就把她们也拉上来了。

大家一到达终点，医疗队伍马上过来为团员们消毒上药。巴厘岛地接社经理和漂流公司经理把大家送到医院进行检查和治疗。诊断结果是4位客人都只是皮外伤，配了一点止疼药和消炎药。领队右脚背骨轻微骨裂，需要好好休养，不能频繁走动。所幸的是5个人都没有出现更大的危险。

> **案例评析**
>
> 《中华人民共和国旅游法》第六章第八十条规定：旅游经营者应当就旅游活动中的下列事项，以明示的方式事先向旅游者作出说明或者警示：（一）必要的安全防范和应急措施；（二）可能危及旅游者人身、财产安全的其他情形。
>
> 该案例为我们留下了深刻的经验教训。第一，作为领队在遇到危急情形时一定要保持冷静，绝对不能慌张。假如领队不会游泳，或者没有想到从船底游出来，那么领队和另外两名游客有可能遇到更大危险。第二，在进行漂流等有风险的娱乐项目时，领队一定要严格要求自己以及客人，按规定穿戴救生衣和安全帽，万一落水时候能有两重保障。该案例中，领队和4名客人都被大水冲出去有五六米远才被救起，但是头部和上身都没有受伤，这就是安全帽和救生衣起的作用。第三，在出发前必须认真学习活动规则并且在活动过程中听从教练指挥。第四，在发生意外事故的时候，一定不能慌不择路，要自己冷静寻求庇护，抓住救命稻草，并且积极配合营救工作。
>
> （资料来源：徐辉.巴厘岛阿勇河漂流惊险一幕［N］.江南游报.2013.12.05.）

第四节　出境旅游领队在旅游业中的地位

近年来，我国公民出境旅游人数规模和旅游花费的高增长，不仅令世界瞩目，同时也成为旅游理论界关注的焦点。在日益增长的出境旅游大潮中，中国的出境旅游领队，起着举足轻重的作用。随着中国公民出境旅游目的地的不断增加，我国出境旅游的发展已经进入了一个不可逆转的发展阶段，出境旅游领队的数量大大增加，已经成为旅行社行业中一支不可缺少的骨干力量。

在旅行社的出境旅游业务中，接待工作的主体理所当然是具有专业素质的出境旅游领队人员。他们是出境旅游接待工作第一线的关键人物，在境外的参观旅游活动中，出境旅游领队始终处于中心地位，扮演着重要的角色。优秀的出境旅游领队会有助于旅游者完成一次难忘的出境旅游，而不合格的出境旅游领队会给旅游者带来令人不满的经历。为了强调出境旅游领队的重要性，旅游业内通常把出境旅游领队比作"出国旅游的灵魂"、"境外旅游活动的导演"。

一、出境旅游领队服务是出境旅游活动中最为根本的服务

在境外观光游览活动中，食、住、行、游、购、娱等活动构成了出境旅游活动的六大要素，其中最重要的是"游"，而境外旅游观光游览中的"导演"就是旅行社出境旅游领队人员。

由于我国的出境旅游业务起步相对较晚，大部分中国旅游者对国外的了解还不够深入。

对于出境旅游者来讲，大多数都有语言障碍问题，而且必须办理出入境证件、海关的报关与验关、卫生检疫、货币兑换等手续。而旅行社委派的出境旅游领队人员可以帮助出境旅游者解决此类问题。按照规定，出境旅游领队应该具备丰富的政治、经济、历史、地理及风土人情等方面的知识。旅行社委派的出境旅游领队大都受过全面的专业性培训，储备着相当丰富的信息，又具备充分的出境旅游经验，对异国他乡的社会环境、风土人情、法律法规有一定程度的了解，所以出境旅游领队人员完全可以为旅游者提供语言服务，沟通不同的文化，促进不同国家和地区之间的民间交流；出境旅游领队提供的讲解服务可以帮助旅游者增长知识，加深阅历，开阔眼界，获得美的享受；出境旅游领队提供的生活服务有利于旅游者身心愉快地投入参观旅游活动，去求知、求新、求奇、求异、求乐。总而言之，出境旅游领队人员在出境旅游者实现其旅游目的方面起着不可或缺的作用，从而也说明出境旅游领队服务是出境旅游服务中最为根本的服务。

二、出境旅游领队服务是出境旅游服务质量高低的标志

一位优秀的出境旅游领队人员可以让旅游者称心如意、满意而归。相反，如果领队人员热情不足、经验缺乏、责任心不强，旅游者的抱怨也会此起彼伏，旅游行程也会处处受阻。所以，即使在旅游过程中让旅游者住上一流的饭店、吃上美味佳肴，乘坐飞机头等舱或者豪华观光旅游车，缺乏优秀领队的旅游就是不完美的旅游，可以说是没有灵魂和内涵的旅游。

出境旅游领队工作质量对出境旅游服务质量的高低起着标志性的作用。出境旅游领队工作质量包括领队的讲解质量、为出境旅游者提供生活服务的质量、各项参观旅游活动安排落实的质量等。出境旅游的服务与消费同步进行，领队与出境旅游者朝夕相处，所以出境旅游者对领队的服务往往感受最深切，对其服务质量反应最敏感。在出境旅游活动中，领队已经成为整个服务工作运转的中心，领队提供的服务已经成为出境旅游服务的关键环节。这与其他旅游部门的工作人员提供的服务有着本质上的区别，可以说领队服务质量的高低直接关系着整个出境旅游服务质量的优劣。专家们指出，如果领队提供的服务质量高，可以弥补出境旅游中其他旅游项目服务质量的某些缺陷，而领队提供的服务质量低劣则是其他项目的服务无法弥补的。

因此，出境旅游者在境外旅游活动的成败基本上取决于领队工作的态度和质量。领队工作质量的好坏不仅关系到旅游者的满意程度和整个出境旅游服务质量的高低，还关系到某些旅游服务部门和单位提供的产品和服务价值的顺利实现，从而关系到我国旅游业的健康发展，同时也关系到旅游目的地国家和地区旅游业的健康发展。

三、出境旅游领队服务是出境旅游中各项服务的桥梁和纽带

从领队服务过程来说，出境旅游领队人员的作用举足轻重。可以说出境旅游领队是旅行社与旅游者之间、旅行社与其他旅游服务部门之间、旅游者与其他旅游企业之间的桥梁和纽带。作为领队他们既要维护旅游者的利益，也要维护旅游经营者的利益，同时也要维护旅游目的地旅游服务部门的利益。其作用主要表现在以下五个方面。

（一）承上启下

我国的出境旅游领队人员是国家方针政策的宣传者和具体执行者，领队人员代表具有出

境旅游资质的旅行社执行旅游计划，为出境旅游者落实食、住、行、游、购、娱等各项安排，同时还要处理旅游者在出境旅游期间出现的各种问题。出境旅游者的意见、要求、建议乃至投诉，境外其他旅游服务部门在接待工作中出现的问题及他们的建议和要求，一般也通过领队人员向境内外旅行社和旅游管理部门传递。

（二）连接内外

出境旅游领队人员既代表具有出境旅游资质的旅行社的利益，履行合同，落实出境旅游计划，同时又要维护好出境旅游者的利益。如有必要，领队人员则代表出境旅游者与境外旅游服务部门或者相关部门进行交涉，对外旅游服务部门违反合同的行为进行干预，为出境旅游者争取合同上规定的利益和应该享受的权利；作为旅行社委派的出境旅游领队有责任向出境旅游者介绍旅游目的地国家的有关政策、法律、法令等。

（三）协调关系

在旅行社的出境旅游接待工作中，领队人员要协调旅游相关产业、旅行社内外部的方方面面，其工作范围广泛、工作对象众多。在向旅游者提供旅游产品的过程中，领队还要加强与境内外旅游服务部门之间的相互联系、相互合作。而且，在旅行社与旅游饭店、旅游餐厅、景区景点、旅游交通部门、娱乐场所等旅游服务单位之间的相互联系方面，领队同样起着重要的协调作用。因为出境旅游者在境外游览中获得满足和成功是通过领队的联系和努力而实现的，又因为出境旅游服务中任何一个环节出了问题，都会影响整个出境旅游的服务质量，所以，作为领队既有义务协助有关旅游服务生产部门搞好接待工作，同时也有责任对这些部门的服务提出意见和建议，以便使出境旅游者与旅行社签订的出境旅游合同得到全面的落实。因此，领队协调关系的作用是领队服务中的生活服务得以顺利进行的重要条件；而高质量的生活服务又为领队讲解服务和其他服务的成功提供了有利条件。

（四）反馈信息

在出境旅游过程中，出境旅游者会根据自己的需要对出境旅游产品提出一些具有建设性的建议和意见，甚至会针对某些服务缺陷进行投诉。作为领队应及时注意收集出境旅游者的意见和建议，并根据自己的接待实践和对出境旅游者的了解，及时反馈到旅行社以及相关服务部门，促使其旅游产品的设计、包装和质量得到不断改进和完善，以更好地满足出境旅游者的需要。

此外，旅行社的出境旅游产品设计是否符合市场的需求，通过领队的带团日志和总结报告可以掌握市场满意度的第一手资料。

（五）促销产品

每个参加出境旅游的旅游者都是旅行社以后的潜在客户，都有可能参加旅行社其他旅游线路的出游，都有可能继续购买旅行社的其他产品。旅行社可以通过出境旅游领队把更多的线路产品直接向旅游者继续推销，这样可以取得较好的销售效果。出境旅游领队与旅游者朝夕相伴，他们有充分的时间和机会向旅游者及其亲朋好友介绍旅行社的新线路、新产品、新举措，可以不失时机地实施旅行社的促销战略。

如果旅游者对领队的服务比较满意，并因此与领队建立了一定的联系，也影响其今后出游时对旅行社的选择。旅游者通过出行而获得的感受也会影响其亲朋好友，也会给旅行社带来一定的客源。

综上所述，出境旅游领队处于出境旅游服务的中心地位，起着关键作用。实际上，出境旅游服务是一项综合性服务，领队工作只是出境旅游服务链条中的一个环节，没有其他各项旅游服务的配合，领队工作也无法做好，出境旅游产品的价值也就不可能实现。

四、出境旅游领队与其他旅游产业

作为出境旅游的领队其工作任务之繁杂、职业合作之广泛，非一般行业从业人员可以胜任。领队在工作上接触最直接的主要是境外的住宿接待部门、交通运输部门、游览场所经营部门、餐饮部门、境外的景区景点等。

（一）旅行社行业

无论是我国的旅行社，还是其他国家或地区的旅行社，在旅游业中都是旅游活动的组织者，也是旅游产品的销售者，旅行社在了解旅游者的需求及指导旅游部门的供给方面起着主要作用。作为出境旅游领队人员应该与境外旅行社保持密切联系，这也是完成境外旅游计划的保证之一。

在境外，人们根据旅行社所经营的业务类型，即批发业务还是零售业务，将旅行社企业分为两大类。领队作为具有出境资质旅行社的代表要了解境外旅行社的规模大小、经营范围、具体业务、操作流程及与我方旅行社的合作时间和沟通方式。

1. 旅游批发经营商

旅游批发经营商是主要经营批发业务的旅行社或者旅游公司。这里所谓的批发业务是指旅行社根据自己对市场需求的了解和预测，大批量地订购交通运输部门、旅游饭店、旅游目的地接待社、旅游景区景点等有关部门或旅游企业的产品和服务，然后将这些产品组合成不同的旅游线路产品，通过一定的销售渠道向旅游者或者客源国旅行社进行销售。我国旅行社在旅游目的地国家和地区的合作者大多都是旅游批发商。

2. 旅游零售商

旅游零售商就是主要经营零售业务的旅行社。旅游零售商主要以旅游代理商为典型代表。一般说来，旅游代理商的角色是代表旅游者向旅游批发商及相关旅游企业购买其产品。当然也可以说是旅游代理商代表其他旅游企业向旅游者出售各自的旅游产品。

（二）餐饮业

在境外，餐饮的安排是旅游者出境旅游的基本条件和基本保证。旅游者在境外只有充分享受到合理的餐饮安排，才能保证其参观游览的顺利进行。随着时代的进步、旅游者生活水平的提高、旅游者旅游需求的多元化，旅游者在境外的用餐不仅仅是为了填饱肚子，更是为了体验多样化、地区性、民族性的餐饮服务。所以，作为出境旅游领队也不只是提供如协助境外导游订餐、安排座位这样简单的服务。领队人员有必要研究一下如何订餐、点菜、用餐场地的安排及如何向旅游者介绍在境外用餐礼仪方面的知识。

1. 早餐

出境旅游团的早餐一般都在所下榻的酒店享用，因为通常酒店的房费里都含有早餐。大部分酒店会在旅游者入住办理手续时就把早餐券连同房卡一起分发给旅游者，有些酒店则要求住店旅游者在就餐时报出其房间号即可。

一般饭店的早餐时间从上午6点或7点开始至9点，有些国家和地区也有从8点开始至10点（如英国的部分乡村旅游区），当然也有略微提前和推迟的可能。在旅游旺季的时候领队人员要注意让旅游者错时用餐。通常在酒店使用的早餐分为以下几种：

（1）美式早餐（American breakfast）。美式早餐一般包括果汁、吐司、火腿、麦片粥、蛋、水果、咖啡、红茶等，内容比较丰富。

（2）大陆式早餐（Continental breakfast）。前往欧洲地区观光旅游的团队一般会享用到大陆式早餐，其中包括牛角面包、奶油、果酱、咖啡、红茶、麦片粥、煎鸡蛋等。大陆式早餐一般不含热食，所以作为领队要事先向旅游者进行说明。

（3）英式早餐（English breakfast）。英式早餐比大陆式早餐丰富，但是比美式早餐略微逊色，通常包括饮料、面包、主菜一份，主要是水果或者果汁、各种蛋类、熏肉或者香肠、麦片、红茶、咖啡、吐司等。

（4）其他早餐等。有时候为了让旅游者体会当地餐饮的多样性，领队人员也会带领旅游者外出享用早餐，例如港式早茶、肉骨茶等。日本、韩国及东南亚国家的早餐都具有浓郁的本国特色。

境外酒店早餐一般以自助餐（Buffet）为主。领队要提醒旅游者注意用餐礼仪，讲究文明用餐，尽量避免浪费，不打包外带。

2. 午餐

旅游团的午餐一般在旅途中享用的情况比较多，所以都比较简单，大多数都是自助餐。在欧美地区也会安排到当地的华人开设的中餐馆用餐，一般情况下都是每桌安排五菜一汤至七菜一汤，包括水果和茶，不含饮料和酒水。使用自助餐时领队要提醒旅游者注意用餐礼仪，不得浪费，以免给人留下不好的印象。

3. 晚餐

晚餐通常是旅游团每天安排最为丰富的一餐，一般情况下当地的导游都会带旅游者品尝当地的风味餐，有时候晚餐也安排在有演出的场合下进行（Dinner Show），比如新西兰的毛利餐和毛利舞、西班牙弗拉明戈舞与餐会、澳洲农庄的烧烤等。如果晚餐以中式为主，可能会比午餐时多一至两道菜。西餐的话则通常包括前菜、主食和甜点。

（三）酒店业

旅游者无论在境外还是在境内进行观光旅游，其住宿条件的优劣对其顺利完成旅游计划有举足轻重的作用。领队在旅游者入住之前应该详细介绍其下榻酒店的情况，诸如酒店名称、星级、位置、周围交通设施、内部结构、用餐地点、康乐设施、付费方式、国际长途电话收费标准、周边治安情况等。

从领队本身的工作实际考虑，领队经常接触的酒店部门有总台（front desk）、餐厅（restaurant）、房务中心（housekeeping）、服务中心（service center）、商务中心（business service），作为领队应该明白各个相关部门的职责和功能，掌握其联系方式以及与其进行沟通的技巧。

酒店的类型很多，但是对酒店类型没有统一的划分标准。目前业内对酒店的划分标准如下：

（1）根据酒店的坐落位置划分：如城市酒店、度假地酒店、海滨酒店等。

（2）根据交通工具或者交通实施的关系划分：如汽车旅馆、铁路酒店、机场酒店、港口酒店等。

（3）针对酒店的目标市场划分：如商务酒店、度假酒店、会议酒店、旅游酒店等。

（4）根据设施及服务范围划分：如综合酒店、公寓旅馆等。

（5）根据酒店的规模划分：如大型酒店、中型酒店、小型酒店。

（6）根据酒店的等级划分：如高档酒店、中档酒店、低档酒店、豪华酒店、星级酒店。

1. 酒店星级

世界各国对酒店等级的划分不一，有的划分为四个等级，有的划分为五个等级。在酒店等级的表示方法方面，有的以星号多少表示，有的则以数字等级表示或者以其他符号表示。但是，目前较为流行的划分和标定方式是以星号（☆）表示。有些不采用星号标定酒店等级的国家在将本国酒店同国际酒店进行对比时，也往往说明其大致相当于几星级酒店。按星级划分酒店等级的标准如下：

一星：设备简单，提供食、宿两项最基本的酒店服务项目，能满足旅游者基本的旅行需要；设备和服务符合国际流行的基本水平。

二星：设备一般，除食宿基本设施外，还设有简单的小卖部、邮电、理发等便利设施；服务质量较好。

三星：设备齐全，有多重综合服务设备；服务质量较高。

四星：设备豪华，服务设备完善，服务项目健全；服务质量优秀。

五星：这是酒店的最高等级，其设备、设施、服务项目设置和服务质量均为世界酒店业的最高水平。

考核一个酒店的等级水平主要从其"硬件"和"软件"两个方面，即其服务、管理、服务项目数量、服务质量和设施设备方面进行评定。当然还要考虑旅游者的满意程度和外界的印象。

2. 房间类型

境外酒店的房间类型一般分为总统套间、豪华套间、豪华房间、单人间、双人间、三人间。一般情况下，旅游者被安排住进单人间、双人间或者三人间。有时候由于房价或者旅游旺季的关系，领队人员不与旅游者在同一个酒店住宿。

（四）旅游交通运输业

在出境旅游活动中，交通运输扮演了重要的角色。旅游交通运输是指旅游者利用某种交通手段从一个地点到另一个地点的空间转移过程，是旅游者完成旅游活动的先决条件，也是发展旅游业的关键之一。目前，出境旅游者外出旅行的主要方式是乘坐汽车、飞机、火车和轮船。

1. 航空交通

飞机是出境旅游活动中最主要的交通工具，它具有快速省时、安全舒适的优点。旅行社推出的中长途旅游产品，基本上都采用飞机作为旅游出发地和目的地国家或地区之间及目的地国家或地区各个城市之间的主要交通工具。

航空交通服务的形式主要有定期航班服务、加班飞行服务和包机航班服务三种形式。定期航班服务是指航空公司在既定的航线上按照对外公布的航班时刻表提供的航空服务。目前我国许多旅游团前往旅游目的地（特别是旅途比较远的国家和地区）旅行的主要交通工具就是定期航班服务。加班飞行服务是国内外航空公司根据临时需要在定期航班以外的飞行服务，主要是为了缓解在特定时期航空运输中的供求矛盾。比如我国每年的黄金周时期航空公司都会推出加班飞行服务。包机飞行服务是航空公司按照包机单位，也就是旅行社的要求，在现有的航线上或者在现有的航线以外的专用飞行。在旅游旺季到来之前，旅行社看好某些旅游线路，但是因为前往某个旅游目的地的机位紧张，或者是为了减少转机环节，而向航空公司包下某些航班而推出的专用飞行服务。比如说从浙江杭州前往日本的北海道、美属关岛等航班服务。

作为出境领队要认真阅读出行计划，掌握团队乘机旅行流程，了解民航国际航班的行李托运携带规定，了解各个航空公司对乘机出行的要求，告知旅游者航空公司的有关规定，提醒旅游者拿好随身物品，并带领旅游者集体办理登机手续。作为领队的一项重要工作任务是保管好电子机票确认单。领队还要对旅游者要求调换座位等问题进行处理。

2. 铁路交通

铁路交通服务是旅行社在其出境旅游产品中向出境旅游者提供的一种重要的交通服务。铁路交通服务相对于其他交通工具其运载能力强，相对于航空飞行票价低，在旅游者心中安全性高，而且在旅行途中乘坐平稳，同时旅游者也可以观赏沿途风光。今天，从世界范围来看，铁路运输作为交通工具的作用已经大大降低，在某些地方铁路客运主要作为观光旅游项目向旅游者开放。比如有些铁路公司在沿途景观优美的线路上重新采用蒸汽机，有的利用铁路组织专项旅游，这说明此类列车已不再作为主要的交通运输手段，而是已成为特定的旅游项目或者旅游内容。

3. 公路交通

公路交通服务是指旅行社为旅游者提供的以汽车为交通工具的旅游交通服务方式，主要交通工具包括客运汽车和旅游汽车。公路交通非常适合于市内游览和近距离旅游目的地之间的旅行。许多旅游目的地国家都把汽车作为主要交通工具。

公路交通的缺点比较明显。第一，使旅游者的旅行速度和活动范围受到一定限制，不适宜长时间、远距离的旅行。许多国家对旅游车驾驶员行车时间都有限制，规定必须在驾车数小时后休息调整。第二，汽车的安全性能相对其他交通工具最差。第三，汽车旅行可能会产生空气污染和噪音污染。

在许多国家汽车都是靠左行驶，领队人员要提醒旅游者注意遵守当地的交通法规，上下车和过马路应该首先观察周围路况。某些国家的旅游车第一排座位是不容许旅游者乘坐的，因为没有购买旅游保险，这一点领队必须向旅游者事先说明。

4. 水运交通

水运交通服务是指旅行社为了满足旅游者在各种水域中旅行游览的需求而提供的交通服务。水运交通服务所提供的交通工具包括普通客轮、豪华邮轮、气垫船等。各种轮船分别设有不同的舱位，供不同类型的旅游者选择。近年来，旅游者利用豪华邮轮作为交通工具进行出境旅游方兴未艾，人们通常称豪华邮轮为"漂浮的度假胜地"，领队人员应该多加强对这方面服务技能和讲解技能的培养。

5. 特殊旅游交通

特殊旅游交通指为了满足某些旅游者特殊需求的交通运输方式，也是旅游吸引物的一种。这种交通服务方式不仅为旅游者提供位置的转移，同时也为旅游者提供新奇、惊险、独特的旅游感觉。比如在某些景区建有观光缆车、观光电梯、观光索道等。

领队在带领旅游者使用类似交通工具时，要时刻把安全放在第一位。领队应该事先告知旅游者各种特殊交通工具的使用方法和注意事项，尽可能检查一下各种安全措施是否落实到位。总之，领队要非常熟悉各种特殊交通工具的特性和相关的安全规则，确保在旅游安全的前提条件下，制造出不同的旅游体验和惊喜。

五、旅游景点

所谓旅游景点就是面向所有旅游者开放的游览景点或者游人参观点。而作为旅游业的组成部分，这里所指的旅游景点是那些由某一组织或者企业对其行使管理权的旅游景点，它有明确的界线与外界隔离，并有固定的出入口，对游人的出入进行有效的控制。

旅游景点的类别很多，一般而言，旅游景点的类别划分有以下几种情况：

（1）按照其设立的性质，可以划分为纯商业性的旅游景点和公益性旅游景点。前者是指投资者完全出于营利目的而建造的，后者是指政府部门和社会团体出于社会公益目的而建造的旅游景点。

（2）按照景点所依赖的吸引因素而形成的原因，可以划分为自然旅游景点或者人文旅游景点。前者的吸引因素属于大自然赋予，后者的吸引因素或者是人类历史遗产，也可能是现代人为产物。

（3）按照景点的内容和表现形式进行划分主要有以下几种类型：①古代遗址（Ancient Monument），指挖掘出土而加以保护的古迹，例如古城区建筑、古墓葬等。②历史建筑（Historic Building），指以历史上遗留下来的各种建筑物为主要游览内容而设立的旅游景点，包括城堡、宫殿、名人故居、历史民居、庙宇寺院等。③博物馆（Museum）。博物馆可以分为两大类，一类是以特定收藏品为展示内容的博物馆，比如说历史博物馆、军事博物馆、各种科学博物馆等；另一类是以特定的场址为展示内容的博物馆，例如美国的殖民地时期威廉斯堡博物馆、英国的铁桥堡博物馆等属于此类。④美术馆（Art Galleries）。美术馆多以收藏和展示历史或者传统美术作品为主。⑤公园和花园（Park and Gardens），指以具有特色的自然环境和植物景观为主要内容的旅游景点，例如国家公园、自然保护区等。⑥野生动物园（Wildlife Attractions），指以观赏野生动物为主要活动的旅游景点，例如动物园、水族馆、天然动物园等。⑦主题公园（Theme Park）。这类旅游景点多为以某一主题为基调而兴建的大型人造游览娱乐区，以美国的迪士尼公园最为著名。

对景区景点的参观游览活动是旅行社产品的核心内容，也是出境旅游导游工作的中心环节。领队人员必须按照规范要求提供优质服务。作为领队要认真准备、精心安排、主动讲解，使旅游者详细了解观光游览地的历史背景、景观特色、艺术价值、形成原因，还要认真回答旅游者提出的问题。领队在讲解中要讲究方法和技巧，并且要观察旅游者的反应灵活调整讲解内容。

领队在进入游览景点前应该向旅游者说明在该景点的停留时间以及参观游览结束后的集

合时间及地点;向旅游者讲清楚游览的线路,提醒注意事项。

思考与练习

一、简答题

1. 我国出境旅游领队的定义是什么?
2. 国家是如何逐步开放出境旅游业务的?
3. 通常境外有几种"领队"的称谓?
4. 申请领队证的人员,应当符合哪四项条件?
5. 简述出境旅游领队在旅游业中的地位和作用。
6. 《旅行社出境旅游服务质量》为出境旅游领队定制了哪些相应的岗位特色标准?为什么?
7. 在境外旅游,常见的早餐可分哪几种?
8. 如何划分旅游景点的类型?
9. 作为一个旅行社的出境旅游领队需要哪些基本素质?

二、案例讨论题

迟飞的包机

2006年春节,由于赴欧洲旅游签证拒签率高,中国公民转而选择赴普吉岛旅游的热潮高涨。浙江中青旅以包机的方式来满足中国公民出境游的需求,大年初二包下了能容纳154人的飞机,包括4个旅行团及一些自助行的散客。公司特别委派4位资深领队带领宾客们赴普吉岛旅游。

由于春节从全国各地赴普吉岛的包机多,浙江中青旅一行抵达普吉岛国际机场时已是当地时间凌晨2点,过泰国移民局的速度变得很慢。4位领队中的黄领队是一位有着多年经验的资深领队,马上在机场与其他3位领队碰面,要求他们在离开普吉岛时,一定要离飞机出发时间提前2小时以上抵达机场办理手续,以免再碰上类似情况,影响包机的正常起飞。

4天后的晚上,客人们结束了普吉岛的旅行,在领队们的带领下,兴高采烈地回到了普吉岛国际机场。领队们为所有的团员办理登机手续后,分发了登机牌,等候出关登机。离起飞时间还有10分钟,机舱内还有1位领队及3位客人仍未就座。离起飞时间过了10分钟,迟到的客人才到,黄领队问这位领队迟到的原因,原来是客人购买的退税物品放入了行李箱内,而过关后在办理退税手续时,工作人员要求出示购买的退税物品。客人在领队的帮助下,再从已经托运的行李箱中拿出商品,因此耽误了登机时间。而深夜飞机迟迟未起飞,其他客人非常不满。于是,黄领队灵机一动,马上与乘务员商量,在广播中再一次向客人道歉,并讲述了事情缘由,终于客人们的神情中露出了理解的表情。

(资料来源:徐辉.国际旅游业对客服务艺术案例[M].杭州:浙江科学技术出版社.2008.)

根据上述案例，请回答以下问题：
1. 案例中，3位旅游者迟到是否跟领队有关？
2. 为预防此类事情发生，领队在客人离境办理登机手续时应该强调什么？

三、实训题

请学生走访几位出境旅游领队，了解作为出境旅游领队的基本要求。

第二章
出境旅游领队必须储备的相关知识

出境旅游领队在带领游客赴境外旅游时，需要帮助游客办理一些必要的手续，解答游客有关出境旅游的咨询。领队掌握必要的出境旅游基本常识，是提高其工作效率及服务质量的必要条件。

本章介绍了出境旅游必备的护照和签证的基本知识、出境旅游主要的交通工具——航空方面的各项知识以及出境旅游保险的主要知识。

学习目标

知识目标：1. 了解护照及签证的基本知识。
2. 掌握国际航空方面的主要知识。
3. 熟悉保险的相关知识。

能力目标：1. 能够辨认各类护照和签证。
2. 具有辨别全球三大航空联盟的能力。
3. 领队具有让游客购买出境旅游保险的意识。

 **出境游案例**

"湿"而复得的护照

美国是令人向往的国家，大家平常所熟悉的大多是纽约、华盛顿等非常具有代表性的城市。2014年4月，小伊有幸担任了"美国西海岸八天团"的领队。团体的特色是深度游览美国西海岸最负盛名的三大城市——洛杉矶、拉斯维加斯和圣地亚哥，自由选择游览"世界七大奇景"的西大峡谷、胡佛水坝等著名景点，欣赏圣地亚哥老城风光，畅游圣地亚哥中途岛号航母。

行程是先从杭州飞往广州转飞机到洛杉矶，团队将在洛杉矶住3个晚上。其中，第2天从洛杉矶到圣地亚哥进行一日游。第4天再从洛杉矶坐车赴美国赌城——拉斯维加斯。拉斯维加斯是一座建立在沙漠上的繁华城市，同时又是美国的会展中心之一，世界拳击比赛首选地和世界著名的婚礼之都。游客将在拉斯维加斯入住两个晚上。在赌城游览期间，大家坐汽车前往科罗拉多大峡谷参观。行程的第6天游客将从拉斯维加斯坐车回到洛杉矶。最后，从洛杉矶出发乘坐南航飞机返回中国广州。

出发当天，团队乘坐的是中国南方航空 CZ 327 航班。飞机从广州白云机场起飞，经过 13 小时左右的飞行，于同一天的 18：00 抵达美国西海岸最大的城市——"天使之城"洛杉矶。然而飞机一落地，迎接大家的就是一场大雨。虽然团员们都带了雨伞，但无奈雨势太大，领队身上的双肩包还是被雨淋湿了。当时领队小伊也没太在意，回到酒店后发现放在双肩包最外层的护照被雨水打湿了，水已经渗开，护照内页部分颜色已经晕染，拿在手里已经呈现水肿状态。小伊当时第一反应是庆幸客人的护照没有放在他这里，在确认旅游团中成员的护照没有像他的一样弄湿之后，领队松了一口气，还好只是一本护照有问题。于是，小伊立刻打电话给中国驻洛杉矶领事馆询问该护照是否可以继续使用，领馆工作人员告诉他，打湿的护照不可以继续使用。考虑到这几天在美国境内旅游都是乘坐大巴，暂时用不到护照，于是第二天下午领队将护照的复印件留下，将原件送到洛杉矶领事馆补办旅行证明，方便从美国洛杉矶回中国后办理补办手续。就这样，领队继续带领客人游览。第六天从拉斯维加斯返回洛杉矶时，领队从领事馆领取了补办的旅行证明，顺利地离开了美国，结束了美国西部之旅。

▶ 案例评析

按照《中华人民共和国护照法》中的有关规定，有下列情形之一的，护照持有人可以按照规定申请换发或者补发护照：

（一）护照有效期即将届满的；
（二）护照签证页即将使用完毕的；
（三）护照损毁不能使用的；
（四）护照遗失或者被盗的；
（五）有正当理由需要换发或者补发护照的其他情形。

案例中，领队由于对护照保管不当，致使护照被雨水淋湿，无法正常使用。为了不影响接下来的行程以及能顺利回国，就需要领队尽快采取弥补措施，幸好只是领队一个人的护照出了问题，而团队内其他客人的护照完好无损，而且由于团队在美国境内的行程无须坐飞机，就不一定需要使用护照。所以，领队有充足的时间前往中华人民共和国驻洛杉矶领事馆补办一个旅行证明。不然，领队也许就不能随团一起活动了。

一名出境游领队在带团过程中，不仅需要具备服务意识、安全意识，还必须具备很强的证件意识。出境旅游没有护照、签证，旅途简直是举步维艰，所以领队在保管好自己证件的同时，也要竭力提醒团内的每一个客人，一定要保管好各类证件，并向其说明证件的使用方法和保管方法。例如，专门用一个防水性极好、较轻便且较牢固的袋子来保存护照之类的重要证件，放在身上或背包里也要时刻检查一下是否安全无误，如此谨慎就会大大减少证件丢失、损毁、被盗的可能性。

（资料来源：徐辉."湿"而复得的护照 [N]．江南游报．2014.05.15.）

第一节 护照与签证的基本知识

一、护照的基本知识

（一）护照的定义

护照是一个主权国家发给本国公民出入国（境）在国外旅行、居住时使用的证件，它是证明持证人（拥有护照者）的国籍、身份的法律依据。

2006年4月29日第十届全国人民代表大会常务委员会第二十一次会议通过的《中华人民共和国护照法》（以下简称《护照法》）规定："中华人民共和国护照是中华人民共和国公民出入国境和在国外证明国籍和身份的证件。"

（二）护照的分类

中华人民共和国护照分普通护照、外交护照和公务护照三种。普通护照由公安部出入境管理机构或者公安部委托的县级以上地方人民政府公安机关出入境管理机构以及中华人民共和国驻外使馆、领馆和外交部委托的其他驻外机构签发；外交护照由外交部签发；公务护照由外交部、中华人民共和国驻外使馆、领馆或者外交部委托的其他驻外机构以及外交部委托的省、自治区、直辖市和设区的市人民政府外事部门签发。

（三）护照颁发的对象

公民因前往国外定居、探亲、学习、就业、旅行、从事商务活动等非公务原因出国的，由本人向户籍所在地的县级以上地方人民政府公安机关出入境管理机构申请普通护照。公民申请普通护照时，应当提交本人的居民身份证、户口簿、近期免冠照片以及申请事由的相关材料。国家工作人员因《护照法》第五条规定的原因（办理普通护照的原因）出境申请普通护照的，还应当按照国家有关规定提交相关证明文件。

普通护照的登记项目包括：护照持有人的姓名、性别、出生日期、出生地，护照的签发日期、有效期、签发地点和签发机关。普通护照的有效期为：护照持有者未满16周岁的5年、16周岁以上的10年。

二、签证的基本知识

（一）签证的定义

签证是一个主权国家发给申请出入该国的外国公民或本国公民的出入境许可证明，即在申请出入境人员持有的护照或其他有效的旅行证件上签注盖印，以示准许其出入境或经过该国国境。签证是申请人要去的国家允许其进入的证明，由该国驻外领事馆签发，使申请人便于入境的许可证。

持有有效护照的我国公民，不论因公或因私出国，除了前往同我国签订有互免签证协议的国家外，均需获得前往国家的签证。签证一般做在护照上，和护照同时使用。未建交国通常将签证做在另纸上，称为另纸签证，与护照同时使用。一些国家对中国的旅游团队，也给予整团一张的另纸签证。

（二）签证的申请

包含中国在内的发展中国家的公民申请签证，大多都有阻力。因公出国由政府外事部门通过外交部领事司统一申办签证。目前中国与81个国家签署了互免签证协议（只限因公护照或其中的外交、公务护照）。

目前中国公民持因私护照前往除圣马力诺、塞舌尔、毛里求斯、巴哈马、斐济、格林纳达以外的任何国家（入境）均需申请签证。即使国际通行的转机免签（Transit Without Visa），在美国、加拿大、澳大利亚、英国等国对中国因私护照也不适用，必须另行办理过境签证。

近期美国、加拿大相继向中国推出有效期10年的签证，受益人群覆盖面达80%左右；日本放宽了3年多次签证的发放条件；英法德意等国也纷纷缩短审批签证的时间。目前，我国正在和哈萨克斯坦、白俄罗斯等国家磋商关于互免团队签证的协定，有望在近期取得成果。

（三）签证的种类

1. 根据护照的种类划分

根据护照的种类，分为外交签证、公务签证和普通签证三种。与护照对应，即持有外交护照的发外交签证，持有公务护照的发公务签证，持有普通护照的发普通签证。

2. 根据出入境情况划分

根据出入境情况，分为出境签证、入境签证、出入境签证（含一次、多次）三种。①出境签证：只允许持证人出境，如需入境，须再办入境签证。②入境签证：只允许持证人入境，如需出境，须再申办出境签证。③出入境签证：持证人可出境，也可以再入境。④多次入出境签证：持证人在签证有效期内可允许多次出入境。

3. 根据出入境目的划分

根据出入境目的，分为移民签证和非移民签证。获得移民签证即取得该国永久居留权，居住一定期间后可成为该国公民；非移民签证又有旅游签证、留学签证、工作签证、商务签证和家属签证等种类。

4. 根据逗留的时间划分

根据逗留的时间，分为长期签证和短期签证。在前往国停留3个月以上的称为长期签证。申请长期签证，不论其访问目的如何，一般需要较长的申请时间。在前往国停留3个月以内的签证称为短期签证，申请短期签证所需时间较短。

（四）特殊的签证

1. 反签证或倒签证

反签证或倒签证是指由邀请方在本国出入境管理部（如日本的法务省入国管理局、韩国法务部、印尼移民局）为来访人员办好签证批准证明，再连同护照等材料呈递该国驻华使馆，使领馆凭上述批函即可发签，无须再请示国内相关部门。

获得反签证就意味着入境获得批准，护照交领馆后也不会等候太长时间。目前实行反签证的国家大多为亚洲国家，如日本、韩国、印度尼西亚、新加坡、马来西亚等。

2. 另纸签证

各国所发签证多为在护照内页上加盖签章或粘贴标签，但有时也将签证印章盖在另外空白的纸上，以另纸发予签章，对不签注在护照内页上，这种签证称为另纸签证。这类情形大多由于两国尚无邦交,双方暂不承认对方护照,或持异见人士访问敌国后避免回国受到本国迫害。另外一种另纸签证是团体签证,团体旅游时验明护照后即时出签以减少手续,或时间紧迫来不及逐本护照制作签证等原因。

3. 口岸签证

口岸签证是指在前往国的入境口岸办理签证。这是仅次于免签证的优惠待遇,有时亦需邀请人预先在本国提出申请,并将批准证明副本寄给出访人员。

4. 落地签证

落地签证是指申请人不能直接从所在国家取得前往国家的签证,而是持护照和该国有关机关发给的入境许可证明等抵达该国口岸后,再签发签证。落地签证通常是单边的,往往需要两国间的海关协商、双方同意以后,中国海关才能让自由行(散客)的客人从中国出境。

为方便各省旅游局统计通过旅行社途径参加出境旅游的旅客人数,如果游客是经过具有出境资质的旅行社来办理机票购买、境外酒店预订等事宜,但仍需要办理落地签证,那么旅行社会为这些散客制作经各省、直辖市旅游行政部门(旅游局)盖章的"中国公民出国旅游团队名单表",以方便出境游人数的统计。另外,旅行社有了客人的个人档案,万一游客在境外遇上突发事件,旅行社就可以提供详细的资料给省市旅游局,以方便联系中华人民共和国驻目的地国家的大使(领事)馆。

办理落地签证的注意事项

一、最好提前与前往国使馆联系

申请人一定要注意,办理这种落地签证的国家的签证政策随时都可能变化,申请人行前最好与前往国使馆联系,在出发前确认无误后方能启程,千万不能盲目行动,以免抵达后得不到签证。

二、赴落地签证国家旅游需要什么材料

一般来说,办理个人落地签需要提供比较完整的个人资料、指定相片、身份证、护照、签证费、往返该国或第三国的机票、下榻酒店的订单、足够资金及财产证明等。每个国家所需材料会略有不同,需要提前向领事馆或有关部门确认。

三、落地签证在什么情况下会被拒签

(1) 许多国家对入境旅客携带物品都有相关的规定,水果、部分药品、动植物等都在严格管制的范围之列。

(2) 必须准备好预订的住宿酒店订单和一定数额的资金,作为到该国旅游的证明。任何国家的入境移民局都有权检查入境外国客人携带的资金数额,没有携带该国认可范围内的旅游备用资金的游客,该国有权拒绝其入境。

(3) 办理落地签证所需提供的材料不完整,例如往返机票、规定数量的证件照等。

(资料来源:百度百科.)

5. ADS 签证

ADS（Approved Destination Status）签证的中文解释是"被批准的旅游目的地国家"。加注 ADS 签证后仅限于在被批准的旅游目的地国家一地旅游。ADS 协议是中国在特定时期内针对公民出境旅游在政策方面的一个创造，在国际上没有先例。ADS 签证是旅游签证的一种，只颁发给 5 人以上的旅游团队的成员，签证最长有效期为 30 天。此签证在目的地国家境内不可签转、不可延期。持有这种签证的人必须团进团出。（如图 2-1）

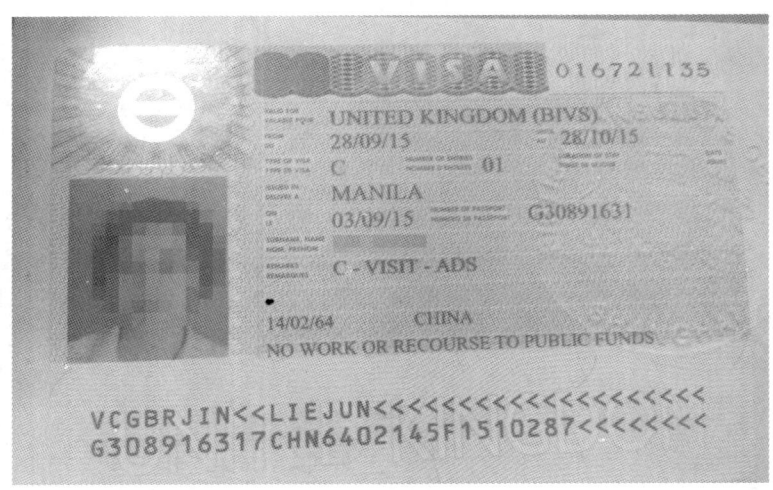

图 2-1　英国 ADS 签证

6. 欧洲申根签证

欧洲申根签证（European Schengen Visa）源于 1985 年 6 月 14 日在卢森堡小城申根签署的一份国际条约。该条约由德国、法国、荷兰、比利时和卢森堡 5 国最先签署。条约规定了单一的签证政策，即凡外国人持有任何一个申根会员国核发的有效入境签证，就可以多次进出其会员国，而不需另外申请签证。目前申根协议国的范围覆盖了西欧、中欧、北欧和南欧等一共 26 个国家，分别是德国、法国、意大利、奥地利、希腊、西班牙、葡萄牙、荷兰、比利时、卢森堡、瑞典、挪威、芬兰、丹麦、冰岛、爱沙尼亚、匈牙利、立陶宛、拉脱维亚、马耳他、波兰、斯洛文尼亚、斯洛伐克、捷克、瑞士、列支敦士登。（如图 2-2）

7. 过境签证

一国公民在国际上旅行，除直接到达目的地之外，往往要途经一两个国家才能最终进入目的地国境（多见于使用联程机票，搭乘国际航班转机的情况）。这时不仅需要取得前往国家的入境许可，而且还必须取得途径国家的过境许可，这就是过境签证。

关于过境签证的规定，各国不尽相同。有的国家规定，旅客搭乘交通工具通过其国境时，停留不超过 24 小时或一定期限的，均免办过境签证（一般都不允许出国际机场），如俄罗斯、申根公约国、东南亚地区等国家；也有的国家规定，不论停留时间长短或是否出机场，一律须办过境签证，如英国、美国、加拿大等国家的过境签证同入出境签证一样，都有有效期和停留期限的规定。按照国际惯例，如无特殊限制，一国公民只要持有有效护照、前往国入境签证或联程机票，途径国家均应发放过境签证。

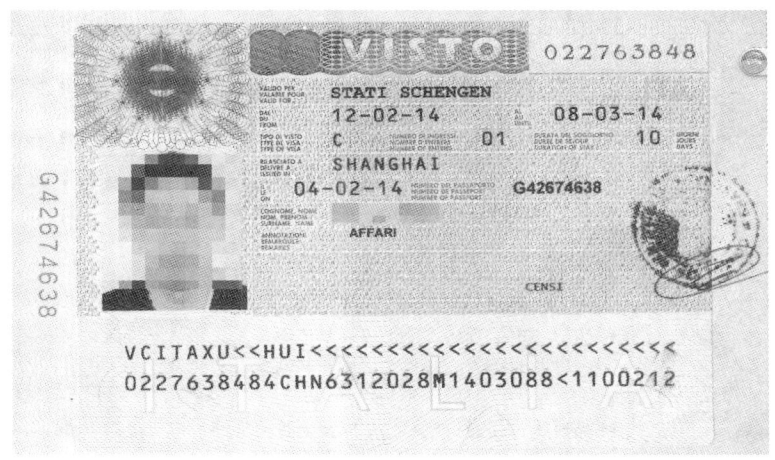

图 2-2 申根签证（意大利领馆签发）

8. 互免签证

互免签证是随着国际关系和各国旅游事业的不断发展，为便利各国公民之间的友好往来而发展起来的。互免签证是指根据两国间外交部签署的协议，双方公民持有效的本国护照可自由出入对方的国境，而不必办理签证。互免签证有全部互免和部分互免之分。

互免签证（免签），即从一个国家或者地区到另外一个国家或者地区不需要申请签证。互免签证通常是双边的，双方公民持有有效护照可自由出入对方境。2015年5月8日，外交部发布最新版的中国与外国互免签证协定一览表，有98个国家对外交护照实行互免签证政策，但主要仅对持有外交、公务及因公普通三类护照的大陆公民免签。6个国家对团体旅游实行互免签证政策。其中圣马力诺、塞舌尔、毛里求斯、巴哈马、斐济、格林纳达6个国家（地区）的互勉协定适用于持普通护照的中国公民。截止到2016年2月，共有55个国家（地区）对持普通护照的中国公民免签或落地签（如表2-1），其中包括马尔代夫、塞舌尔、塞班岛、马达加斯加、济州岛等多个热门旅游目的地，边检机关查验有效护照和订妥座位的联程客票无误后即放行。

表 2-1　　　　　　中国公民出境旅游目的地国家免签或落地签一览表

（55个国家和地区）

	互免签证	单方免签	落地签证
亚洲		● 韩国济州岛地区（30天）	● 阿联酋（凭邀请单位或个人在阿国内申办获取的移民局入境许可办理落地签，或由第三国经迪拜转机） ● 巴林（需提供往返机票、在巴联系人和明确住所、个人经济能力证明等材料；停留期限为14天，可延期一次） ● 东帝汶（网上申请移民局签发的入境许可；需提供酒店订单、返程或前往第三国机票；停留期限为90天） ● 格鲁吉亚 ● 土库曼斯坦

续表

	互免签证	单方免签	落地签证
亚洲		• 韩国济州岛地区（30天） • 印度尼西亚（持往返机票或前往第三国机票；有效期30天，可延期一次）	• 老挝（需提供签证申请表、申请人照片1张；停留期限为30天） • 黎巴嫩（需提供在黎期住址信息，如酒店订单等；有效期1个月，入境后可延长至3个月） • 马尔代夫（需提供入境登记卡、返程或前往第三国机票、酒店订单或旅费证明；停留期限为30天） • 缅甸（申请过境签证需提供签证申请表、彩色近照两张、联程机票，停留时间最长为24小时；想无条件落地签，只有乘坐缅甸航空712航班从广州直达仰光无需邀请函） • 尼泊尔（提交护照照片并申报携带的外国货币数量；停留期限可为15天、30天、90天） • 斯里兰卡（提交往返机票或联程机票、旅馆订单或旅费证明等；有效期为30天，可延期） • 泰国（提交签证申请表、照片、返程机票、财产证明；有效期为15天） • 土库曼斯坦（须事先由邀请人在土首都或各州移民局办理落地签手续） • 文莱（事先获得文莱移民局批准的由当地旅行社经办的签证批文；有效期为14天） • 伊朗（提交护照复印件、往返机票、照片1张，女士须提供戴头巾照片；有效期为15天） • 约旦（需提供护照原件及在约旦详细住址；有效期为30天） • 越南（入境参加由越南国际旅行社组织的旅游；停留期限1个月或1年以内） • 柬埔寨 • 孟加拉
非洲		• 塞舌尔（停留期限30天） • 毛里求斯（30天）	• 埃及（出发前有埃及邀请方式或旅行社办妥并向埃及移民局备案；停留期限30天） • 多哥（停留期限7天） • 佛得角（停留期限30天） • 几内亚比绍（凭几比内政部移民局出具的批准书；停留期限30天） • 加纳 • 科摩罗（45天） • 科特迪瓦（需通过邀请方式先到国家警察总局签证处办妥申请；入境签证停留期限最长为90天） • 马达加斯加（持往返机票且出发地为中国大陆以外其他地方可办理；最长不超过3个月） • 马拉维（需提前向马拉维移民局申请，并在入境口岸提交签证申请表及移民局复函；停留期限30天） • 塞拉利昂（需提交护照复印件、邀请函等） • 坦桑尼亚（需提供签证申请表、5张护照照片、护照复印件、邀请人护照或其他身份证件复印件；停留期限3个月） • 乌干达（持有效期1年以上各类护照和往返机票；停留期限14天） • 肯尼亚 • 毛里塔尼亚

续表

	互免签证	单方免签	落地签证
美洲	• 巴哈马（停留期限30天） • 格林纳达	• 海地（停留期限3个月） • 英属南乔治亚岛和南桑威奇群岛 • 英属特克斯和凯科斯群岛（需持赴第三国或回程机票；停留时间90天） • 多米尼克 • 牙买加 • 安提瓜和巴布达 • 厄瓜多尔	• 圭亚那（提供护照照片两张；邀请函、邀请人电话或邮件；申请人在圭期间住址；能支付在圭期间费用的财产证明；旅游落地签证停留期为30天，可延期两次） • 英属圣赫勒拿（停留时间6个月）
欧洲	• 圣马力诺		• 注：圣马力诺没有机场、港口，须由意大利入境，因此赴圣马力诺需办妥申根签证
大洋洲	• 斐济	• 美属北马里亚纳群岛（塞班岛等）（需持机读旅行护照、已定妥座位的联程往返机票；停留时间45天） • 萨摩亚（凭返程机票免签入境；停留时间60天）	• 帕劳（持返程机票或赴下一个目的地机票；停留时间30天） • 图瓦卢（停留时间1个月，可申请延期） • 瓦努阿图（持返程机票；停留时间30天）

（资料来源：根据公安部出入境管理局信息等整理，截止到2016年2月.）

第二节 出境旅游交通的相关知识

团体出境旅游的交通工具主要是飞机,因此,出境旅游领队对航空知识的掌握显得尤其重要。以下就航空业的相关知识进行全面的介绍。

一、机票的相关知识

(一)航空公司机票种类

航空公司为适应不同地区的航线经营,将机票分为很多种类。各种机票的用途、票价和限制条件各有不同,以便与旅客的需求及消费能力相对应。

1. 普通一年期机票(Normal Fare)

这种机票有效期为一年,购买时不需指定航班,持票人如持有护照及签证,只需启程前订位。经确认机位后,便可按时登机出发。这种按票价购入的普通一年期机票,也允许换乘其他航空公司的航班。一般来说,普通一年期机票票价较高但灵活方便,没有太多限制,时间上较易掌控。若预计途中可能随时改变旅行线路、时间的话,购买普通一年期机票较为合适,虽然票价较高,但物有所值,所节省的时间及其灵活性可能比购买特价票更划算,且退票时较为有利。

2. 旅游机票(Excursion Fare)

旅游机票的票价一般要比普通一年期机票更便宜,但同时限制也会很多,例如只能购买往返票而不能购买单程票、不能更改目的地等。旅游机票又分为中途停站票及中途不停站票两种。中途容许停站的票价较贵,持票人一定要在目的地停留一段时间,还要在规定的机票有效期内回程。例如我国香港到伦敦的旅游机票,规定 90 天内有效,即持票人必须在此限期内回程,否则机票失效。旅游机票的限制视航线不同而有不同,有些旅游票也有最少停留目的地若干天的限制。例如有效期为 7—30 天,即表示持票人在目的地最少必须停留 7 天,而且必须在 30 天内回程。购买此种机票时,应该详细了解有效期,以免机票因过期失效而招致损失。

3. 团体机票(Group Fare/Group Inclusive Tour Fare/GV Fare)

团体机票是旅行社特有的一种廉价机票。按照规定,旅行社作为航空公司的指定代理向航空公司预订的这些优惠机票,只能作为旅行社组织团体旅行用,不能出售给散客游客。但实际上,旅游者在一些旅行社也能买到这类机票。购买这类机票时,应该注意机票的有效期以及是否允许退票。多数团体票会有不能退票的限制并在机票上注明。购买了此类机票后,如因签证或其他原因延误,导致不能按期出发,则会有一定损失。

4. 包机机票(Chartered Flight Fare)

包机公司或旅行社向航空公司包下整架飞机或部分飞机座位,以供旅客乘坐。这类机票的票价及营运限制,均是由包机公司或旅行社自行确定。在购买此类机票时,需要事先向售票部门了解清楚。

（二）机票的舱位

航空公司票价一般分为头等舱、公务舱和经济舱三种等级。每种等级又按照正常票价和多种不同特殊优惠票价划分为不同的舱位代号。头等舱代号一般为 F、A；公务舱代号一般为 C、D 等；关于经济舱的代号，有的航线经济舱划分为 Y、M、L、K、T 5 种代号，代表不同的票价，分别拥有不同的座位数量。世界上各个航空公司一般均自行定义使用哪些字母作为舱位代号，在舱位代号上无统一的规定。

国际机票票面可能还会有一些标记，比如"NON-RTE"代表不能更改路线，"NON-REF"表示不能退票。不能忽视这些标记，也有可能因为我们没有看见或没有读懂这些标记而影响了我们的行程和计划。

（三）OK 机票与 OPEN 机票

OK 机票指的是去程和回程都确定了座位的机票，去程日期时间和回程日期时间都会在机票上清楚地标明。当旅行行程非常明确，回程时间不会有提早或推后，旅游者到航空公司出票时，就可以出 OK 票。旅游团队的机票通常都会是 OK 机票，团队因而会按照计划往返。

OPEN 机票就在于回程日期和航班没有确定，在机票上不标明回程的日期和航班，而标注有 OPEN 的字样。持 OPEN 机票的游客在确定好回程时间和航班后，必须到航空公司的境外办事处去进行登记与确认。OPEN 机票的好处是回程时间暂时未定。游客如果在某个国家（地区）某个城市愿意多停留几天，那出票时要求航空公司出 OPEN 机票是十分合适的。自助游的游客到了某个地方，如果被当地美景所吸引，难免会希望改变原来的旅行计划，延长在当地的停留时间。出发前预订好这样的 OPEN 机票，自由行的灵活度就更大了。

究竟是要出 OK 机票还是 OPEN 机票，最好在出发前就想好。如果出了 OK 机票，则航空公司肯定不会允许临时进行更改。OPEN 机票虽然较为灵活，但也需要认真计算，因为有时会有航班密度或机位紧张的问题，都需要提前考虑清楚。例如，如果你取消了在原定日期乘机返回的计划，可能就要等 3 天以后才有航班；你原本想延后 1 天，但有可能不得不延后 3 天；旅游旺季时，整月订不到机位的事情也时常会发生，订 OPEN 机票的旅客则往往会被迫或补差价购买高位票或另购其他航空公司的机票，经济上损失较大。

（四）机票的再确认手续（Reconfirmation）

按照国际航空惯例，对于往返和联程机票，如果在某地停留时间超过 72 小时，无论是否已订妥后续航班机位，客人均需要提前至少 72 小时在该地办理后续航班的机位再确认手续。一般方法是打电话给航空公司告知其是否按时乘坐后面航班继续旅行，否则航空公司有权取消机位。

目前，航空公司对回程机位进行再确认的要求已经不是那么严格了。不过领队最好还是致电航空公司进行确认，核对航班时间是否有变化，航班是否取消等事宜。

表2-2　　　　　　　　　　　世界各大主要航空公司二字代码

序号	中文名称	英文名称	代码
中国大陆航空公司			
1	中国国际航空股份有限公司	Air China	CA
2	中国东方航空股份有限公司	China Eastern Airlines	MU
3	中国南方航空股份有限公司	China Southern Airlines	CZ
4	海南航空股份有限公司	Hainan Airlines	HU
5	厦门航空有限公司	Xiamen Airlines	MF
6	中国香港国泰航空公司	Cathay Pacific Airways	CX
7	中国香港港龙航空公司	Dragonair	KA
8	中国香港快运航空有限公司	Hong Kong Express Airways	UO
9	中国香港航空有限公司	Hong Kong Airlines	HX
10	中国澳门航空公司	Air Macau	NX
11	中国台湾中华航空公司	China Airlines	CI
12	中国台湾长荣航空公司	Eva Airways	BR
13	中国台湾立荣航空公司	Uni Airways	B7
14	中国台湾复兴航空公司	Transasia Airways	GE
15	中国台湾华信航空公司	Mandarin Airlines	AE
16	上海吉祥航空有限公司	Juneyao Airlines	HO
17	山东航空股份有限公司	Shandong Airlines	SC
18	深圳航空有限责任公司	Shenzhen Airlines	ZH
19	四川航空股份有限公司	Sichuan Airlines	3U
国际航空公司			
20	英国维珍航空公司	Virgin Atlantic Airways	VS
21	德国柏林航空公司	Air Berlin	AB
22	美国航空公司	American Airlines	AA
23	法国航空公司	Air France	AF
24	加拿大航空公司	Air Canada	AC
25	印度航空公司	Air India	AI
26	墨西哥航空公司	Aeromexico	AM
27	芬兰航空公司	Finnair	AY

续表

序号	中文名称	英文名称	代码
国际航空公司			
28	意大利航空公司	Alitalia	AZ
29	英国航空公司	British Airways	BA
30	越南航空公司	Vietnam Airlines	VN
31	文莱皇家航空公司	Royal Brunei Airlines	BI
32	津巴布韦航空公司	Air Zimbabwe	UM
33	美国达美航空公司	Delta Airlines	DL
34	斯里兰卡航空公司	Air Lanka	UL
35	阿联酋航空公司	Emirates	EK
36	埃塞俄比亚航空公司	Ethiopian Airlines	ET
37	美国联合航空公司	United Airlines	UA
38	阿联酋阿提哈德航空公司	Etihad Airways	EY
39	印度尼西亚鹰航空公司	Garuda Indonesia Airlines	GA
40	土耳其航空公司	Turkish Airlines	TK
41	阿塞拜疆航空公司	Azerbaijan Hava Yollary	J2
42	泰国国际航空公司	Thai Airways International	TG
43	日本航空公司	Japan Airlines	JL
44	新加坡航空公司	Singapore Airlines	SQ
45	大韩航空公司	Korean Air	KE
46	荷兰皇家航空公司	Klm – Royal Dutch Airlines	KL
47	肯尼亚航空公司	Kenya Airways	KQ
48	德国汉莎航空公司	Lufthansa	LH
49	波兰航空公司	Lot – Polish Airlines	LO
50	瑞士国际航空公司	Swiss International Airlines	LX
51	以色列航空公司	Ei Ai Israel Airlines	LY
52	马达加斯加航空公司	Air Madagascar	MD
53	马来西亚航空公司	Malaysia Airlines	MH
54	埃及航空公司	Egypt Air	MS
55	全日空航空公司	All Nippon Airways	NH
56	新西兰航空公司	Air New Zealand	NZ
57	蒙古航空公司	Miat – Mongolian Airlines	OM

续表

序号	中文名称	英文名称	代码
国际航空公司			
58	奥地利航空公司	Austrian Airlines	OS
59	韩亚航空公司	Asiana Airlines	OZ
60	曼谷航空公司	Bangkok Airways	PG
61	菲律宾航空公司	Philippine Airlines	PR
62	澳洲航空公司	Qantas Airways	QF
63	卡塔尔航空公司	Qatar Airways	QR
64	西伯利亚航空公司	Siberia Airlines	S7
65	北欧航空公司	Scandinavian Airlines	SK
66	捷星航空有限公司	Jetstar Airways	JQ

(资料来源：百度文库.)

（五）电子机票

电子机（客）票是普通纸质机票的一种电子替代品，电子机票将普通纸质机票的票面信息以电子票联的方式存储在订座系统的电子客票数据库中，是纸质机票的电子形式。电子票可以像纸票一样执行出票、作废、退票、换票、改签等操作。目前，电子机票作为世界上最先进的客票形式，依托现代信息技术，实现了无纸化、电子化的订账、结账和办理乘机手续等全过程，给游客带来诸多便利，并为航空公司降低成本。电子票使查询、预订、支付、取票、携带实现了全程电子化，足以应对任何突发事件，保证乘客第一时间登机。无论何时何地，乘客都可以在线管理自己的旅程和查看历史信息，并可轻松实现在线退改票操作。乘客在线购票成功后，会得到一个电子票号或者出票记录传真，凭该电子票号或传真以及有效证件到机场值机柜台换取乘机凭证。

知识链接

表2-3　　　　　　　　　电子机票行程单信息解释

字段英文名称	中文翻译	字段说明
ISSUED BY	由××航空公司开票	如：AIR CHINA 即指"中国国际航空公司"
PASSENGER NAME	乘客姓名栏	如 HU/SHUMING，需与证件（护照、港澳通行证）姓名完全一致
DATE OF ISSUE	开票日期	如：15 FEB 2016 即 2016年2月15日
ORIGIN/DESTINATION	起点/终点	如：HGH HGH，代表由杭州出发，回程终点亦是杭州的机票

续表

字段英文名称	中文翻译	字段说明
BOOKING REF	订位代码	是由6位（少数航空公司为5位）字母和数字组成的编码，如2MW6UE
AIRLINE PNR	航空公司代码（大编号）	
DATE AND PLACE OF ISSUE	开票代理、开票地	如：CYTS ZJ 即指机票由浙江中青旅开出
ETKT NBR	电子机票票号	如：014-4793766617（由13位构成，前3位为航空公司的号码，后10位为机票票号）
FROM AND TO	行程栏	出发地及抵达地
CARRIER	乘坐的航空公司	如：CZ 代表中国南方航空公司
FLIGHT	班机代号	若回程未定，此处打出"OPEN"字样；"VOID"字样是指此栏空白作废，以防他人篡改
CLASS	飞机舱位	如：Y 为经济舱，C 为商务舱，F 为头等舱
DATE/TIME	起飞日期及时间	由两位数字与三个英文字母的月份代号组成，如08APR，即4月8日；TIME 则为飞机起飞地的当地时间
STATUS	订位状况	OK 为已确定，EQ 为候补，NS 为婴儿不占座
NOT VALID BEFORE/AFTER	在××之前/之后无效	通常越是便宜的特价票，此栏标注的限制就越多
ALLOW	免费托运行李的限制	有两种表达方式：①计件式（PC）：美国、加拿大、中南美地区。②重制（K）：上述国家或地区以外的地区采用，通常因舱位等的不同限制会不同，如：F（40公斤）、C（30公斤）、Y（20公斤），分别指头等舱免费行李托运限重40公斤、商务舱免费行李托运限重30公斤、经济舱免费行李托运限重20公斤
CONJ NBR	连续客票号码	
TAX	税	有时经过某些国家或城市时，需加付当地政府规定的某些税，此字段即表示所代收的税款金额及种类
TOTAL	票面总价栏	即 FARE 栏及 TAX 栏的金额总额
ISSUING AIRLINE	开票的航空公司	如：AIR CANADA 即加拿大航空
FORM OF PAYMENT	付款方式栏	表示旅客购买机票时的付款方式，如现金（Cash）、信用卡（Credit Card）
ISSUING AGENT	开票的代理	如：ZHEJIANG CYTS INTERNATIONAL TRAVEL CO. LTD.（浙江省中青国际旅游有限公司）

（资料来源：作者根据相关资料整理编写.）

二、国际航空联盟

随着世界多极化和经济全球化的深入,天空开放,全球性的航空公司战略联盟在国际民航界渐成趋势,这也成为近年来发展最为迅速、成效最为显著的一种合作方式。航空公司间结盟的出发点首先是经济利益。在联盟内,加盟公司可通过代码共享扩大其运营范围,而不必因此扩大机群,同时能更充分地利用其运力,从而降低代价高昂的空座率。在此形式下,联盟伙伴相互协调航班时间,进行航线联营,共同使用飞机、售票处、候机楼及其他地面设施。通过组成航空联盟,航空公司的客源和运力优势就能得到互补。出境旅游领队在带团期间乘坐世界各地的航班,会涉及各种联盟的知识。下面介绍世界三大航空联盟。

(一) 星空联盟

成立于1997年的星空联盟(Star Alliance)是全球最大的航空公司联盟,也是首个国际性航空联盟,星空联盟总部位于德国法兰克福。这个前所未有的航空联盟,将航线网络、贵宾候机室、值机服务、票务及其他服务融为一体。无论客户位于世界何处,都可以获得较高的旅游体验。

1. 星空联盟标语

星空联盟的识别标志是一个由5个三角形组合而成的五角星,象征创立联盟的5个初始会员:北欧航空(Scandinavian Airlines)、泰国国际航空(Thai Airways International)、加拿大航空(Air Canada)、汉莎

图2-3 星空联盟的标志

航空(Lufthansa)以及联合航空(United Airlines)(如图2-3)。星空联盟自成立以来发展迅速,已经拥有28家正式成员,航线涵盖了192个国家以及1 330个机场。星空联盟的标语是"地球连结的方式"(The Way The Earth Connects)。

2. 合作方式

星空联盟通过成员之间的共同协调与安排,将提供旅客更多的班机选择、更理想的接转机时间、更简单化的订票手续及更妥善的地勤服务,符合资格的旅客可享用全球超过990个机场贵宾室及相互通用的特权和礼遇。会员搭乘任一星空联盟成员的航班,皆可将累计里程数转换至任一成员的航空里程酬宾计划账户内,进而成为该计划的尊贵级会员。金钻级会员可享受订位及机场后补机位优先确认权,优先办理机场报到、登机、通关及行李托运等手续。不仅如此,任一星空联盟的乘客只要是持全额、无限制条件的机票,如果在机场临时更改航班,不需要至原开票航空公司要求背书,便可直接改搭其他联盟成员的航班。

星空联盟主要的合作方式包括扩大代码共享(Code-Sharing)规模,常旅客计划(Frequent Flyer Program,FFP)的点数分享,航线分布网的串连与飞行时间表的协调,各地机场的服务柜台与贵宾室共享以及共同执行形象提升活动。相对于航空公司之间复杂的合作方式,对于一般的搭机旅客来说,使用星空联盟的服务则比较简单,只需申办联盟中成员公司提供的独立常旅客计划中的任何一个(重复申办不同公司的常客计划并没

有累加作用），就可以将搭乘不同航空公司班机的里程累积在同一个常客计划里。除此之外，原本是跨公司的转机延远航段也被视为同一家公司内部航线的衔接，因此在票价上有机会享有更多优惠。

星空联盟已于德国法兰克福机场设置共同票务柜台，于伦敦成立星空联盟市区票务中心、在香港国际机场设立星空联盟专用贵宾室，另外各成员尽可能将机场柜台安排在同一栋航站大楼，这些皆显示星空联盟尽全力为旅客提供购票、机场报到及登机时更多的便利，同时可减少成本，提高效率，以合作代替竞争。

3. 联盟成员

星空联盟现有28家正式成员，分别为：亚德里亚航空（Adria Airways）、加拿大航空公司（Air Canada）、中国国际航空公司（Air China）、新西兰航空公司（Air New Zealand）、全日空（All Nippon Airways）、韩亚航空公司（Asiana Airlines）、奥地利航空公司（Austrian）、布鲁塞尔航空公司（Brussels Airlines）、克罗地亚航空（Croatia Airlines）、埃及航空公司（Egypt Air）、波兰航空公司（LOT Polish Airlines）、德国汉莎航空（Lufthansa）、北欧航空（Scandinavian Airlines）、新加坡航空公司（Singapore Airlines）、南非航空公司（South African Airways）、瑞士国际航空公司（Swiss International Air Lines）、葡萄牙航空公司（TAP Air Portugal）、泰国国际航空公司（Thai Airways）、土耳其航空公司（Turkish Airlines）、美国联合航空（United Airlines）、爱琴海航空（Aegean Airlines）、中国深圳航空（China Shenzhen Airlines）、长荣航空（EVA Airways）、印度航空（Air India）、巴西阿维安卡航空（Avianca Brazil）埃塞俄比亚航空（Ethiopian Airlines）、巴拿马航空（Copa Airlines）、阿维安卡航空（Avianca Airline）。

（二）天合联盟

天合联盟（SkyTeam Alliance）是由20家国际航空公司组成的航空联盟。天合联盟初期是由4家分属不同国家的大型国际航空公司结盟，借以共用其成员航空公司航班时间、票务、代码共享、乘客转机、飞行常客计划、机场贵宾室、降低支出及软硬件资源与航线网等多方面进行合作。为以强化联盟各成员竞争力。天合联盟于2000年6月22日由法国航空、达美航空、墨西哥国际航空和大韩航空联合成立，2004年9月与拥有4名成员的航翼联盟合并后，荷兰皇家航空亦成为其会员，成为全球第二大航空联盟。今日的天合联盟成员数已发展到20多个，是迄今为止最年轻、规模第二的航空联盟，目前天合联盟依然在积极招募新会员。

1. 天合联盟标志与口号

天合联盟标志如图2-4。天合联盟的口号：Caring more about you（我们更关注您）！而且，在天合联盟中不存在如下表达："It's not my problem（这不是我的问题）"。天合联盟最爱说的是："No problem（没问题）"。

图2-4　天合联盟标志

2. 合作方式

天合联盟通过联盟内所有航空公司的航班信息、座位信息和价格信息共享，帮旅客预订机票和座位，把中转旅客通过联盟航空公司的国内航线送到对方国家的各个城市。联盟的发展得益于其给旅客提供的便利以及给联盟成员带来的日益明显的利益。联盟通过其伙伴关系向旅客提供了更多的实惠，包括各成员间常旅客计划合作，共享机场贵宾室，提供更多的目的点、更便捷的航班安排、联程订座和登记手续、更顺利的中转连接，实现全球旅客服务支援和"无缝隙"服务。对于其成员来讲，全球联盟则以低成本扩展航线网络、扩大市场份额、增加客源和收入，并且可以在法律允许的条件下实行联合销售、联合采购，充分利用信息技术协调发展。天合联盟的"环游世界"套票、"畅游欧洲"套票、"畅游美洲"套票、"畅游亚洲"套票等优惠机票可为旅客节省更多购票支出。目前，天合联盟航线网络覆盖国际上约179个国家的1 057个目的地。

3. 联盟成员

天合联盟是全球三大航空联盟之一，成员公司包括：中国东方航空股份有限公司（China Eastern Airlines）、中国南方航空股份有限公司（China Southern Airlines）、厦门航空有限公司（Xiamen Airlines）、中华航空股份有限公司（China Airlines）、大韩航空（Korean Air）、越南航空公司（Vietnam Airlines）、黎巴嫩中东航空公司（Middle East Airlines）、沙特阿拉伯航空（Saudi Arabian Airlines）、法国航空公司（Air France）、荷兰皇家航空公司（KLM Royal Dutch Airlines）、意大利航空公司（Alitalia – Linee Aerea Italiane）、捷克航空公司（Czech Airlines）、俄罗斯航空公司（Aeroflot – Russian Airlines）、罗马尼亚航空公司（TAROM）、美国达美航空（Delta Airlines）、墨西哥国际航空公司（Aeromexico）、阿根廷航空（Aerolines Aegentinas）、肯亚航空公司（Kenya Airways）、欧罗巴航空公司（Air Europa）、印度尼西亚鹰航空公司（Garuda Indonesia Airlines）。

（三）寰宇一家联盟

1998年9月，美国航空公司、英国航空公司、原加拿大航空公司（Canadian Airlines，现已被Air Canada收购）、国泰航空公司及澳洲航空公司宣布有意合组航空联盟。寰宇一家（One – world Alliance）航空联盟于1999年2月1日起正式运作，联盟标志如图2–5。结盟使5家航空公司获益明显，尤其是香港国泰航空公司在很大程度上补足了其他盟友在远东市场的份额。

图2–5 寰宇一家航空联盟标志

1. 合作方式

寰宇一家联盟航空公司的会员，其奖励及特权均可在联盟内任一航空公司享用。当旅客以有效票价乘坐任一联盟航空公司的有效航班时，都累积积分并赢取里程奖励。旅客可以在全球联盟成员目的地兑换里程。联盟会员航空公司的常旅客计划名称各不相同，联盟也相应地创造了不同级别——翡翠级、蓝宝石级和红宝石级，确保旅客获得符合其会员级别的特权。

旅客乘坐任一寰宇一家航空公司的航班时，均可享用任一联盟成员的贵宾候机厅。寰宇一家提供旅客在会员航空公司之间顺利转机的服务。寰宇一家成员航空公司航班将迁往同一航站楼或就近航站楼，以配合基地的运作，方便转机联系。联盟为旅客提供所有会员航空公司之间国际联运电子机票服务，有助于旅客通过航线网络采取任何承运航空公司的组合形式。

寰宇一家各成员航空公司已于2005年4月完成电子机票互通安排的程序，亦是全球首个在成员航空公司之间实现电子机票互通安排的航空联盟。在三大航空联盟中，寰宇一家提供了覆盖最全面、选择最广泛的环球机票服务。寰宇一家的航线网扩展到约170个国家750个目的地。

2. 联盟成员

寰宇一家联盟成员包括：美国航空（American Airlines）、英国航空（British Airways）、国泰航空（Cathay Pacific Airways）、芬兰航空（Finn air）、西班牙国家航空（Iberia Airlines of Spain）、日本航空（Japan Airlines）、智利国家航空（LAN Airlines）、澳洲航空（Qantas）、约旦皇家航空（Royal Jordanian Airlines）、柏林航空（Air Berlin）、马来西亚航空（Malaysia Airlines）、卡塔尔航空（Qatar Airways）、西伯利亚航空（Siberia Airlines）、墨西哥航空（Mexicana Airlines）、全美航空（US Airways）、巴西天马航空（TAM Airlines）和斯里兰卡航空（SriLankan Airlines）。

三、其他航空知识

（一）代码共享

代码共享（Code-Share）是指一家航空公司的航班号（即代码）可以用在另一家航空公司的航班上。代码共享对航空公司而言，不仅可以在不投入成本的情况下完善航线网络、扩大市场份额，而且越过了某些相对封闭的航空市场的壁垒。对于旅客而言，则可以享受更加便捷、丰富的服务，比如众多的航班和时刻选择、一体化的转机服务、优惠的环球票价、共享的休息厅以及旅客计划等。

正因为代码共享优化了航空公司的资源，并使旅客受益匪浅，所以代码共享于20世纪70年代在美国国内市场诞生后，短短30年便已成为全球航空运输业内最流行的合作方式。目前开通中国航线的外国航空公司有50余家，这些公司与我国主要的几大航空公司都分别签署了相互的代码共享协议。代码共享使中国的航空公司得以直接吸取国外先进航空公司在经营和管理上的经验，进一步加快了国内航空公司的全球化和自由化。

（二）国际航空运输协会

国际航空运输协会（International Air Transport Association，简称IATA）是一个由世界各国航空公司所组成的大型国际组织，其前身是1919年在海牙成立并在第二次世界大战时解体的国际航空业务协会，总部设在加拿大的蒙特利尔，执行机构设在日内瓦。它是世界航空运输企业自愿联合组织的非政府性的国际组织，其宗旨是"为了世界人民的利益，促进安全、正常而经济的航空运输"，"对直接或间接从事国际航空运输工作的各空运企业提供合作的途径"，"与国际民航组织以及其他国际组织通力合作"。

国际航协7个地区办事处为：北美地区办事处（美国华盛顿）、南美地区办事处（智利圣地亚哥）、欧洲地区办事处（比利时布鲁塞尔）、非洲地区办事处（瑞士日内瓦）、中东地区办事处（约旦安曼）、亚太地区办事处（新加坡）以及北亚地区办事处（北京）。

国际航协从组织形式上是一个航空企业的行业联盟，属非官方性质组织，但是由于世界上大多数国家的航空公司都是国家所有，即使非国有性质的航空公司也受到所属国政府的参与或控制，因此国际航协实际上是一个半官方组织。其国际航协制定运价的活动，也必须在各国政府授权下进行，其清算所的业务对全世界联运票价的结算起着非常重要的作用，也是一项有助于世界空运发展的公益事业。因而国际航协发挥着通过航空运输企业来协调和沟通政府间政策，解决实际运作困难的重要作用。

第三节　保险的相关知识

在出境旅游过程中，保险起着非常的保障作用。领队应该认真学习各种相关的保险知识，以便在实际问题发生时进行清楚的解释和有效的处理。针对游客涉及保险的各类提问，领队也应该在对各险种充分了解的基础上进行解释。

一、旅行社责任险

旅行社责任险是目前国家规定的旅行社企业需要投保的唯一强制险种。按照《旅行社投保旅行社责任险规定》中对旅行责任险的定义，旅行社责任险是指旅行社根据保险合同的约定，向保险公司支付保险费，保险公司对旅行社在从事旅游业务经营活动中，致使旅游者人身、财产遭受损害应由旅行社承担的责任，赔偿保险金责任的行为。

2001年4月25日经国家旅游局局长办公会议审议通过、2001年9月1日起实行的《旅行社投保旅行社责任保险规定》，是针对旅行社责任险的操作指南，包含了对旅行社责任险险种的细致解答。

（一）旅行社责任险的投保范围

旅行社投保的旅行社责任险是一种有限责任，而不是无限责任。《旅行社投保旅行社责任保险规定》第二章第五条，对旅行社责任保险的投保范围进行了详细阐释：

旅行社应当对旅行社依法承担的下列责任投保旅行社责任保险：

（1）旅游者人身伤亡赔偿责任；

（2）旅游者因治疗支出的交通、医疗费赔偿责任；

（3）旅游者死亡处理和遗体遣返费用赔偿责任；

（4）对旅游者必要的施救费用，包括必要时近亲属探望等支出的合理交通、食宿费用，随行未成年人的送返费用，旅行社人员和医护人员前往处理的交通、住宿费用，行程延迟需支出的合理费用等赔偿责任；

（5）旅游者行李物品的丢失、损坏或被盗所引起的赔偿责任；

（6）由于旅行社责任引起的诉讼费用；

（7）旅行社与保险公司约定的其他赔偿责任。

《旅行社投保旅行社责任保险规定》列出了旅行社责任险的六项赔偿责任及一项承担费用，由此我们可以看出，旅行社责任险负责的，只是旅行社正常的行程表上写明的各项活动中由于旅行社的责任而造成游客损失的赔偿。游客在行程表之外的活动中的损失，不在此保险的范围之内；游客虽然参加的是行程表之内的旅游活动，但如果是因游客自身的原因（比如自身疾病）造成损失，也不在此保险的范围之内。

（二）正确认识旅行社责任险

1. 旅行社责任险与旅游意外险的区别

从旅行社责任险险种的内容可以看出，此险种是旅行社作为经营主体为自身应当负担的责任所进行的投保，完全区别于以往旅行社代游客投保的旅游意外险。旅游意外险所包括的旅游活动中出现的各种意外的内容，并没有被包含在旅行社责任险之中。也就是，说这两个险种所投保的内容是全然不一样的。

许多游客认为旅行社投保了旅行社责任险，就是为自己购买了全程旅游保险。这是一种错误的认识。一些旅行社在线路产品的媒体宣传中，将"已投保旅行社责任险"作为吸引游客的一种手段，也存在误导游客的嫌疑。

2. 旅行社责任险规定的旅行社不承担赔偿的范围

《旅行社投保旅行社责任险规定》第二章"旅行社投保旅行社责任险的投保范围"中，既规定了旅行社应当承担的赔偿责任，对旅行社不承担赔偿责任的几种情况也作了明确规定：

第六条　旅游者参加旅行社组织的旅游活动，应保证自身身体条件能够完成旅游活动。旅游者在旅游行程中，由自身疾病引起的各种损失或损害，旅行社不承担赔偿责任。

第七条　旅游者参加旅行社组织的旅游活动，应当服从导游或领队的安排，在行程中注意保护自身和随行未成年人的安全，妥善保管所携带的行李、物品。由于旅游者个人过错导致的人身伤亡和财产损失，及由此导致需支出的各种费用，旅行社不承担赔偿责任。

第八条　旅游者在自行终止旅行社安排的旅游行程后，或在不参加双方约定的活动而自行活动的时间内，发生的人身、财产损害，旅行社不承担赔偿责任。

从以上三条中可以看出，旅行社没有对游客由于自身疾病、个人过错或者是自由活动期间造成的人身伤亡及财产损失有赔偿的义务和责任。

许多旅行社在常规的行程之外，会给游客安排自由活动时间，出境旅游领队应该特别叮嘱游客在自由活动期间安全。按照旅行社责任险的规定，游客在自己活动期间受到的损失将无法落实到旅行社责任险这项险种的赔偿。

3. 高风险旅游项目需要另行保险约定

旅行社责任险所保的是旅行社常规旅游线路，含有高风险旅游项目的特殊线路还需要另外投保或附加旅行社特殊旅游项目责任保险。旅行社组织的赛车、赛马、攀崖、滑翔、探险性漂流、潜水、滑雪、滑板、跳伞、热气球、蹦极、冲浪等高风险旅游活动，均属于高风险旅游项目，因而需要另行投保。《旅行社投保旅行社责任险规定》第十一条对此有所规定：

旅行社组织高风险旅游项目可另行与保险公司协商投保附加保险事宜。

在东南亚、澳洲等一些国家和地区，中国游客常常在导游的带领下参加深潜、冲浪、跳伞等有一定危险性的水上活动。在新西兰等国家旅游，还会参加蹦极等较危险的活动。按照《旅行社投保旅行社责任险规定》，这些活动均需要旅行社与保险公司在通用的旅行社责任险之外再签署特殊旅游项目附加险，否则，游客在参加这类活动时发生意外，保险公司有理由不理赔。对于这一点，领队在带团过程需要事先向游客作出解释说明，以免出现问题之后，游客对领队及旅行社产生抱怨。

二、建议游客主动购买旅游者个人保险

（一）主动向游客推荐保险是旅行社从业人员的责任

旅行社从业人员向游客推荐保险，在《旅行社投保旅行社责任险规定》第二十四条中

有规定：

旅行社在与旅游者订立旅游合同时，应当推荐旅游者购买相关的旅游者个人险。

目前，在许多具有出境资质的旅行社或代理销售点的门市销售柜台，游客都可以购买一些保险产品，门市销售人员也会向游客推荐多种保险产品。为了强调保险的重要性，行前说明会时，领队还应当就旅行者个人保险问题再作介绍，力求游客能为自己的旅游安全多作考虑。

出境旅游者在外出旅行时，投保一份人身意外险，就是为自己系上了一条"安全带"。通常情况下，人身意外险的保障范围都会涵盖自然灾害等不可抗力造成的损失。部分保险公司推出的人身意外险还涵盖了旅行期间的行李损失、行程延误以及旅行外出期间家庭财产盗抢损失等，如中国人民保险总公司的"神州游"、"四海游"险种等。

关爱境外旅行（综合）保险计划

适用人群：出境旅游者，尤其适合申根签证申请要求的保险。
投保年龄：0—75周岁。
保障范围：保险期间发生的意外身故、残疾，意外医疗费用；境外紧急救援等。
保险金额：每一被保险人可获得超过80万元的保险保障。
产品特色：专业服务，全面保障。

（资料来源：百度文库.）

境外险会根据不同国家对前往的国外游客签证申请条件不同而作出调整。有的国家对险种有明确要求，有的国家对保障额度有明确要求，而有的国家对投保的保险公司有明确要求。一些国家要求签证申请者必须购买保险，比如法国、德国、希腊等欧盟国家，办理申请国家签证需要购买额度不低于3万欧元（约30万元人民币）且具有境外救援功能的意外医疗保险。但若是去泰国、马来西亚或非洲等国家或地区，旅游保险并不是申请签证的必需条件，是否购买保险就看游客自己的选择了。

（二）推荐游客购买的几类保险

目前国内各大保险公司推出的专门针对出国游客的旅游保险种类相对较多，一般游客出游可以从以下3种类型的保险中选择购买。

1. 旅游人身意外伤害保险

此险种属于外出旅游人身最基本保障。对于参加探险游和惊险游的游客，最好购买这类保险。这类保险每份保险费为1元，保险金额最高可达1万元，每位游客最多可买10份保险。保险期限从游客购买保险进入旅游景点和景区时起，直至游客离开景点和景区。

2. 旅游救助保险

这类保险是购买意外伤害保险后的增值服务。该保险是保险公司与国际救援中心联合推出的，也是国内各保险公司普遍开办的险种，游客无论在国内外任何地方遭遇险情，都可拨打电话获得无偿救助。

3. 财物损失保险

财物损失保险范围包括钱包、行李遗失、证件遗失等,视个人需求购买。

以上三类保险中,旅游人身意外伤害保险是购买人群最多的。在旅游过程中遭受意外事故,并因该事故所导致的意外身故、残疾、医疗等都在保障范围内,并且被保险人在签署旅游意外伤害保险合同的情况下,还可附加旅游遗体遣返保险、旅游误工保险、旅游护理保险、旅游疾病身故保险、旅游突发急性病保险、境外紧急救援医疗保险等相关的附加合同,能够为被保险人提供全面有效的意外保障。

投保境外旅行人身意外险时,要注意选择投保具有全球紧急救援服务的产品。这样一旦发生意外事故,投保人可通过保险公司的紧急救援系统展开"自救"。目前中国的一些保险公司,如平安保险、人保财险、友邦保险、美亚保险等,都已经推出境外旅游意外险,并且已开通了境外紧急救援服务。

 出境游案例

一份高额的境外旅游意外保险

某国际旅行社领队部安排了小许担任"100%纯净新西兰南北岛8日游"的领队。出发前,小许到旅行社与出境旅游中心澳新部计调人员陈小姐进行交接工作。当陈小姐将带团的资料交给小许时,小许一眼发现"中国公民出国旅游团队名单表"中的一位客人已经81岁,小许立刻问陈小姐客人是否购买了旅行社意外保险。经陈小姐与收客的门市销售员核实,该客人只购买了一份几十元的意外保险。小许凭他多年的带团经历,又向门市销售人员询问了该客人的身体状况,销售人员告诉小许:"老人的报名是由他的儿女来办理的,共有6名亲属一同前往,老人具有国际旅行健康证明书。"接着,小许又问:"你与老人见过面吗?"销售人员告诉他:"报名及签证材料均是由他的儿女来旅行社办理的,所以一直没有见到过老人。"小许心想,虽然老人有国际旅行健康证明书,但销售人员没有当面见过老人,总是觉得心里不踏实,万一老人在新西兰旅游时有意外事情发生,没有购买高额保险,理赔起来就比较吃亏。于是,小许将自己的想法与陈小姐进行了交流,陈小姐将该事情向澳新部经理汇报。经商量决定,考虑到老人是该旅游公司的常客,且年龄超过80岁,旅游公司出钱给老人购买价值300元的境外旅游意外保险。险种包括:①境外旅游意外伤害保险,涵盖意外身故、残疾及烧烫伤;②境外旅行附加医疗费用补偿保险,涵盖意外和急性病医疗补偿;③境外旅行附加紧急医疗救援,涵盖医疗运送和送返、亲属慰问探访补偿等5大险种与服务。

旅行开始的那一天,小许比预定集合时间提前半小时抵达集合点。抵达后小许主动打电话给与老人一同前往旅行的6人中的负责人,询问老人是否已经安全抵达集合点。与老人见面后,老人对小许表示出的特别关照感觉非常欣慰,因为毕竟是老人,他非常需要有人来关心。

旅行最后一天，从奥克兰飞往上海登机前，小许将旅行社特地给他购买境外意外保险的事情告诉了老人。老人兴奋地告诉小许："此次新西兰之旅要比欧洲旅行更惬意。下次旅行一定找你们旅行社，如有可能也希望你能再次陪我们一同前往世界各地。"

▶ 案例评析

该案例中，旅行社门市销售人员没有及时告知客人购买高额境外意外保险，而老人的团费已经支付，合同已经签订，签证也即将获得，一切都准备就绪。在这种情况下，旅游公司考虑到老人是回头客，权衡了该事件的利弊关系，毅然决定由旅行社出钱为老人购买一份高额境外保险，以应付突发事情发生后的理赔。

领队在与计调人员进行工作交接时，应该根据客人的年龄结构进行分析，重点关注团体中那些特殊客人，比如年长者、婴儿、媒体工作者等，对他们的特殊要求以及特殊性要倍加重视，尽量争取在出发前将准备工作做到位，以防止突发事件发生。

另外，旅行社在经营管理中不能仅注重当前利益，而应该从全局考虑。来案例中，旅行社在客人全然不知的情况下，自费为他购买了高额境外意外保险，使客人的安全得到全方位保障，赢得了回头客。

（资料来源：一份高额的境外旅游意外保险［N］.江南游报.2013.08.22.）

思考与练习

一、简答题

1. 护照可以分成哪几种？
2. 请解释申根签证的概念。申根协议国的范围覆盖了哪26个国家？
3. 请分别解释另纸签证、落地签证、过境签证和互免签证。
4. 何谓电子机票？何谓代码共享？
5. 请分别解释星空联盟和天合联盟和寰宇一家。

二、案例讨论题

护照有效期引发的思考

某公司组织美国、加拿大考察，委托某国际旅游公司操作，并要求委派职业领队一名。因为考虑到时间紧迫和获得美国签证有难度，旅游公司决定委派一名已经获得美国一年多次往返有效签证的领队，并通知该领队马上准备材料办理加拿大签证。当旅游公司操作人员拿到领队护照时，发现该领队护照有效期还剩不到半年，需要马上去公安局办理护照延期。但该团组团出发日期已定，机票、地接等已全部落实，改变出发日期的可能性不大。

旅游公司马上咨询加拿大驻沪领馆，护照有效期不到180天是否可以办理签证？领馆给予了肯定的答复。于是旅游公司按照程序将材料递进领馆，在预计时间内领队拿到了加拿大签证。

当团体所有人员的美国、加拿大签证办理完毕后，团体一行踏上了旅游考察之路，顺利进入了加拿大，结束了加拿大的行程后按照行程准备进入美国。

但在加拿大多伦多机场出关时，领队遇到了问题：美国拒绝其进入美国境内，原因是从即日进入美国开始，护照有效期只剩不到半年！领队只能暂时离队，只身留在了加拿大。

该国际旅游公司得知此事后，马上向中国驻多伦多大使馆发去传真，说明情况，恳求尽快给予领队办理护照延期。中国驻多伦多大使馆得知此事后，非常配合，并在第一时间帮助领队办理了护照延期。时隔两天，领队才得以出关进入美国，与团体会合，继续他的领队工作。

（资料来源：徐辉.国际旅游业对客服务艺术案例［M］.杭州：浙江科学技术出版社.2008.）

根据上述案例，请回答以下问题：
1. 该旅游公司的在办理签证的过程中是否有不妥的操作环节？
2. 旅行社在出境旅游领队的证照管理上应该采取何种管理模式？

三、实训题

请同学走访一家航空公司的票务代理点，了解国际机票的运作及航空联盟等知识。

操作实务篇
Chapter of Practical Operations

目 录

第三章　出团前的工作准备
第四章　行程与带团中工作
第五章　带团返回后的后续工作

第三章
出团前的工作准备
Preparation Work Before Leading a Group

训练目标
(Training Objectives)

通过本章节的训练，了解出境游领队出团前的一系列服务准备工作：召集客人召开行前说明会、各种证件和表单的准备及领队行装准备、目的地国家或地区知识准备等环节；培养学生对出境旅游接待计划的分析能力、组织召开行前说明会的能力等。

任务导入
(Task Introduction)

5天以后，一个中国公民旅游团将赴澳大利亚旅游。旅游公司委派你为本次出境旅游团的领队，计调人员把一份澳大利亚凯恩斯8日游（澳洲航空）出团通知书（见表3-1、表3-2、表3-3、表3-4、表3-5、表3-6）及游客信息资料表（见表3-7）交给了你。你接到该任务后，首先要做什么工作呢？

表 3-1　　　　　　　　　　团队基本信息

旅游产品名称	澳大利亚凯恩斯8日游（澳洲航空）
旅游团号	1608-ZWX-0805K（17名客人+1名领队）
集合时间	8月5日下午17:00
集合地点	上海浦东国际机场2号航站楼3楼国际出发厅26号门
航班时间	1. 8月5日　　上海➔悉尼➔凯恩斯　澳洲航空 QF130　1955/0830+1　QF922 1030/1230 2. 8月12日　悉尼➔上海　　　　　澳洲航空 QF129　0935/1830
领队人员	许××先生　手机号码：138××××××××
澳洲（凯恩斯）导游	徐××先生（Kevin）联系电话：0061-425××××××
接团标志	接"许××先生"贵宾一行

续表

费用详情	旅游费用包含：全程国际机票及机场税，签证费，行程表内注明的酒店住宿、餐食、境外旅游交通、景点门票、领队和导游服务。 旅游费用不包含：护照费，行程计划外的个人消费和个人旅游意外险；上海浦东机场来回接送费用；全程司机、导游境外基本服务费人民币240元/人。
接待信息	组团社：××××国际旅游有限公司 联系人：陈×× 　联系电话：0571-8578×××　紧急电话：139×××××× 转团社：××××国际旅行社有限公司 联系人：王××先生　手机号码：159××××××× 澳洲地接社全称：×××× TRAVEL SERVICE 地址：Sun Tower, Level 6, Suite 32, 591 George Street Sydney, NSW 2000 Australia 澳洲地接社联系电话：0061-42531××× 澳洲地接社联系人：DEREK LI　手机号码：0061-42531××××（当地拨打：042531×××） 中国驻澳大利亚大使馆地址：15 Coronation Drive, Yarralumla, ACT 2600 电话：0061-2-62734780（总机） 传真：0061-2-62735848

表3-2　　　　　　　　　　　　行　程　表

日期	天数	行　程	用餐	交通	住宿
8月5日	第1天	上海➡悉尼　　　　航班：澳洲航空 QF130　1955/0830+1 请团友自行提前3小时（17点集合）抵达上海浦东国际机场2号航站楼集合出发，乘坐澳大利亚航空飞往澳大利亚第一大城市——悉尼，夜宿机上。		飞机	机上
8月6日	第2天	悉尼➡凯恩斯　　　　航班：澳洲航空 QF922　1030/1230 抵达悉尼后直接转机前往澳洲北部热带城市——凯恩斯，抵达凯恩斯后先在市区游览【凯恩斯热带植物园】。该植物园建于1888年，是由凯恩斯市政府经营，这里收集的椰树和木生羊齿类植物以及多种热带植物在澳大利亚是独一无二的，是澳洲热带植物最齐全的植物园。植物园中植被茂盛、满眼葱茏，穿梭其中将是一段奇妙的旅程。在植物园中细听万类自然之声，犹如陶醉在叶浓树深、鸟语花香的桃源仙境之中。之后游览凯恩斯的【海滨大道】，您可带泳衣、毛巾、防晒霜前往海滨大道亲自体验由凯恩斯市政府投入巨资新建的豪华沙滩泳池。晚餐后入住酒店休息。	早午晚	汽车飞机	Hotel Grand Chancellor Palm Cove
8月7日	第3天	凯恩斯 早餐后前往凯恩斯市区的游船码头，乘坐游船出海前往凯恩斯★【绿岛大堡礁】（不少于60分钟）。抵达绿岛后，您可选择浅泳观看多姿多彩的珊瑚群，也可选择乘坐玻璃底船出海观看多姿多彩的珊瑚礁（二选一）。您也可以自由漫步岛上的林荫小道间。中午于船上享用自助午餐。午餐后继续岛上自由活动。提前15分钟登船，乘船返回抵达凯恩斯码头，晚餐后入住酒店休息。	早午晚	轮船	同上

续表

日期	天数	行　　程	用餐	交通	住宿
8月8日	第4天	凯恩斯✈布里斯班—黄金海岸　　　　　航班：澳洲航空 QF709　1010/1215 早餐后乘机飞往布里斯班，抵达后午餐。后乘坐旅游车开始城市观光，分别参观1988年世博会会场—南岸公园、袋鼠角、故事桥。后参观昆士兰大学。昆士兰大学建于1910年是澳洲八大名校之一，拥有百年历史，是澳大利亚最古老、规模最大的学府之一，也是昆士兰州历史最悠久的大学。昆士兰大学拥有昆士兰最大的图书馆，藏书200万卷，期刊18000册，并有125000余份电子书籍。该大学大学毕业生的就业率和收入水平均远超过全澳洲平均水平。参观结束后乘车前往澳洲度假胜地黄金海岸，游览黄金海岸（冲浪者天堂海滩）（不少于30分钟）。冲浪者天堂海滩坐落在布里斯班以南75公里的黄金海岸，是澳洲最负盛名的度假胜地。它地属亚热带气候，终年阳光普照，有Sunshine Capital之美称，是澳洲当地人冲浪冒险的绝佳场所。之后参观黄金海岸土特产店（不少于75分钟），自由选购当地特产。晚餐后入住酒店休息。	早午晚	汽车飞机	Sea World
8月9日	第5天	黄金海岸 早餐后前往耗资千万、南半球唯一一座电影主题公园——★【华纳兄弟电影世界】（不少于3小时）。它将电影中的灯光、镜头和动作带到了黄金海岸，给客人提供了电影世界里无限的想象，并带给各个年龄层游客刺激和陶醉的享受。游客可体验16项游乐设施和欣赏6场令人惊喜的表演，在这里可以观看好莱坞特技车手的表演，与蝙蝠侠会面并拍照留念，参观充满乐趣的全明星大游行。华纳电影世界是老少咸宜的好地方（主题园内午餐自理）。结束后前往参观★【天堂牧场】（不少于1.5小时），在这里您可以与成群的绵羊玩耍，从事有趣的牧场活动如掷回力镖、甩皮鞭、挤牛奶，并可乘坐马拉车，品尝澳洲特制的丹波面包及原味十足的比利茶，最精彩的就是让人叹为观止的剪羊毛表演及令人拍案叫绝的牧羊人赶羊表演。后参观澳宝店（不少于75分钟），自由进行购物。	早晚	汽车	同上
8月10日	第6天	黄金海岸—布里斯班✈悉尼　　　　午餐自理　　　航班：澳洲航空 QF509　0825/1000 早餐后乘机飞往悉尼，抵达后乘车前往【邦迪海滩】（不少于30分钟）。这里是澳大利亚最著名的海滩，金色的沙滩绵延长达1公里，如果要了解当地人是如何享受生活的，此处无疑是最佳的选择。随后途经富人区【玫瑰湾】、【双湾】（不少于10分钟）。中午前往南半球最大的【海鲜市场】（不少于90分钟），自费享用海鲜大餐。这里的海鲜种类数量世界排名第2，每天出售超过100种的海鲜产品。下午悉尼市区游览：①【皇家植物园】（不少于30分钟）。植物园面积30公顷，于1816年建立。②【麦考利夫人椅】（不少于15分钟）。拍摄悉尼歌剧院、悉尼海港大桥全景，麦考夫人石椅处是最佳拍摄地。③参观澳洲最大的【圣玛利亚大教堂】（不少于20分钟）。④游览位于市中心【海德公园】（不少于15分钟），感受悉尼的都市繁华。⑤【悉尼歌剧院】（外观不少于30分钟）。悉尼歌剧院是20世纪最具特色的建筑之一，也是世界著名的表演艺术中心，已成为悉尼市的标志性建筑，也是世界文化遗产之一。⑥傍晚前往悉尼港码头，乘游船畅游著名的★【情人港】（不少于75分钟），远眺悉尼歌剧院、海港大桥的雄伟外观，并在船上享用晚餐。结束后入住酒店休息。	早晚	汽车飞机	HOLIDAY INN WARWICK FARM

续表

日期	天数	行　程	用餐	交通	住宿
8月11日	第7天	悉尼—蓝山—悉尼　蓝山缆车自理 早餐后，乘车前往位于悉尼以西100公里、被封为世界自然遗产的蓝山国家公园。游览回音谷，在此远眺蓝山全景及享誉世界的三姐妹峰。午餐后自由参观（不含蓝山缆车费用）。结束后返回悉尼市区，参观悉尼大学（University of Sydney）。悉尼大学是澳大利亚历史最悠久和最负盛名的大学，被称为"澳大利亚第一校"，在世界范围内亦是最优秀的高等学府之一。悉尼大学有八大校区及多所分校，主要校区紧靠大洋洲金融中心的悉尼市CBD，与悉尼中央火车站只有一步之遥。悉尼大学是环太平洋大学联盟（APRU）与亚太国际贸易教育暨研究联盟（PACIBER）的成员。2012年2月，悉尼大学在官网正式宣布认可中国内地高考成绩，录取分数线低于清华北大。随后参观悉尼土特产店，自由选购当地特产（75分钟）。晚餐后入住酒店休息。	早午晚	汽车	HOLIDAY INN WARWICK FARM
8月12日	第8天	悉尼→上海　澳洲航空　QF129　0935/1830 早上乘机飞回上海，结束行程。	早	飞机	无

表3-3　　　　　　　　旅游者与旅行社双方协商一致的购物场所

购物店名称	购物店特色及特色商品介绍	购物时间	注意事项	备注
sunshine group international 土特产店	售卖：保健品、绵羊油、奶粉、玩具、驼羊制品、巧克力、澳宝项链、戒指等首饰	不超过75分钟，由于其他客人原因延长购物时间除外	请理性消费，并索要必要票据	
黄金海岸：gold beach international 土特产店	售卖：保健品、绵羊油、奶粉、玩具、驼羊制品、巧克力、澳宝项链、戒指等首饰	不超过75分钟，由于其他客人原因延长购物时间除外	请理性消费，并索要必要票据	
黄金海岸：king opal 澳宝店	售卖：澳宝项链、戒指等首饰	不超过75分钟，由于其他客人原因延长购物时间除外	请理性消费，并索要必要票据	

备注：在不减少游览景点的情况下，此旅游行程视当地实际情况，游览顺序可能会前后调整，在此特别注明！

表3-4　　　　　　　　　　重　要　提　示

1	时差：澳大利亚时间比北京时间快2小时（北京9:00，澳大利亚11:00），新西兰时间则比北京时间快4小时（北京9:00，新西兰13:00）；每年11月到次年3月澳大利亚及新西兰开始实行夏令时制，时间分别比北京时间快3小时及5小时。
2	酒店：行程中所列酒店标准为澳大利亚酒店评定标准，一半为大床加小床（或沙发床），属正常现象，我公司不保证两张床大小规格一样；三人间即为标间基础上加一张钢丝床（或沙发床），请同一房间内的客人自行调配。12周岁及以下小孩不占床，不占床的小孩不提供酒店早餐，须额外自行支付；如要求占床，在不产生单房差前提下，允许占床，如产生单房差，费用自行承担。酒店包括公寓式酒店和非公寓式酒店，各占50%左右，两者没有明显差别，不保证两晚住同一家酒店。团队停留澳洲、新西兰期间，部分城市将安排入住公寓式酒店，不另行通知。我公司将保证所约定的酒店星级标准。

续表

3	用餐：一日三餐（早餐为酒店西式自助，若航班为早航班则提供早餐餐盒；中式午餐为五菜一汤；中式晚餐为六菜一汤；用餐时若在飞机或船上，以机、船餐为准，不再另退餐费）。
4	各城市导游，除正常接、送机外，当地导游及司机正常工作时间为早上起至晚餐后送旅游者回酒店休息、行程结束为止（约8小时）；如有超时，须支付额外的加班费用，费用请与导游及司机协商，自行支付。15人以下团队，安排司机兼导游。凯恩斯站华人导游较少，一般均为司兼导。
5	根据目的国使馆要求，客人在组团期间，不得脱离团队。境外旅游期间，请自觉遵守澳洲当地的法律法规，如违反当地的法律法规，所引起的民事、刑事等相关法律责任一概自行承担。
6	凡因不可抗力因素（如暴风雪、台风、地震等天灾）及其他非我公司原因（如战争、罢工、道路及景点整修等）或航空公司航班延误或取消、领馆签证签发日期错误等特殊原因而必须要调整行程的情况发生，我司将与客人商讨调整，由此导致额外费用产生（如在外延期签证费、住宿、餐食、交通费等）均由客人自理。如您乘坐澳洲航空公司的飞机（QF），需要在登机口接受手提行李的再次随机检查，故请勿在机场购买超过100ML的胶状或液体带上飞机，否则后果自负。
7	景区首道门票是指只有购票才能进入景区范围的门票，不包括景区内单独收费的门票。
8	如客人系港澳台人士，或持外籍护照，请于出发前确认是否有再次进入中国的有效证件。
9	各主要来往澳洲及澳洲境内航空公司，托运行李均在20KG左右，如有行李超重，自行支付行李超重费用。澳洲劳工法规定，单件行李重量不超过32KG（为防止行李搬运工人造成工伤），若超出范围，航空公司有权拒绝托运。请务必妥善保管行李牌和登机牌，因遗失导致无法登机及无法领取行李，后果自付！切勿将打火机放入托运行李及随身行李中。剪刀、刀片、须刨、指甲刀、指眉钳等锋利物品必须托运。个别航空公司如QF、KA、NZ等只允许随身携带一件手提行李上机。
10	澳洲为英联邦国家，车辆靠左行驶（与中国相反），请特别注意交通安全。旅游车上禁止携带、食用食品及有色酒精饮料等。上下车时，请务必随身携带重要证件及贵重物品，切勿遗落在车上，如有遗失，损失自行承担，旅行社不予负责。
11	澳洲酒店讲究环保，房间内不提供一次性拖鞋、牙刷、牙膏等，请自行携带；酒店内均为倒八字三角扁插头⊗，请自带转换插头；澳洲为禁烟国家，酒店楼层禁烟，请勿在客房内吸烟，否则导致的巨额罚款及火警报警费用自行承担。卫生间内洗浴时，请注意防滑，如因滑倒致伤等非旅行社责任引起的所有医疗费用由客人自行承担，旅行社不予赔付。退房或外出时，请勿将贵重物品及现金遗留在客房内，务必随身携带，如发生遗失、被盗等治安事件，所有损失客人自行承担，旅行社不予负责。客房内所有酒水、零食等均属个人消费，如有使用，请务必主动告知领队或在退房时告知酒店前台。
12	澳大利亚境内拨打国内固定电话或手机（以021-12345678，13512345678为例），请拨0011-86-21-12345678，0011-86-13512345678（如此号码在澳洲境内，也是按此方法拨打）；在澳洲境内（澳洲国家代码61）拨打当地电话时（以澳洲0412345678为例），请直拨0412345678，给当地手机发送短信请发送至0061+41234578。澳洲紧急救助电话：000。
13	入境澳洲前，请再三核查行李，请勿携带澳洲海关禁止携带入境的肉制品、奶制品、动植物制品、蜂胶类保健品、中草药（如人参、虫草）、水果及植物类食品，有特殊物品携带如食品（饼干、糖果、方便面、适量茶叶等）、常用药品（适量，并附英文说明书），都须向海关申报，否则缴纳罚款。药品中任何含有假麻黄碱成分的药品（如康泰克或百服宁等）均不得携带入境；同时如安眠药也同样禁止携带，如一定要携带，就需要出具医生药方。如因携带违禁物品，所引起的罚款等一概自行承担。每1名18周岁以上的游客，可免税带2 250毫升酒类、50支香烟，如超过的必须申报。
14	澳大利亚酒店经常会提供不适宜未成年人观看的电视节目，请未成年人的监护人对未成年人收看电视节目予以特别关注。

表 3-5　　　　　　　　　　　风险须知及安全提示书

一、行前解约风险提醒
1. 确认出行安排：签约后旅游者解约的，将给旅行社造成损失（该损失可能会涵盖旅游费用的大部分），该损失需由旅游者承担。请旅游者详细阅读合同相关内容，充分考虑自身出行可行性。
2. 特殊情况解约：因旅游行程涉及的国家地区发生社会动荡、恐怖活动、重大污染性疫情、自然灾害等可能严重危及旅游者人身安全的情况，且双方未能协商变更合同的，均可在行前通知对方解约，旅游费用在扣除实际发生的费用后返还旅游者。

二、人身财产安全警示
1. 确保身体健康：确认自身身体条件能够适应和完成旅游活动；如需随时服用药物的，请随身携带并带足用量。
2. 注意饮食卫生：提高防护传染病、流行病的意识。注意用餐卫生，不食用不卫生、不合格的食品和饮料。
3. 做好个人防护：如旅途涉及热带、高原、海滨、草原等特殊气候、地理条件，应采取必要防护措施，充分了解目的地情况，备好相应服装鞋帽，做好防晒、防蚊虫、防高原反应等工作。晕车的旅游者，请备好有效药物。旅途中有不良反应，应及时说明。
4. 注意人身安全：请在自己能够控制风险的范围内活动，切忌单独行动，注意人身安全。旅游途中因特殊情况无法联系团队或遇紧急情况的，应立即报警并寻求当地警察机关或中国驻当地使领馆的帮助。
5. 慎选自选活动：根据自身情况选择能够控制风险的自选项目。如有心脏病、高血压、恐高症等，勿选择刺激性或高风险活动。潜水／跳伞／攀岩／蹦极／骑马／热气球／快艇等活动，更具危险性，请充分了解活动知识，服从指挥。建议另购特定保险。
6. 防范水上风险：水上游览或活动，应加倍注意安全，不可擅自下水或单独前往深水区或危险水域，应听从指挥和合理劝阻。
7. 遵守交通规则：通过马路时走人行横道或地下通道。行车途中不要在车内走动，老人和儿童要有成年人陪护，以防不确定危险。车辆在颠簸路段行驶过程中不要离开座位，不要饮食（主要是坚果类），以免发生呛水或卡咽危险。
8. 保管贵重物品：贵重物品随身携带或申请酒店的保险柜服务，勿放入交运行李、酒店房间里或旅游巴士上。随身携带财物稳妥安置，不要离开自己视线范围。游览、拍照、散步、购物时，随时注意和检查，谨防被盗遗失。
9. 携带旅行票证：旅行证件、交通票证请随身妥善保管或由领队、导游保管，以避免遗忘、丢失。
10. 保持通讯畅通：请保持手机号码与预留在旅行社的一致，保持畅通有效；并注意将手机随身携带以备紧急联系。
11. 理性购物消费：购物时注意商品质量及价格，并向商家索取正式发票。购买后，商品无质量问题，旅行社不负责退换。

三、第三方责任告知
1. 航班问题提醒：旅行社对航班因运力、天气等因素延误、变更、取消等无法掌控，如遇此种情况，旅行社将尽力避免损失扩大，并与航空公司协调。旅行社可能因此将对行程作出相应调整，届时敬请旅游者配合谅解。
2. 个人消费说明：非旅行社行程中安排的购物、娱乐等项目，属旅游者个人消费行为，如产生纠纷或损失，旅行社不承担责任。

表 3-6

中国公民出境旅游文明行为指南

中国公民，出境旅游，注重礼仪，保持尊严。讲究卫生，爱护环境；衣着得体，请勿喧哗。
尊老爱幼，助人为乐；女士优先，礼貌谦让。出行办事，遵守时间；排队有序，不越黄线。
文明住宿，不损用品；安静用餐，请勿浪费。健康娱乐，有益身心；赌博色情，坚决拒绝。
参观游览，遵守规定；习俗禁忌，切勿冒犯。遇有疑难，咨询领馆；文明出行，一路平安。

门市部（盖章）：　　　　　　　　　　旅游者或旅游者代表（签字）：

经办人及电话：

日期：　　　　　　　　　　　　　　　日期：

表 3-7　　　　　　　　　　　　　游客信息资料表

序号	姓名		性别	出生日期	职业	备注
	中文	汉语拼音				
1	许××	XU ××	M	1963-××-××	领队	与14合住
2	胡××	HU ××	F	1951-××-××	家庭主妇	2—7安排相邻房
3	朱××	ZHU ××	M	1933-××-××	已离休（重要客人）	3、4为夫妻
4	刘××	LIU ××	F	1939-××-××	已退休	素食者
5	朱××	ZHU ××	M	1966-××-××	人力资源总监	5—7为一家
6	周××	ZHOU ××	F	1973-××-××	中学老师	
7	朱××	ZHU ××	F	2003-××-××	中学生	2为其外婆
8	顾×	GU ×	M	1982-××-××	电力公司职员	8、9为新婚夫妇
9	陈××	CHEN ××	F	1989-××-××	幼儿园教师	8、9安排大床房
10	黄×	HUANG ×	M	1981-××-××	电力公司职员	8、10为同事
11	章×	ZHANG ×	F	1985-××-××	高校教师	8—11要求相邻房
12	周×	ZHOU ×	M	1983-××-××	私营业主	12、13为夫妻
13	蒋××	JIANG ××	F	1987-××-××	私营业主	
14	白××	BAI ××	M	1997-××-××	大一学生	与领队合住
15	尹××	YIN ××	M	1971-××-××	董事长兼总经理	15—17为一家人
16	王××	WANG ××	F	1972-××-××	公司文员	
17	尹×	YIN ×	M	2000-××-××	高一学生	
18	汪×	WANG ×	M	1988-××-××	出租汽车调度	与17号合住

任务分析（Task Analysis）

在接到赴澳大利亚带团的任务后，领队应该根据出团通知书中的信息，及时掌握全团游客信息，组织开好行前说明会、做好出境物品、行装准备、并对澳大利亚国家概况、悉尼、凯恩斯、布里斯班、黄金海岸等主要城市或度假区的相关知识进行准备。

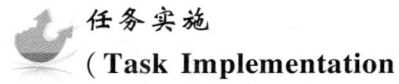

任务实施
（Task Implementation）

第一节 接受旅游公司所分配的带团任务
（Receive the Task from Tour Company）

一、听取计调人员介绍团队情况并接受出团资料
（Listen to Operator's Introduction to the Group and Take over the Group Files）

出境游领队在接到带团工作任务后，首先要做的第一件事，就是与旅行社的计调人员取得联系，约定时间，听取计调人员对此团队的详尽介绍。领队需要认真听、仔细记，对不清楚的问题要马上进行针对性的提问，应当包括下列几方面。

（一）团队构成的基本情况（Member Details of the Group）

该团由散客拼团组成的，游客为17名，外加1名领队，总人数为18人。游客来自各行各业，有公司董事长兼总经理、电力公司职员；有家庭主妇、离休干部，也有私营业主；有高校教师，也有大学及中小学生。

（二）团内重点团员的情况（Brief Introduction to Key Guests of the Group）

名单3号朱××先生为80多岁的离休干部，是团内的重要客人。

（三）团队的完整行程（A Complete Group Itinerary）

详见出团通知书中的表3－2。

（四）团队的特别要求（Special Request of the Group）

团队中有一名游客全程吃素，有一对新婚夫妇安排大床房，三间房要求为相邻房，另有两间房也要求为相邻房。

（五）行前说明会时间（Arrangement of Pre－tour Briefing）

行前说明会通常安排在团体出发的前3天召开（如果是同一个公司或机构的客人，亦可以根据组织者的要求与销售人员或计调人员另定时间）。

（六）出境旅游行程信息（The Itinerary Information of Outbound Tour）

计调人员应向领队移交的资料还有《中国公民出国旅游团队名单表》（见表3－8），拟发给游客的《旅游行程单》（出团通知书），也须由计调人员转交领队，由领队在行前说明会上分分发给游客，包含如下内容：

（1）旅游线路、时间、景点。此团为澳大利亚凯恩斯8日游行程，游客乘坐澳大利亚航空公司由上海直飞悉尼的航班。行程中安排了澳大利亚的著名旅游胜地凯恩斯、布里斯班、黄金海岸以及澳大利亚最大的城市悉尼的游览。由于处于暑期，此团为考虑到学生和家长的诉求，特别安排了昆士兰大学和悉尼大学的参观。澳大利亚位于南半球，目前正处于冬季，客人赴澳旅行可以避暑纳凉。

（2）交通工具的安排。全程乘坐四程澳大利亚航空的班机，其中两程国际航班，两程澳大利亚国内航班。

（3）入住酒店及餐饮标准。行程中均入住当地四星级酒店。酒店内享用早餐，行程中的中式团体餐均为午餐五菜一汤，晚餐六菜一汤。行程第六天，乘游船畅游悉尼著名的"情人港"，并在船上享用晚餐。

（4）购物及娱乐安排。该行程安排在悉尼 Sunshine Group International 土特产店，黄金海岸安排 Gold Beach International 土特产店以及 King Opal 澳宝店的购物。

（5）团费费用明细。团费包含项目：全程国际、国内机票及机场（离境）税，行程表内注明的澳大利亚四星级酒店及早餐、午晚餐、境外旅游交通（大巴）、景点门票、领队和导游服务、旅行社责任险；全程司机、导游境外基本服务费人民币 240 元/人。团费不含项目：护照费、行程计划之外的个人消费和个人旅游意外险；上海浦东机场来回接送费用。

（6）组团社与境外地接社的联系人和联系方式：

澳大利亚导游：徐×（Kevin）　　手机号码　　0061-425×××　×××
中国领队：　　许××　　　　　　手机号码　　138×××××××

温馨提示

计调人员在向领队进行团队情况介绍的同时，应该向领队移交团队的各种资料。这些资料应该包括中国公民旅游团队名单表（如表3-8）、出入境登记卡、海关申报单、旅游证件（护照/通行证）、签证/签注、交通票据、接待计划书、联络通讯录等。出入境登记卡、海关申报单等可以在资料交接时事先由计调人员交给领队预先填写，若旅行社没有备存，领队可以向客人在飞机上索取。

Warm Tips

When introducing the basic information of the group, the operator should also deliver all kinds of documents and papers to the tour leader, including name list form of Chinese citizen outbound tour group, arrival/departure card, custom declaration, travel documents (passports/ entry permits), tourist visas, travel tickets, tour itinerary and liaison list. arrival/departure card and custom declaration forms could be filled out before hand by the tour leader, otherwise, the tour leader should do it on the plane for the group members if the travel agency has not enough forms.

表 3-8　　　　　中国公民出国旅游团队名单表

组团社序号：L-ZJ-CJ00003　　团队编号 1608-ZWX-0805K　　年份：2016 年
领队姓名：许××　　　　　　领队证号：浙-000324　　　　　编号：02

序号	姓名		性别	出生日期	出生地	护照号码	发证机关及日期
	中文	汉语拼音					
领队	许××	XU××	M	1963-××-××	浙江	G230275××	浙江 2010-05-20
1	胡××	HU××	F	1951-××-××	浙江	G077178××	浙江 2013-02-01
2	朱××	ZHU××	M	1933-××-××	浙江	G077176××	浙江 2011-04-01

续表

序号	姓名 中文	姓名 汉语拼音	性别	出生日期	出生地	护照号码	发证机关及日期
3	刘××	LIU××	F	1939-××-××	浙江	G077176××	浙江2011-04-01
4	朱××	ZHU××	M	1966-××-××	浙江	G097418××	浙江2011-03-08
5	周××	ZHOU××	F	1973-××-××	浙江	G097463××	浙江2011-03-08
6	朱××	ZHU××	F	2003-××-××	浙江	G249281××	浙江2010-03-17
7	顾×	GU×	M	1982-××-××	浙江	G249281××	浙江2012-04-12
8	陈××	CHEN××	F	1989-××-××	浙江	G249281××	浙江2012-06-26
9	黄×	HUANG×	M	1981-××-××	浙江	G249281××	浙江2008-06-22
10	章×	ZHANG×	F	1985-××-××	浙江	G249281××	浙江2010-05-13
11	周×	ZHOU×	M	1983-××-××	浙江	G249281××	浙江2009-03-19
12	蒋××	JIANG××	F	1987-××-××	浙江	G249282××	浙江2010-04-07
13	白××	BAI××	M	1997-××-××	浙江	G249282××	浙江2013-06-25
14	尹××	YIN××	M	1971-××-××	河北	G249281××	浙江2012-04-10
15	王××	WANG××	F	1972-××-××	河北	G153643××	浙江2013-06-17
16	尹×	YIN×	M	2000-××-××	河北	G139560××	浙江2011-06-07
17	汪×	WANG×	M	1988-××-××	浙江	G147800××	浙江2012-05-10

2016年8月5日由上海浦东国际机场口岸出境	
2016年8月12日由上海浦东国际机场口岸入境	总人数:18(男:10人 女:8人)

授权人签字:×××	旅游行政管理部门	边检检查站
		加注(实际出境18人)
组团社盖章	审验章	出境验讫章

旅游线路:澳大利亚凯恩斯8天

组团社名称:××省××旅游公司　　联络人员姓名及电话:朱×× 139××××××××
接待社名称:澳大利亚××旅游公司　　联络人员姓名及电话:DEREK LI 0061-425 ××××××

中华人民共和国国家旅游局印制

> **温馨提示**
>
> 按照《中国公民出国旅游管理办法》的规定,"中国公民出国旅游团队名单表"(以下简称"名单表")是由国务院旅游行政部门统一印制,在下达本年度出国旅游人数安排时编号发放给省、自治区、直辖市旅游行政部门,供其核发给组团社。组团社按照核定的出国旅游人数安排组织出国旅游团队,填写"名单表"。旅游者及领队首次出境或者再次出境,均应当填写在"名单表"中,经审核后的"名单表"不得增添人员。"名单表"一式四联,分为:边防检查站出境验收联、边防检查站入境验收联、旅游行政管理部门留存联、组团社留存联。领队带团需将除旅游行政管理部门留存联以外的三联带出境。归国时将组团社留存联带回旅游公司。
>
> **Warm Tips**
>
> According to "Administrative Measures for Chinese Citizens Travelling Abroad", the "Tour group name list for Chinese citizens travelling abroad" (hereafter referred to as " name list") should be uniformly produced by the tour administrative department of the State Council. The list would be delivered to the organizing tour agencies by the administrative departments of each province, autonomous region and municipality when planning the number of tourists going abroad each year. The organizing agencies should arrange the tour groups according to the plan and fill out the "name list". Both tourists and the tour leader should be included in the list no matter if it is their first time to go abroad or not and no one could be added to the list once it is audited. There are four forms in the list: the exit form of frontier inspection station, the entrance form of frontier inspection station, the record form for tourist administrative departments and the record form for the organizing agencies. The tour leader should take the three forms abroad except the record form for tourist administrative departments and bring back the record forms for the organizing agencies when returning back to China.

二、制作团队分房表(Make the Rooming List of Group)

根据旅游公司计调人员所提供的客人信息资料制作一份团队分房表,以方便领队在客人入住时分房。分房表如表3-9所示。

三、进行"三核对"工作(Do the "Three Checks" Work)

领队接受带团任务后,进行团队出团前准备的重要一项内容,就是要查验全体团员的旅游证件、签证、机票等,防止这些与旅行信息相关的证件、机票出现错误。

(一)护照、签证和机票的检查(Checks of Passport, Visa and Air Ticket)

(1)护照。重点是检查姓名(中文及拼音)、性别、国籍、出生日期、出生地点、签发地点、签发日期、有效期、签发机关、护照号码、持照人签名等几项内容。

(2)签证。签证的检查重点是检查签发日期、有效期、签证号码几项内容(如图

3-1)。有些是使用印鉴盖在护照内，有些则是用贴纸贴在护照内，有些是单独使用打印出来的电子签证。

图3-1 澳大利亚签证

（3）机票。重点是检查乘机人姓名、乘机日期、航班号几项内容。

表3-9 团队分房表

序号	房号	中文	汉语拼音	性别	出生日期	护照号码	备注
1		许××	XU××	M	1963-××-××	G230275××	领队与14号合住
2		胡××	HU××	F	1951-××-××	G077178××	
3		朱××	ZHU××	M	1933-××-××	G077176××	
4		刘××	LIU××	F	1939-××-××	G077176××	相邻房
5		朱××	ZHU××	M	1966-××-××	G097418××	
6		周××	ZHOU××	F	1973-××-××	G097463××	
7		朱××	ZHU××	F	2003-××-××	G249281××	
8		顾×	GU×	M	1982-××-××	G249281××	大床房
9		陈××	CHEN××	F	1989-××-××	G249281××	
10		黄×	HUANG×	M	1981-××-××	G249281××	与8、9号相邻
11		章×	ZHANG×	F	1985-××-××	G249281××	
12		周×	ZHOU×	M	1983-××-××	G249281××	
13		蒋×	JIANG×	F	1987-××-××	G249282××	
14		白××	BAI××	M	1997-××-××	G249282××	与1号合住
15		尹×	YIN×	M	1971-××-××	G249281××	
16		王××	WANG××	F	1972-××-××	G153643××	
17		尹×	YIN×	M	2000-××-××	G139560××	
18		汪×	WANG×	M	1988-××-××	G147800××	

注：此团共需客房9双人间，其中1间大床房，3间房要求相邻房，另外两间房也要求相邻房。

温馨提示

游客护照上的姓名应当与签证、机票、名单表上面的姓名完全一致,检查时应当把四样东西放在一起进行核对。签证及国际、国内机票上的游客姓名,通常用汉语拼音填写。无论是护照、签证还是机票,如果在检查中发现其中有误,就需要立即与计调人员沟通,迅速通过公安局出入境、使领馆、航空公司加以解决。以下为"三核对"的内容:①护照与机票核对;②机票与行程核对;③机票与名单表核对。另外,旅行社门市接待人员在接受客人报名时,应检查客人的护照是否破损,是否有足够的签证页用于签证。否则,就应该换领新的护照。

Warm Tips

Tourist's name on the passport should be totally the same as the one on visa, air ticket and group name list. So the tour leader should put those four items together when doing the check work. Tourist's name on visa and air ticket is usually in Chinese Pinyin。If mistakes exist on passport, visa or air ticket, the tour leader should contact to the operator immediately and correct the mistakes with the help of exit and entry department of public security Bureau, airline companies, embassies and consulates. Followed are the "Three checks": ①passport and air ticket; ②air ticket and itinerary; ③air ticket and group name list. In additional, the counter sales of travel services should check whether the customers' passports have broken pages or not and if the customers' passports have enough pages for visa. The customer should be advised to renew his or her passport if necessary.

(二) 排列护照贴签 (Put Passports in Order with Stickers)

为方便出团时护照清点、发放以及游客点名时的便利,领队还需要对团队的护照进行排序,然后在每本护照的封面页上贴签,写上编号和姓名。编号应与团队名单表上的顺序一致(名单表上领队是不设编号的,通常领队的护照也是不设编号的),以便在分发护照时方便工作,无须翻开护照内页,即可喊出游客姓名。编号还可以让游客熟悉自己的团队编号顺序,在需要通关、办理登机等手续进行队列排序时做到有条不紊。

第二节 组织召开行前说明会
(Organize Pre–tour Briefing)

一、行前说明会的主要内容 (The Main Content of the Pre–tour Briefing)

(一) 领队或主讲人自我介绍 (Self–introduction of Tour Leader or Speaker)

(1) 行前说明会是旅行社参会人员与游客的第一次见面,领队或主讲人(领队由于在带团或别的原因不能出席行前说明会时，往往由销售或计调人员担任主讲人）首先要进行自我介绍。

（2）代表公司真诚欢迎各位贵宾到来，感谢大家的支持与爱护。

（3）询问游客是否能听懂及跟上领队的讲话速度（因为有些年长的游客不能完全听懂普通话）。

（二）集合时间（Meeting Time）

（1）特别强调出发时间、集合地点所乘国际航班信息，要求提前3小时到达机场等候。

（2）集合时应注意准时、地点。

（三）行程简述（Briefing Introduction of Itinerary）

（1）除上述说明出发日期、集合时间、地点外，应加入飞机班次以及出国当天的有关转机或经停时中途休息站应注意事项，以及行程第一站目的地国家的海关、移民局的有关规定，尤其是美国或澳大利亚对动植物的检验、检疫制度。

（2）串讲出团通知书（含行程表）内的行程内容，指出飞行及巴士各路段的飞行时间或行车时间。

（3）说明各目的地国家或地区与中国的时差。

（四）服饰与气温（Garment & Air Temperature）

（1）讲述目的地国家或地区的气候，若有必要请自备护肤品及保暖衣物。

（2）衣服以易洗快干、轻便休闲为佳，参观教堂及寺庙不可着短裤、凉鞋及露肩服装。

（3）鞋子以休闲为佳，避免穿新鞋。风衣及雨鞋可携带备用。

（五）餐饮（Food & Beverage）

（1）早餐一般在酒店内用餐。依团体餐标准不同会安排欧陆式、美式自助、中式或日式等早餐。

（2）略述美式早餐与欧陆式早餐的不同。欧洲旅行团的早餐，一般为欧陆式，如欲改吃美式早餐，请另行支付餐费差价。

（3）午、晚餐以中餐为主，但各地仍配合安排品尝当地风味餐。

（4）餐食不含饮料，有喝酒习惯者请自行购买付费。

（5）可准备少许休闲零食旅途中享用。境外旅游多喝水，多吃水果。

（6）对有特殊餐饮要求的游客，如早斋、不吃牛肉、吃素及儿童餐等，要倍加关注并安排。

（7）在进入某些自来水不能生饮的国家，如埃及、土耳其等须事先提醒旅客注意。

（六）酒店住宿（Hotel Accommodation）

（1）向游客落实境外酒店住房名单并向游客宣布旅游团的住房名单。

（2）酒店房间以两人一间为原则，如游客要求住宿单人房间，请在出团前支付单人房差。

（3）欧洲酒店多为传统式，卫浴设备多用淋浴，干净舒雅为准。领队应预先了解旅馆位置、设备、新旧程度等。酒店浴室设备，请注意使用，洗澡时请站在浴缸内，拉上布帘，下摆收入浴缸以防渗水。

（4）请自备牙膏、牙刷、刮须刀、吹风机、拖鞋、浴帽等个人使用物品。

（5）了解房内插座电压及插座型式，让游客准备多功能转换器。

（6）离开房间请记着带钥匙，外出请携带印有酒店名称住址的卡片，以防迷路。

（7）夜间如有需要泡茶或吃点心者，请自备电热壶及不锈钢茶碗备用。

（七）交通（Transportation）

1. 飞机

（1）乘坐远程飞机请旅游者多休息。

（2）随身携带盥洗用具及保暖衣物。

（3）旅游者可享用机上耳机设备。

2. 巴士

（1）乘坐长途旅游大巴旅行，请将舒适、视野好的座位让给年老体弱者。

（2）协助保持车上整洁，不可在车上吃水果、冰淇淋等休闲食品。

（3）行车路线已事先安排，不可能随意更改。

（4）巴士在公路上行进时，请勿任意走动或站立于司机座位旁。

（5）可准备一些光碟或书报杂志以排解旅途中的时间，增加旅途乐趣。

（6）司机旁的座位为备用区，请勿就座。

（八）行李（Baggage）

（1）通常航空公司允许乘坐经济舱的游客每人免费托运行李20公斤，限1件。

（2）准备吊牌及贴纸，以便识别自己行李。

（3）如有托运的行李件数增减，请通知领队。

（4）请备轻便随身行李，携带常用物品及保暖衣物。

（5）护照、货币等重要文件及贵重物品，请勿置于托运的行李箱内（请随身谨慎携带）。

（九）货币与汇率（Currency & Exchange Rate）

（1）中国公民出入境最高可携带20 000元人民币或等值5 000美元（合5 000美元）的外币现钞。

（2）境外多数国家均接受中国的银联信用卡，国际信用卡如万事达卡（Master Card）、维萨卡（VISA）、美国运通（American Express）使用起来也非常方便，请游客少带现金，多使用信用卡。

（3）请提前至各大银行兑换好目的地国家或地区的货币，每人最高可兑换等值人民币50 000元的外币。

（十）小费 Tips

（1）游客在境外要求酒店搬运行李至房间、享用客房送餐服务、外出用餐、乘坐出租车等均需要付适量小费。

（2）以每天1美元或等值货币的标准支付给服务人员小费，可放置在酒店房间床头。

（十一）个人物品（Personnal Belongs）

（1）准备常用药品及医生处方（国外药房只能依处方卖药）。

（2）准备针线包、计算机、摄影机、照相机、转换器，爱喝茶的朋友可自带茶叶。

（3）提醒游客随身携带一支签字笔，以备填写各种表格或单据。

（十二）自由或夜间活动的注意事项（Announcements of Free or Night Activity）

（1）根据每人的体力情况，酌情决定是否参加自由或夜间活动。

（2）可利用自由或夜间活动的时间，满足每位团员的不同需求。

（3）未经旅游公司推荐，自行参加的自费活动，请团员自负风险并注意安全。

（十三）安全问题（Issue on Security）

（1）请勿在公共场所暴露财物。钱包需放在隐秘处，着装无需过于华丽，尽量少戴贵重饰品，男士裤装要有纽扣，女士皮包最好能斜背，并配有拉链。

（2）在酒店内，客房门不能随便打开。

（3）护照、机票、现金、首饰、照相机、便携式电子产品及信用卡等贵重物品，请随身携带，妥善保存。另用小记事本将旅行支票、护照资料、国外亲友联络地址和电话记下，以便办理挂失或联络。

（4）出国前要将护照、机票、签证影印或拍照留存一份，存放于托运行李内；旅行支票与兑换水单及存根联，宜分开保管，以便于遗失后，随获补发。

（5）横穿马路，请走人行横道线（斑马线），上下大巴或楼梯，请注意安全。

（6）进行水上活动或有危险性的活动时，要特别遵守当地的规定。

（十四）签证及海关规定（Visa & Customs Rules）

（1）若团体客人持有ADS签证或团体签证，须团进团出。

（2）购买物品请保留收据。免税者，通关时应将收税单交予海关，有时海关会要求查验物品，请随身携带。

（3）陆路通关时，请留在车上，无需下车。

（十五）购物及境外通讯方式（Shopping & Outbound Communication Way）

（1）告知如何选择境外购物商店。

（2）告知境外紧急联络方式。

（十六）出境游文明礼貌及各目的地文化差异解（Civilized Manners of Outbound Tour & Culture Difference Analysis in All Destination Countries）

（1）阅读旅游行程单中由中央文明办、国家旅游局联合颁布的《中国公民出境旅游文明行为指南》。

（2）反复强调目的地国家或地区的风俗习惯、礼仪规范、民族禁忌及行为方式，提醒旅游者在旅游过程中有保护当地文化和物质遗产的职责。

（3）特别强调文明礼貌，对以往中国游客在境外的不文明行为进行举例点评。

（4）对游客提出团结互助、礼貌友善、支持领队工作的希望。

（5）参观名胜古迹，请排队进场，并保持安静，聆听导游解说，切勿用手触摸馆内物品，以免遭警卫斥责，造成不愉快的场面。

（十七）其他（Others）

（1）旅行社发给游客的团队标志胸章、太阳帽、旅行包、充气枕、多功能转换插座等物品，也应在行前说明会上一并发给游客。

（2）使用公用厕所须付钱，请备硬币。

（3）团员中懂英文者，请协助同行团员，节省交流时间。

（4）请佩戴团队标志胸章，以便识别。

> **温馨提示**
>
> 宣布住房名单时也有另外几种情况可能发生：游客付费预订的是单人房间，却被错分成双人间。如发生此种情况，领队要马上与计调人员联系给予更正；行前说明会上有的游客可能提出想在房间中加床的要求，旅行社方面也应视各国情况酌情处理（欧洲的大部分国家房间都很小无法加床，客人只能与别人拼房）。
>
> **Warm Tips**
>
> Certain possibilities will occur when announcing the rooming list: some tourists have paid for the single rooms but assigned to twin rooms, if so, the tour leader should make contact to the operator and make immediate corrections. If tourists want to have extra beds in the room, travel agencies should act at their discretion. (Most hotel rooms in European countries are quite small and can't stand extra beds, in that case, tourists should share the room with others.)

二、行前说明会要注意的问题（What Should the Tour Leader Pay Attention to during the Pre-tour Briefing）

行前说明会一般由旅行社的计调人员负责电话通知游客前来参加，领队、计调人员或旅行社的销售人员主持即可。行前说明会领队务必要参加，不能以任何理由推托。领队参加或主持行前说明会，需要注意以下6个问题。

（1）要体现出领队的精神风貌。领队面对游客的第一次亮相，应该以整洁的着装、良好的精神面貌出现。要用落落大方的语言主动介绍自己（必要时将自己的外文名字介绍给客人以方便客人称呼），让客人有安全感、信任感。

（2）要以礼貌语言开场。讲话要从感谢游客参团开始，再到感谢客人结束，以礼貌语言贯穿整个发言过程，并希望游客能支持自己的领队工作。

（3）若旅游公司会场条件许可（配备投影仪、白板等），请领队或计调人员制作好目的地国家行前说明会的演示文稿以配合行前说明会的讲解。

（4）领队在讲话中需要着重强调时间，尤其是出发时间，并要确认每一位游客都已经明白无误。

（5）请将领队的手机号码与游客进行二次核对，同时，领队也应在会上将自己的名片发给游客，使游客能尽快熟悉自己。

（6）索要并记录每位游客的手机号码，以方便日后带团的联系工作。

行前说明会示范（以赴澳大利亚含凯恩斯旅游为例）

各位贵宾：

上午好！

欢迎和感谢大家参加由××公司组织的"澳大利亚凯恩斯8日游"。我是带这次澳凯团的领队许××。我的手机号码为138×××× ××××，大家也可以加我的微信号码，微信号码就是手机号码。在这次 6 晚 8 天的行程中，我会全程为大家服务。大家在游览中，无论遇到任何问题，都可以来找我。现在，我为大家介绍一下此次澳凯之旅的注意事项。

澳大利亚，全称澳大利亚联邦，又称澳洲，位于南半球的大洋洲，属于东半球。澳大利亚面积为 769.2 万平方千米，国土面积位列全球第 6，是大洋洲最大的国家，东南邻新西兰，西北邻近印度尼西亚，北边邻巴布亚新几内亚及东帝汶。

澳大利亚四面环海，占有大洋洲的大部分土地。澳大利亚所处的位置又称为澳大利亚大陆，是地球上最小的大陆板块。澳大利亚境内多沙漠和半沙漠，平均海拔为 300 米。澳大利亚东部和东南部地势较高，西部为高原，中部为平原。东北部的大堡礁是世界上最大的珊瑚礁群。接下来，我先来讲一下此次澳凯之旅的基本行程。

各位团友，请大家在 8 月 5 日下午 5 点准时在上海浦东国际机场 2 号航站楼 3 楼国际出发厅 26 号门集中。我们将在上海浦东国际机场乘坐澳洲航空的 QF130 航班飞往澳大利亚第一大城市悉尼，夜宿在飞机上，并在飞机上享用当天的晚餐和次日的早餐。8 月 6 日当地时间 8:30 抵达悉尼。然后乘坐 QF922（10:30—12:30）航班转机前往澳洲北部热带城市凯恩斯，抵达后驱车前往凯恩斯市区游览，当晚入住凯恩斯的 Grand Chancellor Palm Cove 酒店。8 月 7 日早餐后乘船到达凯恩斯绿岛大堡礁，在绿岛可自由选择观看珊瑚群或者珊瑚礁等，晚餐结束后返回凯恩斯酒店休息。8 月 8 日，早餐后乘坐 QF709（10:10—12:15）航班前往布里斯班，抵达后午餐，后乘坐旅游车开始城市观光，游览、参观南岸公园、昆士兰大学等，结束后驱车前往澳洲度假胜地黄金海岸，游览黄金海岸的冲浪者天堂海滩，当晚入住黄金海岸的 Sea World 酒店。8 月 9 日，早餐后前往华纳兄弟电影世界，结束后参观天堂牧场，在这里您可以掷回力镖、甩皮鞭、挤牛奶，并可乘坐马拉车，品尝澳洲特制的丹波面包及原味十足比利茶，最精彩的就是欣赏让人叹为观止的剪羊毛表演及令人拍案叫绝的牧羊人赶羊表演。当晚还是入住黄金海岸的 Sea World 酒店。8 月 10 日，早餐后乘坐 QF509（8:25—10:00）次航班从布里斯班飞往悉尼，抵达后，导游接机驱车前往邦迪海滩，随后前往海鲜市场，途经富人区。午餐自费可享用海鲜大餐，下午游览悉尼市区，景点有皇家植物园、圣玛利亚大教堂、悉尼歌剧院等，傍晚前往悉尼港码头，乘船游览情人港，晚餐在船上享用，当晚入住悉尼的 HOLDAY INN WARWICK FARM 酒店。8 月 11 日，早餐后驱车前往蓝山国家公园游览，结束后返回悉尼市区，参观悉尼大学，随后参观悉尼土特产店及黄金海岸土特产店，晚餐后入住悉尼的 HOLDAY INN WARWICK FARM 酒店。8 月 12 日，早上乘坐 QF129 次航班直接飞回上海。请大家注意：行程中所有航班时间均以起飞当地时间及抵达当地时间为准，请务必留意，并校准正确的航班起飞及抵达时间。澳大利亚时间比北京时间快 2 小时。

澳大利亚是全球最干燥的地区之一，西部和内陆沙漠为热带沙漠气候，北部属热带稀树草原气候，少数地区为亚热带气候。年平均气温北部为 27℃，南部为 14℃。衣服以易洗快干的轻便休闲服为佳，做好防晒工作，鞋子以休闲为最佳。

此次我们旅游团的用餐安排是一日三餐，早餐为酒店西式自助，若航班为早航班离开，则提供早餐盒；中式午餐为五菜一汤；中式晚餐为六菜一汤。用餐时间在飞机上或船上，以机、船餐为准，不再另退餐费。另外，旅游公司还在行程的第 6 天安排乘游船畅游著名的情人港，外观悉尼歌剧院、海港大桥，并在船上享用晚餐。此外，如果有素食者或者有其他饮食禁忌的团友请事先通知我。

此次旅游团入住的酒店标准为澳大利亚酒店评定标准，通常按网上游客对酒店的评价来评定。澳洲酒店讲究环保，房间内不提供一次性拖鞋、牙刷、牙膏等，请自行另带；酒店内均为倒八字扁插头，请自带转换插头。澳洲为禁烟国家，酒店楼层禁烟，请大家不要在客房内吸烟，否则导致的巨额罚款及火警报警费用自行承担。在卫生间内洗浴时，请注意防滑，如因滑倒致伤等非旅行社责任引起的所有医疗费用，须自行承担，旅行社不予赔付。退房或外出时，请勿将贵重物品及现金遗留在客房内，务必随身携带，如发生遗失、被盗等治安事件，所有损失自行承担，旅行社不予负责。客房内所有酒水、饮料与零食等均属于个人消费，如有食用，请务必主动在退房时将费用支付给酒店前台。大家如果离开房间请不要忘记带钥匙，外出请携带印有酒店名称、住址的卡片，以防迷路。澳洲的酒店标准间，一半为大床加小床（或沙发），属正常现象，如遇此情况敬请谅解。12周岁以下小孩不占床，不占床的小孩不提供酒店早餐，须额外自行支付；如要求占床，在不产生单房差前提下，允许加床；如产生单房差，费用自行承担。按惯例安排同性两人一房，团体中的几对夫妻我们已经安排了同一房间。

我们此次旅游全程乘坐五程澳洲航空的班机，其中两程为国际航班。在乘坐国际航班时，飞机飞行途中请团友多休息，这样才有精力去进行旅游活动。飞机上会提供酒水服务，但是团友请勿酗酒。希望大家在飞机上有一个美好的体验。

按照行程，我们将会去往凯恩斯、布里斯班、黄金海岸、悉尼，每天行车时间或者飞行的时间约1—2小时。我们在澳洲各城市乘坐旅游大巴或者轮船时，请各位团员下车（船）时，务必随身携带贵重物品，切勿遗留在车（船）上。境外的当地导游及司机正常工作时间为早上至晚餐后送大家回酒店休息为止（约8小时）。如有超时，须支付额外的加班费用，请各位团友按照当地导游的规定时间进行游览。为协助车上保持整洁，不可以吃气味大的或者是黏稠的食物。

下面我来讲一下行李托运的问题。澳洲航空公司规定：托运行李限重23公斤以下，只限托运一件，只允许随身携带一件手提行李上机。上机是不能随身携带超过100毫升的液体、凝胶和喷雾类物品，如有该类物品请务必放入行李箱托运。请勿将打火机放入托运行李及随身行李中。剪刀、刀片、须刨、指甲刀等锋利物品必须托运。澳洲《劳工法》规定，单件行李重量不超过32公斤（为防止行李搬运工人造成工伤），超出范围，航空公司有权拒绝托运，请务必妥善保管行李牌和登机牌，因遗失导致无法登记及无法领取行李的，后果自负。根据中国海关规定：手提行李（55厘米×23厘米×36厘米）每人限带一件，托运行李不超过20公斤。

根据我国外汇管理规定：出国人员随身携带不超过5 000美元或者等值5 000美元的外汇，人民币现钞不超过20 000元。大宗美元、人民币，单价超过5 000元的高档照相机、摄像机、手提电脑，金银等贵重金属，携带出境必须报关。携带货物、货样者，出境须报关。请大家务必牢记：证件、机票、任何种类的现金及贵重物品千万不能托运。由于行李需要经常被搬运，所以务必请大家事先检查所携带的行李箱是否坚固良好。要自己准备好吊牌以贴纸，方便识别自己的行李，如果没有准备的可以到我这里来领取一下。请将常用物品、护照、重要文件等随身携带。

在澳洲期间消费，建议大家在团队出发前，自行前往国内中国银行预约兑换澳元现金（澳元的汇率为1澳元=4.8994人民币元），或携带国际信用卡（VISA、Master Card等）及银联卡。由于中国出境旅游者的增多，为方便中国客人消费，购物点一般都会申请加入银联组织。

按照国际惯例，每人需支付境外基本服务费240元人民币给境外导游及司机，我会后将统一收取。大家在澳洲要求酒店搬运行李至房间、享用客房送餐服务、外出用餐等均需要付小费。将小费放在酒店床头，以每天1美元或等值货币支付给服务生。旅游期间私人性质消费（如行李超重、洗衣、电话等）自理。在澳洲旅游期间要带好常用药品及医生处方，在外国药房只能依照处方买药。

在参观名胜古迹时，请大家排队进场，并保持安静，聆听导游解说；切勿用手触摸馆内物品，以免遭警卫斥责，造成不愉快的场面。大家彼此相互体谅，相互尊重。

自由活动及夜间活动的时候，要根据每个人的身体情况及体力自行调整。有高血压、心脏病的团友请勿参加刺激性及伤害力大的活动。每个人可以自主选择自费活动，费用的标准按说明会资料所示。如果团友参加了自费活动以外的自行活动，请自行承担风险。

在外国一定要注意安全问题，请勿在公共场所暴露财物。钱包须放在隐秘处，着装无须过于华丽，尽量少戴贵重饰品。在酒店内，客房门不能随便打开，一定要确认是否为熟人才开门。护照、机票、现金、信用卡等贵重物品，请随身携带，妥善保存。横穿马路，请走人行横道线；上下巴士（轮船）或楼梯，请注意安全。

在这里特别跟大家谈一谈澳洲的海关规定。澳洲对于动植物管理十分严格。入境澳洲前，请再三核查行李，请勿携带新西兰海关禁止携带入境的肉制品、奶制品、动植物制品、蜂胶类保健品、中草药（如人参、虫草）、水果及植物类食品，有特殊物品携带者如食品（饼干、糖果、方便面、适量茶叶等）、常用药品（适量，并附英文说明书），都须向海关申报，否则罚款。药品中任何含有麻黄碱成分的药品（如康泰克或百服宁等）均不得携带入境。同时，如安眠药也同样禁止携带，如一定要携带，就需要出具医生处方。如因携带违禁物品所引起的罚款等一概自行承担。每1名18周岁以上的游客，可免税带2 250毫升酒类、50支香烟，如超过的必须申报。

我们是团体签证，我们要在通关的时候保持一致，团进团出。购买物品请保留收据，免税者，通关时应将收税单交与海关，有时海关会要求查验物品，请随身携带。

全程不强制购物，不增加行程标注额外购物点；游客在指定购物地点自愿购物。若有质量问题，旅行社可以协助游客和商家沟通退还物品。游客自行前往的购物店如街边商店、小摊贩或宣传民族文化特色、特产综合在一起的景点商店（类似于我们民族村里的商店），经常会发生购物纠纷事件。基于此，本旅行社特别提醒游客：景点商店、小摊贩非本旅行社推荐的旅游购物定点单位（合同约定的除外），其所售卖的产品不论真伪、品质，价格及售后服务均无法保障，且协助游客维权亦存在困难，本公司不建议游客在景点购物，特别是高价值的物品。中国住澳大利亚大使馆的联系方式及澳大利亚境内如何拨打国内固定电话或手机等操作方法已在出团通知书上说明。请记住澳大利亚紧急救助电话：000。

随着中国出游人数的不断增加，中国游客在旅游过程中的礼仪修养缺失行为时有发生，而中国游客正以一个符号化的群体被一些西方发达国家所"歧视"。希望大家在出行前能够阅读中央文明办、国家旅游局联合颁布的《中国公民出境旅游文明行为指南》和《中国公民国内旅游文明行为公约》。在领队及境外导游的引领下，尊重澳洲的民俗习惯、礼仪规范、民族禁忌及行为方式。

最后，希望大家能支持我的工作，愉快地度过澳大利亚的6晚8天。

谢谢！

三、行前说明会的补救 (The Remedy of the Pre-tour Briefing)

(一) 联络未能出席行前说明会的游客 (Contact with the Tourists Absent from the Pre-tour Briefing)

对因故未能前来参加行前说明会的游客,领队或旅游公司计调人员应该做好补救工作。领队要负责打电话与未能出席行前说明会的游客进行联络沟通。一定要通知每一位游客,将行前说明会上所讲的主要内容告诉他们,尽量避免耽搁全团的行程。

由于某些原因整团均未召开行前说明会,或者散拼团体的客人不在组团社所在的城市,无法召集在一起召开行前说明会,旅游公司的销售人员一定要通过微信、电邮、传真或销售人员送上门的形式将出团通知单发到每一位游客手上。同时,领队要逐一打电话给每位游客,再次落实出团通知单中重要的内容。

(二) 要将应发给游客的物品带给游客 (Remember to Bring Necessary Items to Tourists)

行前说明会上发给游客的团队标志胸章、太阳帽、旅行包、充气枕、多功能转换插座等物品,未能出席会议的游客,其物品由邻队带到出行集合地点。如整团都未参加行前说明会,领队需将所有的物品带到集合地点。

温馨提示

针对上述行前说明会内容及补救方法进行讨论与分析。同时,也要让每个学生可以发表自己的观点,在分析与发表意见过程中,启发学生的思考与理解,使学生得到训练的目的。

Warm Tips

The teacher should organize a discussion for the above pre-tour briefing and remedies, ask students to express their ideas and analyze the cases. Also, the teacher should enlighten the students' thinking and understanding to help them practice and learn.

第三节 出团前的诸项准备
(All Item Preparation Before Departure)

一、接团所需的证件及业务资料 (ID & Papers of Operating Group for Guiding Group)

领队带团是工作出差,在准备带团行装的时候,务必要将带团所需的全部业务资料一一理清、如数带齐,不能有任何遗漏。只有携带好工作文件才能顺利开展工作。

（一）证件（护照）和机票的准备（The Preparation of Passports & Airline Tickets）

领队在与旅游公司计调人员的工作交接时，全团的护照及机票就会由旅游公司计调人员转交到领队手上。领队要携带全团的护照（含签证）及机票，一直到机场办理完登记手续后方能发给游客。此段时间内领队应对护照细心保管，不能出现任何差错。全团的护照应最好按照名单表顺序排列，用橡皮筋捆扎好，以方便清点数目和分发。中华人民共和国新版与旧版护照对照如图3-2。

图3-2 中华人民共和国新旧版护照范例

温馨提示

旅游团出发之前，领队务必要将全团成员的护照（签证）、机票（如图3-3）进行复印，并在出团时随时携带全团的护照、机票的复印件，将其与正本分开存放。这点非常重要。如旅游团在境外发生游客护照遗失、途中遭抢等事件，领队可拿护照及机票的复印件迅速证明游客身份，以求得事情迅速解决，并为客人申请临时护照及签证提供依据。

Warm Tips

Make sure to print the passports (visas) and airline tickets for the whole group before hand, and it is extremely important to take the photo copies and origin ones separately. In case of robbery or documents lost in destination country, the tour leader could use the photocopies to prove the identities of the tourists and apply for the temporary passports or visas.

（二）"中国公民出国旅游团队名单表"准备（The Preparation of " Tour Group Name List for Chinese Citizens Travelling Abroad"）

旅游团持团体签证，或去免签证的国家或地区旅游，出境时必须携带"中国公民出国

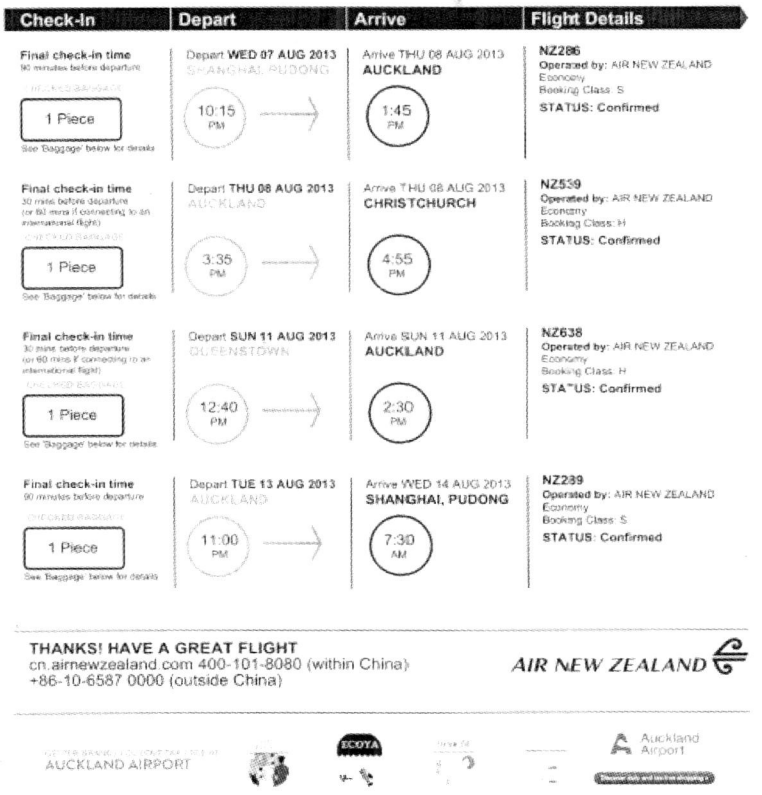

图 3-3 新西兰航空全程电子机票

旅游团队名单表",并备几份复印件。如果旅游团赴港澳旅游则必须携带"内地居民赴香港、澳门特别行政区旅游团队名单表",如果旅游团赴台湾旅游则必须携带"大陆居民赴台湾地区旅游团名单表"。

> **温馨提示**
>
> 团体签证是团体成员因相同的入境目的共同申请签证。实践中可能是多人共用一张签证,也可能是团体各人分别持有签证。持有按团体受理并办妥的团体签证,要求团体成员共同出入境,团体成员发生变化时,应重新申请签证。具体申请办证要求请咨询相关国家驻华使领馆。

> **Warm Tips**
>
> Group visa is jointly applied by the group members for the same purpose of entering a foreign country. In reality, it may be just a visa shared by several people, or each member of the group respectively holds one. The group visa requires the whole group to enter the destination country at the same time. When there is a change to the group members, the group visa should be renewed. For the detailed demand of applying, please consult relevant embassy or consulate in China.

（三）"出境旅游行程表"（出团通知书）及产品的辅助说明文件（"The Form of Outbound Tour Itinerary（Advice Note of Group）and Products Supporting Documentation）

"出境旅游行程表"（出团通知书）是出境旅游团队的最根本性文件，领队在对工作文件的准备中，最不能忘记的就是"出境旅游行程表"（出团通知书）。

通常境外的接待旅行社对组团社的团队日程会有一个最后确认函，也会将全体团员的名单附在后面，领队应复印下来放到出团所需的资料中来。在抵达目的地国家办理入境手续时，这份当地国家旅行社提供的团队行程及团员名单的传真复印件对顺利完成入境手续会有很大的帮助。

> **温馨提示**
>
> 要确认领队手中的"出境旅游行程表"（出团通知书）与游客手中的完全一致。有时，领队拿到的出境旅游行程表往往是计调人员与境外地接社经过多次更改的最后确认版，而游客手中的往往是未更改过的初次行程。这点非常重要。因为游客在境外游览时，常常会就他们手中的行程单发问，领队必须知道并掌握同样的信息，才能便于作答。
>
> **Warm Tips**
>
> Make sure that the tour leader has the same travel itinerary as the tourists'. Sometimes, the tour leader may have the final version which has been revised for many times with the outbound travel agency while the tourists may only have the original ones. It is rather important because the tourists may ask questions with their own itinerary and the tour leader should know the difference and can answer the questions accordingly.

（四）分房名单准备（The Preparation of Rooming List）

根据在境外下榻酒店数量将分房名单复印多份，以便在抵达入住每一家酒店时分别填写使用。另外，带上几张空白的分房名单，以备有变化时进行现场填写。

（五）境外接待社联系方式及联系人信息准备（Contact Details of the Local Operator Outside China）

领队要对接待此团的境外旅行社的联系方式十分清楚。接团的工作文件中要有下列信息资料：

(1) 负责境外接待的旅行社的名称：澳大利亚××旅行社。
(2) 境外接待旅行社经理及联系方式：Mr Derek Li　0061-425×××××。
(3) 旅行社计调人员的姓名及联系方式：Ms Angle　0061-425××××××。
(4) 境外旅行社办公室电话：0061-2-627×××××。
(5) 导游姓名、性别及联系电话：徐××（Kevin 男）0061-425×××××。

（六）其他与带团工作密切相关的必备物品准备（Necessary Items Closely Related to Leading a Group）

领队要准备其他与带团密切相关的必备物品。例如，领队证（如图3-4）、领队名片、旅游公司的领队旗、公司胸牌、托运行李不干胶标签、行李牌、旅行包、必备现金、旅游服务质量评价表（宾客意见表）、入境检疫卡、出入境卡（E/D CARD）等。

二、辅助用品及相关资料准备（Auxiliary Items for Conducting Work）

领队需要准备一些工作辅助用品及相关资料。例如，记事本、目的地国家旅游书籍、手机（电池、充电器、充电宝、移动电源）、插座转换器、澳大利亚地图、中国驻澳大利亚大使馆电话号码。

三、个人的生活必需品准备（The Preparation of Personal Living Necessity）

（1）准备一套正式服装或职业服装。领队应该准备一套正式的服装，在出席正式晚宴、观看豪华演出的时候，领队的正式装束，会对游客起到示范作用。

（2）多准备一些休闲类服装。因领队每天都要与同团的游客见面，因而领队要养成天天换衣服的良好习惯，尤其夏天的衬衣、T恤，应当每天更换。每日换衣服，并不只是一种良好的卫生习惯，而且是领队精神面貌的体现。

图3-4　中华人民共和国国家旅游局颁发的出境旅游领队证

（3）常用药品或相关医用品的准备。领队应为自己和游客准备一些感冒药、肠胃药、体温表、风油精、乘晕宁、消炎药、创可贴、纱布等常用药品或医用品，有备无患。

（4）准备牙具等生活用品。由于环保的原因，国外的许多饭店通常不会为客人配备牙膏、牙刷、剃须刀以及浴帽、拖鞋等一次性用品，因而需要领队事先准备。

（5）准备其他用品。如：指南针、手电筒、太阳镜、笔记本、笔、计算器等。

（6）准备小面额外币现金。领队在准备境外零用钱的时候，若能提前准备一些小面额的外币散钱（主要是小面额美金），在实际工作中会感到非常有用。如1美元的纸币，在支付侍者、行李员小费的时候就很方便。

> 温馨提示
>
> 领队的生活用品中最好还能有一条毛巾。旅途中在住进条件欠佳的饭店时，使用自己的毛巾会让个人在心理上增加一份安全感。
>
> Warm Tips
>
> The tour leader would better take his/her own towel, for it is more convenient and safety when staying in some poor-conditioned hotels.

四、出行前的知识准备（Knowledge Preparation before Departure）

领队在出团之前应了解并掌握以下知识：

（1）目的地国家澳大利亚的国家概况知识。

（2）澳大利亚的凯恩斯、布里斯班、黄金海岸、悉尼等城市概况，以及大堡礁、南岸公园、冲浪者天堂海滩、华纳兄弟电影世界、天堂牧场、邦迪海滩、皇家植物园、圣玛利亚大教堂、悉尼歌剧院、情人港、蓝山国家公园等景区知识，还有昆士兰大学和悉尼大学的介绍。

（3）企鹅、海豚、海狮、袋鼠、考拉、蜥蜴和珊瑚群（珊瑚礁）等一些动物和海洋知识，以及具有澳大利亚特色的掷回力镖、甩皮鞭等的知识。

（4）澳大利亚当地特产，譬如对绵羊油、奶粉、玩具、驼羊制品、巧克力、保健品、澳宝项链、戒指等做相关了解，以帮助客人购买时作参考。

（5）澳大利亚历史、宗教信仰等方面的知识。

团体旅游签证 & 各类通行证的办理方法

一、团体旅游签证

团体旅游签证，通常只是一张有签证效用的纸制证明，使馆签发时会将其附在全团某一位团员的护照上（通常会附在领队的护照上），而其他团员的护照上面并没有任何签证的印记。团体旅游签证上面列明所有获得签证人员的名单，出境时须按照顺序排队，须在规定的时间内且须有领队带领出入境。签证的发放形式有三种：签证纸粘在护照上、直接将使（领）馆签证处的钢印敲在护照上、另使用一张纸附在护照内（亦称另纸签证）。

二、内地居民赴港澳通行证的办理方法

内地居民赴香港或澳门需要办理"往来港澳通行证"：由本人持填写完整的《内地居民赴港澳台地区申请表》、本人的身份证、户口簿原件和复印件、近期两寸白色背景彩色半身证件照两张赴户口所在的公安局出入境管理部门办理"中华人民共和国往来港澳通行证"和相应的签注。参加香港旅游的签注可分：有效期3个月往来一次或两次，有效期1年往来一次或两次。而澳门旅游的签注可分：有效期3个月往来一次，有效期1年往来一次。港澳游签注的每次停留期均为7天。若旅游者参加团队旅游，需要办理L签注，若旅游者参加个人旅游（部分城市尚未开通个人旅游），需要办理G签注。"中华人民共和国往来港澳通行证"的有效期为5年。

三、大陆赴台湾通行证的办理方法

大陆居民赴台湾需要办理"大陆居民往来台湾通行证"：由本人持填写完整的"大陆居民往来台湾地区申请表"、本人的身份证、户口簿原件和复印件、近期2寸白色背景彩色半身证件照两张，具有办理台湾旅游资质的旅游公司开具的旅游发票（赴台旅游只能在户口所在省区市参游），赴户口所在的公安局出入境管理部门办理"大陆居民往来台湾通行证"和相应的签注。

参加台湾旅游的签注为有效期3个月内往来一次。旅游者（除北京、上海、厦门、成都、天津、重庆、南京、杭州、广州、济南、西安、福州、深圳、沈阳、郑州、武汉、苏州、宁波、青岛、石家庄、长春、合肥、长沙、南宁、昆明、泉州、哈尔滨、太原、南昌、贵阳、大连、无锡、温州、中山、烟台、漳州、海口、呼和浩特、兰州、银川、常州、舟山、惠州、威海、龙岩、桂林和徐州外，共47个城市）只能参加团队旅游，需要办理L签注，"大陆居民往来台湾通行证"的有效期为10年。

（资料来源：作者根据相关资料整理编写。）

实操与训练

韩国釜山/济州/首尔4晚5天出团通知如表3-10所示。

表3-10　　　　　　韩国釜山/济州/首尔4晚5天出团通知

【集合时间地点】请您于2016年10月2日上午10时10分到达杭州萧山国际机场3号出发厅等候集中，请务必准时。

★请客人关注气候变化因素（雨、雪、雾、冻等）准时到达集合地点，旅行社不承担因人力不可抗拒因素造成的损失及责任。

| 团号：1610-ZWK-1002ZA | | | 人数：16+1 | | | | |
| 领队：丁×139×××××× | | | 韩国导游：朴××010-6226×××× | | | | |
日程	日期	交通	城市	酒店	早	午	晚
第一天	10月2日	OZ330（12：10北京时间—15：00韩国时间）OZ8115（19：50—20：40）	杭州/釜山 釜山/济州	济州太平洋酒店	/	/	☆
第二天	10月3日	巴士	济州	济州太平洋酒店	☆	☆	☆
第三天	10月4日	OZ8912（11：30—12：35）	济州/金浦	首尔梨泰院酒店	☆	☆	☆
第四天	10月5日	巴士	首尔	首尔梨泰院酒店	☆	☆	☆
第五天	10月6日	OZ359（13：40韩国时间—14：40北京时间）	仁川/杭州		☆	机上	/

续表

景点	釜山：龙头山公园，国际市场
	济州：城山日出峰，涉地可支——韩剧 ALL IN 拍摄地，神奇之路，龙头岩
	首尔：景福宫，民俗博物馆，青瓦台（远眺），高丽人参专卖厅，紫水晶加工厂，东大门市场，韩国土特产商店，华克山庄
备注	接中国检疫局通知，禁止携带韩国泡菜、辣椒酱、烤肉酱入中国境，违者一律没收，敬请周知！ 一、团费包含项目：全程往返机票，签证费，出境名单，全程四花标准酒店，行程内标明的餐食，包车费，行程内门票，导游费，旅行社责任险。 二、不包含项目：各地至萧山机场往返交通费，导游、司机境外基本服务费人民币 200 元/人。 三、请自备牙膏、牙刷、毛巾、拖鞋、梳子、雨伞及常用药品。韩国平均温度比杭州低 3—5 度之间（现韩国温度约为 19℃—27℃ 之间）。 四、请携带身份证（儿童须带户口簿），乘机和出境时用，勿忘！ 五、韩国饮食习惯与中国相差很大，韩菜以泡菜、烤肉为主，菜肴极少油水，请自备一些方便食品。如飞机上已安排用餐，我司不另安排。 六、时差：韩国比北京时间快 1 小时。治安：良好，但人多地方，要小心扒手。 七、按境外惯例，每人每天需支付 40 元境外基本服务费给导游和司机，共计 200 元人民币，以表示对其服务的肯定和鼓励。行程中如遇摄影师跟随拍照，费用约为 5 500 韩币/张，是否购买视个人情况而定。 八、旅游活动中会给大家留出时间赴当地的土特产商店购物，大家可视个人情况而定。 九、人民币兑韩币 1∶110 左右，美金兑韩币：1∶900 左右，汇率略有浮动。以上仅供参考，以当地实际情况为准。 十、旅客必须随团活动，不得擅自离团。如若离团，韩国地接将收取每人 500 元/天的离团费。客人必须随团出入境，否则将被中、韩两方处以巨额罚款（30 000—50 000 元）。谢谢合作！ 十一、团队原则上按照同性别安排住宿，夫妻在不影响总房间数的前提下尽量安排同一间房。如团队出现单男单女，请团员务必配合轮流拆夫妻，感谢合作！ 十二、旅客在出团前必须交纳 3 万元担保金，按时随团返回后退还此款；我社已按国家有关规定购买旅行社责任险（此保险针对旅行社），建议客人在出团前购买旅游意外伤害险，保费 30 元/人，保额 30 万元。
联络电话	韩国部操作员：王小姐　0571-8578×××× 此行程仅供参考，一切以当地行程为主！

游客信息表如表 3-11 所示：

表 3-11　　　　　　　　　　游　客　信　息　表

序号	姓名		性别	出生日期	职业	备注
	中文	汉语拼音				
领队	丁红	DING HONG	F	1980-01-31	领队	住单间
1	李群	LI QUN	M	1961-11-01	公司董事长	1、2、3 为一家
2	王燕	WANG YAN	F	1961-08-25	会计师	
3	李维清	LI WEIQING	M	1988-01-09	设计系学生	与名单 8 号同房

续表

序号	姓名 中文	姓名 汉语拼音	性别	出生日期	职业	备注
4	王顺龙	WANG SHUNLONG	M	1934-12-21	退休人员	4、5为夫妻
5	杜云英	DU YUNYING	F	1937-09-26	退休人员	食素者
6	孙正国	SUN ZHENGGUO	M	1962-08-28	副总经理	6、7、8为一家 要求大床房
7	杜伟娟	DU WEIJUAN	F	1962-03-01	地产公司职员	
8	孙云骁	SUN YUNXIAO	M	1990-12-26	中学生	
9	吕建青	LU JIANQING	M	1961-11-13	主任医生	9、10、11为一家
10	陈玉珍	CHEN YUZHEN	F	1966-01-11	财务部经理	
11	吕梦骏	LU MENGJUN	F	1990-09-25	中学生	
12	黄建钢	HUANG JIANGANG	M	1960-12-15	大学教师	12、13为夫妻
13	张利沙	ZHANG LISHA	F	1960-06-24	大学教师	
14	龚永南	GONG YONGNAN	M	1949-01-01	建筑设计师	14、15、16为一家，要求相邻住房
15	沈桂芬	SHEN GUIFEN	F	1950-10-05	花店店主	
16	龚丽宁	GONG LINING	F	1979-02-28	银行职员	与名单11号同房

请根据上述信息，完成以下作业：

1. 撰写一份赴韩国旅游的行前说明会的讲稿，并列出这样写的几点理由。
2. 对学生分组，模拟表演召开行前说明会，每组设置小组长进行记录，演练后进行讨论，由教师进行点评。
3. 根据以上客人信息，每个学生自己制作一份游客分房表，由教师进行点评。
4. 收集关于目的地国家韩国的旅游知识，每个学生提交一份资料小卡片。

第四章
行程与带团中的工作
Work in the Process of Travel and Guiding

 训练目标（Training Objectives）

通过本环节的训练，了解中国出境、目的地国家入境和转机所需要办理的各种手续以及相关的注意事项，能够带领游客顺利出境和入境，在飞行途中照顾好游客，培养旅途中组织、沟通、办事的技能。

 任务导入（Task Introduction）

现在是2016年8月5日17：00，领队小许已经在上海浦东国际机场等候17名赴澳大利亚旅游的客人。那么，在机场期间领队应该做哪些工作？如何才能够稳妥地带领游客办理出境手续以及顺利出境呢？

 任务分析（Task Analysis）

小许带领的17名中国游客从上海浦东国际机场出境前往澳大利亚悉尼。此环节涉及组织游客的集合与等待安排，寻找办理换登机牌的柜台、换取登机牌，办理行李托运手续，过安全检查通道（卫生检疫、证照检查、安全检查），有的游客还需要过关物品申报，进入候机厅后带领游客在指定的区域等候、登机；上了飞机之后需要掌握游客入座的位置，关注游客在飞行途中的身体情况；到了悉尼机场后，带领游客办理过关手续、领取行李，直到将游客带出机场。领队在这一环节需要做许多工作，如何有序地、顺利地完成这个工作环节，是领队必须考虑和完成的工作。

任务实施（Task Implementation）

第一节 中国出境流程及手续
（Departure Procedures in China）

中国出境流程如图4-1。

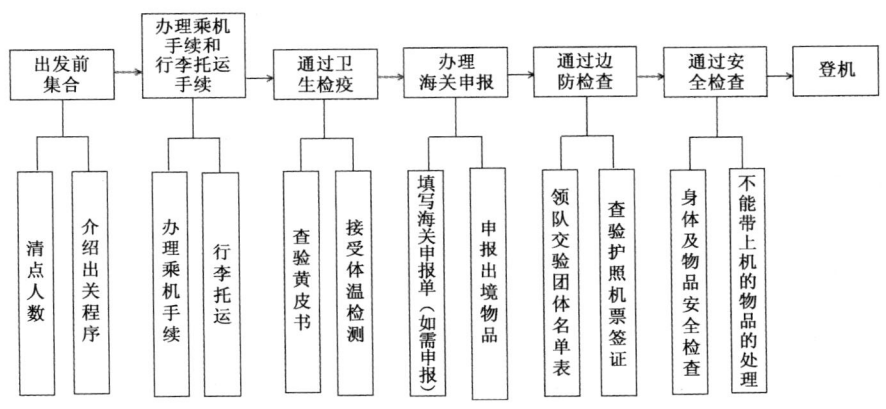

图4-1 中国出境流程

一、出发前集合（Assemble before the Departure）

现在是北京时间17:00，小许已经在上海浦东国际机场2号航站楼26号门口等候客人集合。为避免与团员互相寻找而浪费时间，领队应佩戴"领队证"并竖起旅游公司的旗帜，以便游客及时发现；手机开机，随时准备接听游客打来的电话。

> **温馨提示**
>
> 领队应当至少比规定时间早30分钟赶到机场、车站等出境口岸的集合地点。集合的位置应当选择游客容易找到的地方。在行前说明会通知游客的时候，就应将明确的地点告知游客，如"机场出境大厅3号门内"，以方便游客赶来集合时目标明确。事先通知游客的集合时间时，要充分考虑到各种因素（如堵车、下雪、下雨），留出提前量。
>
> 如果所带的团是老年团、亲子团，领队应该更早一点抵达集合地点。通常老年游客或家长携儿童会早早赶到，领队的出现，可以让他（她）们感到心安。游客中如果有前来送行的家人，领队应当主动与其打招呼，并请其放心。

Warm Tips

Tour leader should arrive at the assembly places like airports, stations 30 minutes earlier than the scheduled time. The assembly point should be easy to recognize and be announced to the group members at the pre-tour briefing. For example, The 3rd Gate of the Departure Hall of the Airport could be the gathering point which is clear and specific for the tourists to find. Notice the assembly time in advance. Keep the factors like traffic congestion, raining, snowing, which could possibly influence the trip, under consideration; and spare enough time for different situations.

If leading a senior group or family trip, tour leader should reach the gathering place ever earlier than regular groups. The showing-up of the tour leader will make the early-arrived senior tourists or parents with kids reassuring. It's necessary to greet the family members who come to see off the group and tell them to rest their heart.

（一）为游客签到（Check the Arrivals）

与游客汇合后，应拿出全团的名单表，为已经抵达的游客签到。

温馨提示

在点名时，应注意礼貌，在游客姓名后应加上称谓，如"张三先生"、"李四小姐"。在喊客人的姓名、游客作答时，要与游客有眼光的交流，并微微点头。在临近规定的集合时间时，如团队尚未到齐，领队要主动与未及时赶到的游客电话联系并再次强调集合地点，以免游客混淆并同时进行催促。

Warm Tips

Be polite when conducting a roll-call. Remember to add "Mr./Ms." before their names and nod gently with eye contacts when tourists responding your call. If the members haven't showed up when the gathering time is approaching, tour leader should actively contact the tourists and remind them the location of assembling in case they find the wrong one by mistake.

（二）告知游客所要办的手续（Declare the Formalities to Go through）

在全体团员到齐后，应即席发表一个简短的讲话。讲话的内容主要是告知游客下面将要办的手续，如乘机和行李托运手续、海关申报手续以及边防检查手续等的步骤，并希望全体团员配合。游客如果针对海关手续办理、通过边防检查等提出问题，领队应简明扼要地一一作答。

（三）特殊情况的处理（Handle the Contingencies）

（1）游客迟到。规定时间内游客未能抵达机场集合处，领队应及时与游客取得联系，知道游客所在方位，预估抵达的时间再行决定。如时间允许，在原地等待游客抵达，并先代迟到客人向大家表示歉意；如时间较紧张不允许再等下去，领队可先带领其他游客，到航空公司值机柜台前办理登机手续及行李托运手续。此时领队需要始终与未抵达的游客保持联系，一旦游客抵达，领队要折回到国际出境区域入口将游客带入，与全团汇合。

（2）游客临时取消游程。如果有游客因突然生病、突发事故等原因，打来电话通知不能参团出发的情况出现，领队应首先对游客进行口头慰问，然后要求游客除通过电话口头通知外，再发短信给领队通知确认，以便领队在进行工作处理时留有凭证。如果游客未在规定集合时间出现，并且未通知领队取消行程，领队带团在航空公司办理登机手续时，要将未到场的游客的姓名告知航空公司，并恳求值机柜台延后关闭，同时积极寻找游客，不到最后一刻不可轻易放弃。最后，游客仍未出现，则将旅游证件转交送机人员处理。

二、办理乘机手续及行李托运手续（Handle Check – in & Luggage Check – in Formalities）

（一）告知游客航空公司的诸项规定（Declare the Regulations of the Airline）

领队应将所搭乘航空公司对乘机旅客行李的规定告知游客。领队在办理乘机手续之前，对一些可能出现的问题再次提醒游客。如游客携带水果刀、小剪刀、发胶、定型液、100ML的液体、防蚊液、烈酒类、喷雾器、各式刀械等，请务必放入行李箱托运。详情请事先向航空公司查询。贵重物品应随身携带而不要放在托运行李中。

（二）办理乘机手续（Handle Check – in Formalities）

通常航空公司对旅游团的团队游客，指定要到值机柜台的"团队"专用柜台办理（Group Check – in）。领队带团在航空公司值机柜台前所做的工作如下：

（1）交验团体所有的护照、机票，办理乘机手续。领队携带全团所有游客的护照（含团体签证）、机票，到所应搭乘的航空公司（澳洲航空公司 Qantas Airways）的值机柜台前办理乘机手续。目前大多数航空公司已经使用电子机票，所以领队只需带上电子机票确认单即可。

（2）办理团体行李托运。领队应将客人拟托运的行李（包括领队自己的行李）在值机柜台前顺序排列，以方便托运清点。应对托运行李两次清点并告诉值机人员行李托运至澳大利亚的凯恩斯。领队在航空公司值机柜台人员将要托运的行李系上行李牌后，看到团体的行李进入值机柜台行李传送带后方可离去（如图4-2）。在不能办理团体行李托运的情况下，客人应手持护照、登机牌单独办理行李托运（如以家庭为单位）。在办完乘机手续后，需要认真清点航空公司值机人员交还回来的所有物品，包括护照、机票、登机牌以及交付托运的所有行李票据。

图4-2 某航空公司值机柜台领队办理团体行李托运

（3）单独办理乘机手续。目前，许多航空公司因考虑到行李查询方便等种种原因，可能会要求乘机旅客单独办理托运行李和乘机手续（如图4-3）。基于此，领队应带领全团乘客来到航空公司值机柜台前，先与游客讲明注意事项，然后站在一旁观看游客自行办理乘机手续，必要时立刻进行协助。同时，领队不应先于游客办理手续，而应在全团团员办完乘机

图4-3 某航空公司值机柜台乘客单独办理乘机手续

手续后，再为自己办理乘机手续，以体现服务至上的精神。

温馨提示

在办理托运行李时需注意，如果需要乘坐转机的航班，行李应当托运到最终的目的地。如从杭州飞澳大利亚珀斯，乘坐香港港龙航空公司＋香港国泰航空公司的杭州/香港/珀斯航班，虽需要在中国香港经停转机，但从杭州出发办理行李托运时，应该将行李直接托运到终点站珀斯。

Warm Tips

When checking in the luggage, make sure they will be delivered to the final destination if the group is taking a connecting flight. For instance, if you take flight of Hong Kong Dragon Airlines and Cathy Pacific Airways from Hangzhou to Perth (AUS), though the flight will connect in Hong Kong, the luggage will be delivered directly to Perth while checking-in in Hangzhou.

（三）将过边检、登机所需的物品发还给游客（Return the Needed Items for Immigration Inspection and Boarding）

集体办理乘机手续后，领队应将游客的护照、机票（若是电子机票无需分发，由领队保管）、登机牌，发给游客。全团行李统一托运后的所有票据，由领队自己保管存放。

温馨提示

领队一定要将所有的证件亲自发给游客,不能怕麻烦,借此机会也可以熟悉每位游客。领队将护照、机票、登机牌发给游客后,要向游客确认其手中物品是否齐全,并提醒游客要妥善保管,尤其是国际机票,是往返双程(有时还含目的地国家的内陆机票),必定要好好保管,不能下飞机后就随手丢弃。许多航空公司对团队游客办妥的乘机座位号,是按照游客姓氏字母顺序排列的,因而游客中很可能一家人拿到的座位号码不在一起。领队对此应及时向游客说明解释,并表示到飞机上以后协助游客相互调换。

Warm Tips

Returning all the documents and passports to the travelers personally could help the tour leader get familiar with the group members. After returning the passports, flight tickets and boarding passes, tour leader should confirm with the travelers and remind them take good care of the abovementioned items, especially the boarding passes of connecting flights which should not been throw away after getting off the flight. Many airlines arrange the flight seats with the passengers' family name letters, therefore one family in the group may not sit together. Tour leader should explain this to the group members and help them to exchange after boarding the flight.

中国航空公司国际航班的行李托运携带规定

一、计件免费行李额

按游客所购票票价等级,对每一全价票或半价票的旅客交运的免费行李额为:一等舱和公务舱票价,免费交运行李件数为两件,每件最大体积(三边之和)不得超过62英寸(158厘米)。经济舱和旅游折扣票价,免费交运的行李件数为两件,每件最大体积(三边之和)不得超过62英寸(158厘米),但两件之和不得超过107英寸(273厘米),每件最大重量不得超过32公斤。按10%成人票价付费的婴儿可免费交运全折叠式或轻便婴儿车或婴儿手推车一辆。超过规定的件数及超过规定的最大体积的行李,应交付逾重行李费。

二、随身携带物品

除计重免费交运的行李额外,每一持有全价或半价客票的旅客,还可免费随身携带下列物品:女用手提包一个,大衣或雨衣一件,旅行用毛毯一条,手杖一根或伞一把,飞行途中用的少量读物,小型照相机一部,小型望远镜一具,婴儿食物(限旅途中食用),婴儿摇篮(限一个),供病人行动的可折叠轮椅或一副拐杖或撑架或假肢。

三、不准作为行李运输的物品

旅客的交运行李和自理行李内不得夹带易燃、爆炸、腐蚀、有毒、放射性物品、可聚合物质、磁性物质及其他危险物品。旅客不得携带中华人民共和国在运输过程中有关国家法律、政府命令和规定禁止出境、入境或过境的物品及其他限制运输的物品。旅客乘坐飞机不得携带武器或随身携带利器和凶器。交运行李内不得装有货币、珠宝、金银制品、票证、有价证券和其他贵重物品。

四、行李赔偿

如托运行李被损坏或丢失，赔偿金额应低于100元人民币/公斤（2.2磅）（或等值外币）。如行李价值不足100元人民币/公斤（2.2磅）（或等值外币），则根据行李的实际价值赔偿。如托运行李被损坏，应根据行李的折旧价值或修理费用进行赔偿。

五、行李声明价值

托运行李每公斤价值超过人民币50元时，可以办理行李声明价值，航空公司收取相应的声明价值附加费。声明价值不能超过行李本身的实际价值。每一旅客的行李声明价值最高限额为人民币 8 000 元。如此件行李丢失，航空公司按声明价值赔偿。

注：不同国家的航空公司有不同的行李托运携带规定，请查阅相关网站。

（资料来源：中国航空公司网站．）

三、通过卫生检疫（Go through the Quarantine Inspection）

《中华人民共和国出入境检验检疫出/入境健康申明卡》如表4-1所示。

表 4-1

中华人民共和国出入境检验检疫

出/入境健康申明卡

旅客须知：为了您和他人的健康，请如实逐项填报；如有隐瞒或虚假填报，将依据有关法律予以追究。

姓名＿＿＿＿＿＿　性别：　□男　□女

出生日期＿＿年＿＿月　国籍/地区＿＿＿＿＿

护照（回乡证、通行证）号码＿＿＿＿＿　航班号＿＿＿＿＿

联系地址和电话＿＿＿＿＿＿＿＿＿＿＿＿＿

＿＿＿＿＿＿＿＿＿＿＿＿＿＿＿＿＿＿＿＿

1. 过去7天您是否与家禽或鸟类有过密切接触？　是□　否□
2. 过去7天您是否与感染禽流感患者或疑似患者有过密切接触？　是□　否□
3. 您如有以下症状和疾病，请在"□"中划"√"
　　□发热　　□流涕　　□咳嗽　　□咽痛
　　□头痛　　□腹泻　　□呕吐　　□呼吸困难
　　□精神病　　　□性传播疾病
　　□开放性肺结核　　□艾滋病（包括病毒携带者）

我已阅知本申明卡所列事项，并保证以上申报内容正确属实。

旅客签名：　　　　　日期：　　年　月　日

体温(检疫人员填写)：＿＿＿＿℃

（一）查验黄皮书（Inspection of the Yellow Book（Int'l Certificate of Vaccination））

假如出境旅游团对前往或途径的国家（地区）为传染病流行疫区，或者欲前往的国家（地区）对国际旅行预防接种有明确要求，都需要提前办理黄皮书。

并非所有国家（地区）都有需要游客出示黄皮书的要求，但有些对某些流行病检查特别严格的国家（地区），例如智利、墨西哥等国家，要求入境的外国人均须出具预防霍乱和黄热病的接种或复种证明书。出国者如果遗忘了申办接种证明书，到达这些国家后，就可能面临被隔离、采取强制检疫等措施。

领队带领游客在关口的卫生检疫柜台前，应接受卫检工作人员的黄皮书查检。如游客未来得及办理黄皮书，应按照卫检的要求，现场补办手续。

（二）特殊阶段的卫生检疫（Health Quarantine during Special Period）

2003年非典型肺炎（SARS）出现后，中国各出入境关口都增加了自动测量游客体温的设备，设立体温筛查制度（如图4-4）。游客的体温如果超出规定，将被要求复查并说明理由。如发现SARS疑似病症，将被限制出境。

领队带领游客由自动体温计通过时，如有游客被要求复查，领队应在一旁陪伴等候。如有必要，领队应告诉客人将已填好的《中华人民共和国出入境检验检疫出入境健康申明卡》交给海关口的卫生检疫柜台。

图4-4 上海浦东国际机场旅客正从检验检疫申报台通过

黄皮书简介

黄皮书即《国际预防接种证书》（International Certificate of Vaccination），因它的封面通常是黄色的而得名。目前世界上大多数国家的《国际预防接种证书》都通用黄色封面，故"黄皮书"为国际上对《国际预防接种证书》的通用称谓（如图4-5）。

黄皮书是世界卫生组织为了保障入出国（边）境人员的人身健康，防止危害严重的传染病通过入出国（边）境的人员、交通工具、货物和行李等传染和扩散而要求提供的一项预防接种证明，其作用是通过卫生检疫措施而避免传染。另外，黄皮书也有可能是指封面是黄色的报告或者文件。

黄皮书一般印有英文和本国文字两种文字。黄皮书的封面印有"国际预防接种证书"和"中华人民共和国国家出入境检验检疫局"字样。黄皮书的有效期是按疾病种类划分的。如对于预防霍乱,黄皮书的有效期为自接种后6天起,6个月内有效。如前次接种不满6个月又经复种,自复种的当天起,10年内有效。

我国的黄皮书由各省、自治区、直辖市的卫生检疫局签发并给申请人注射疫苗。旅行社组织的团队游客,通常会在行前说明会上,由提前联系好的卫生检疫部门的工作人员前来为游客注射疫苗并填发黄皮书。

黄皮书的重要作用在于它是国际公认的卫生检疫证件,是出入各个国家和地区口岸的重要凭证,所以必须妥善保存。如果遗忘了,就必须找回;如果丢失了,则必须重新补办。否则,在出入各国口岸时可能会遇到麻烦。

许多国家对来往某些国家、地区的旅客,免验黄皮书。但对发生疫情的地区,则检查较为严格,对未进行必要接种的旅客,往往采取隔离、强制接种等措施。

(资料来源:百度百科.)

图4-5 国际预防接种证书

四、办理海关申报(Handle the Custom Declaration)

红色通道与绿色通道

我国海关依国际惯例实行红色通道和绿色通道的通关制度。

凡持有外交及礼遇签证的外籍旅客,或国家给予免检待遇、携带无须向海关申报的物品的中国游客在通过海关时,可经由绿色通道通过海关。

以下各种情况或以下类型的游客应当经由红色通道过关:

(1)携带海关限量及应征税物品的。
(2)携带进口限制物品的。
(3)有人、物分离进、出境的。
(4)携有物品、货物、货样以及其他须办理出境验放手续的物品的。
(5)未将应复带出境物品原物带出的。
(6)携带外币、金银及其制品而又未获得有关出境或已超过限额的。

(资料来源:百度百科.)

（一）帮助需要申报的客人填写海关申报单
(Assist the Members to Fill in the Customs Declaration Form)

领队应帮助需要申报的客人填写"中华人民共和国海关出境旅客行李物品申报单"（见表4-2）。如客人无物品申报，无需填写申报单。

表4-2　　　　　　　　中华人民共和国海关出境旅客行李物品申报单

（二）带领游客办理海关申报（Take the Members to Go Through the Customs）

根据我国海关有关规定，我国出国人员，除享受免验待遇的人员外，如有物品申报，出入境时都应填写"中华人民共和国海关进出境旅客行李物品申报单"或海关规定的申报单证，按规定如实申报其行李物品，报请海关办理物品进境或出境手续。在实施双通道制的海关现场，上述旅客应选择"申报"通道（即红色通道）通关。

领队在带领团队游客经过中国海关时，需要进行下列工作：
（1）告知游客中国海关禁止携带出境的物品；
（2）请携带无须向海关申报物品的游客从绿色通道穿过海关柜台，进入等候；
（3）带领携带须向海关申报物品的游客从红色通道到海关柜台前办理手续。

领队可以先向海关柜台索取"中华人民共和国海关进出境旅客行李物品申报单"发给需要申报的游客，并指导游客填写。通常游客都会携带摄像机、照相机、收录机、电脑等个人物品出境并带回国内，需据实申报，游客携带填写完成后的"中华人民共和国海关进出境旅客行李物品申报单"，到海关申报柜台，交验本人护照，经海关人员对申报物品进行实物检验后，盖章准予放行。申报游客应保存好"中华人民共和国海关进出境旅客行李物品申报单"，以便回国入境时海关检查。

中国海关对一些申报物品的类型有具体要求，邻队需向海关核实。如照相机，通常海关并非要求出境携带的所有类型的照相机都要申报，一般只是可以拆卸镜头的高档相机需要申报。

中国海关部分限制进出境物品

一、旅行自用物品

非居民旅客及持有前往国家或地区再入境签证的居民旅客携带旅行自用物品限照相机、便携式收录机、小型摄影机、手提式摄录机、手提式文字处理机每种一件。超出范围的，需向海关如实申报，并办理有关手续。经海关放行的旅行自用品，游客应在回程时复带出境。

二、金银及其制品

（1）游客携带金、银及其制品进境应以自用合理数量为限，其中超过50克的，应填写申报单证，向海关申报；复带出境时，海关凭本证进境申报的数量核放。

（2）携带或托运出境在中国境内购买的金、银及其制品（包括镶嵌饰品等新工艺品），海关验凭中国人民银行制发的"特种发票"放行。

三、外汇

旅客携带外币、旅行支票、信用证等进境，数量不受限制。居民旅客携带1 000美元（非居民旅客5 000美元）以上或等值的其他外币现钞进境，须向海关如实申报；复带出境时，海关凭验本次进境申报的数额发放。旅客携带上述情况以外的外汇出境，海关凭验国家外汇管理局制发的"外汇携带证"检查放行。

关于携带外币出境的问题，国家外汇管理局2003年8月28日发布《携带外汇现钞出入境管理暂行办法》，其中规定：我国出入境人员可以携带外币现钞出境，也可以按国家金融管理规定通过从银行汇出或携带汇票、旅行支票、国际信用卡等方式将外币携出境外。出入境人员携带不超过等值5 000美元的外币现钞出境的，无须申请《携带外汇出境许可证》，海关予以放行；携带外币现钞金额在等值5 000美元以上至1万美元的，应向外汇指定银行申领《携带外汇出境许可证》验放。除特殊情况外，出入境人员原则上不得携带超过等值1万美元的外币现钞出境。

综合此项规定及海关的规定，即携带外币现钞出境时，超过1 000美元应向海关进行申报，海关允许放行的数额为5 000美元。如超过5 000美元，携带人需凭《携带外汇出境许可证》海关才准予放行。

四、人民币

旅客携带人民币进出境，原规定限额为6 000元，自2005年1月1日起限额调整为2万元。超出2万元的不准进出境。

五、文物（含已故现代著名书画家的作品）

旅客携带运出境的文物，须经中国文化行政管理部门鉴定。携运文物出境时，必须向海关详细申报。对在境内商店购买的文物，海关凭中国文化行政管理部门验讫章的鉴定标志及文物外销发货票检验放行；对在境内通过其他途径得到的文物，海关凭中国文化行政管理部门验讫章的鉴定标志及开具的许可出口证明放行。未经鉴定的文物，不能携带出境。携带文物出境不如实向海关申报的，海关将依法进行处理。

六、中药材与中成药

旅客携带中药材、中成药出境前往国外的，总值限人民币300元；前往港澳地区的，总值限人民币150元。寄往国外的中药材、中成药，总值限人民币200元；寄往港澳地区的，总值限人民币150元。进境旅客出境时携带用外汇购买的、数量合理的自用中药材、中成药，海关凭有关发货票和外汇兑换水单放行。麝香以及超出上述规定限值的中药材、中成药不准出境。

七、旅游商品

进境旅客出境时携带用外汇在我国境内购买的旅游纪念品、工艺品，除国家规定应申领出口许可证或者应征出口税的品种外，海关凭有关发货票和外汇兑换水单放行。

（资料来源：百度文库．）

五、通过边防检查（Pass the Immigration Inspection）

边防检查站隶属中华人民共和国公安部，对出境人员身份及证件、签证等进行检查，通过此项检查即被允许出境。

（一）填写《边防检查出境登记卡》（Fill in Immigration Inspection Exit Card）

通常旅游团体出境时游客无需填写《边防检查出境登记卡》（表4-3）。散客出境时游客需自行填写。

表4–3　　　　　　　　　边防检查出境登记卡

（二）接受边防出境检查（Accept the Immigration Inspection）

按照边防检查柜台的要求，领队带领游客按《中国公民出国旅游团队名单表》的排队顺序排列依次接受边防出境检查（如图4–6）。游客需出示本人护照（含有效签证）、国际机票、登机卡。边检人员对护照、签证验毕后，在护照上加盖出入境验讫章后将护照、机票、登机卡交还旅客，则边检手续完成。

我国现行法律规定，对下列情况的人限制出境：

（1）刑事案件的被告人或者犯罪嫌疑人；
（2）有未了结民事案件的个人；
（3）有违犯中国法律行为尚未处理，经有关主管机关认定需要追究法律责任的个人；
（4）未持有效证件或者持用他人的出境证件，持有伪造或者涂改的出境证件的个人。

图4–6　团体客人正在排队等候接受边防出境检查

温馨提示

如团队签署的是团体签证或到免签国家旅行，领队应出示《中国公民出国旅游团队名单表》及领队证、团体签证。所有游客需按照名单顺序排队，逐一通过边防检查。旅游团队在过边防检查时，领队应始终走在前面，要第一个办妥手续，然后在游客可以看到的地方站立等候游客。对完成边防检查的游客，领队可先指引团员继续前去进行登机前的安全检查，待团体所有团员通过边检人员的审核后，《中国公民出国旅游团队名单表》中除边防检查站出境联被边检人员留存以外，领队应将剩余的边防检查站入境验收联、组团社留存联收回。

Warm Tips

If the tour group was issued for a group visa or visit a visa – free country, tour leader should present "tour group name list for Chinese citizens travelling abroad", the tour leader license and group visa when getting through the immigration inspection. Then the travelers should line up according to the name list for inspection one by one. During the process, tour leader should be the first in the line for inspection, and then find somewhere visible to wait for the travelers. For those who have been inspected, tour leader should instruct them to do the security check for the next flight boarding. After all the members getting through the inspection, the copies of "tour group name list for Chinese citizens travelling abroad" for return, for the travel agency should be collected back except for the copy of exit.

六、登机前的安全检查（Security Check before Boarding）

领队带领游客经过登机安全检查时，要提醒游客主动配合机场安检人员，避免与其发生纠纷。

安全检查是世界各国普遍采用的一种查验制度，我国机场实行国际上通用的安全检查方法，对身体及随身携带行李检查方式有以下几种：搜身、用磁性探测器近身检查、过安全门、物品检查、用红外线透视仪器检查。2001年9月21日民航总局、公安部联合发布《关于民用航空安全的通告》，严禁旅客将枪支（含各种仿真玩具枪、微型发射器及各种类型的攻击性武器）、弹药、军械、警械、爆炸物品、易燃易爆物品、剧毒物品、放射性物品、腐蚀性物品、危险溶液及其他禁运物品带上飞机或夹在行李、货物中托运，禁止旅客携带任何刀具乘坐民航飞机。

七、等待登机（Wait for Boarding）

在完成以上各项手续后，领队就应马上带领游客到登机牌上标明的登机闸口的候机区等候登机（如图4-7）。要提醒游客注意听广播，以免误机。目前许多航空公司规定，为保证正点，旅客未能及时赶到登机，飞机也会关闭舱门甩客飞行。

图 4-7　登机门前的告示牌

> **温馨提示**
>
> 航空公司登机的操作方式是：登机开始时，先让乘坐头等舱、公务舱以及航空公司俱乐部金卡成员（如中国国际航空公司知音卡金卡会员、中国东方航空公司东方万里行金卡会员）先登机；然后请怀抱婴儿、老人、孕妇及残障人士登机；最后，请余下的乘客登机。在请余下的客人登机时，有些航空公司还会请持飞机后舱登机牌的乘客先登机，然后是入座中舱座位的客人登机，最后，请入座前舱的乘客登机。这样的安排会使客人的登机比较有序，方便管理。
>
> **Warm Tips**
>
> Airlines usually allow passengers aboard by the following order: passengers holding first / business class tickets and golden card holders of airline club will board for the first patch (e. g. golden card of Companion Card of Air China, golden card of Eastern Miles of China Eastern Airline); then the aged, pregnant, disadvantaged and passengers with baby in arms; the rest will be the last patch to board. For the last patch, some airlines will ask the passengers who sit in the rear seats board first, then middle seat and the last for the front. The above procedure could make the boarding process in order and convenient.

第二节　飞行途中
(During the Flight)

办理完中国方面的全部出境手续后，直到抵达目的地国家，办好入境手续、与当地导游会合之前，领队始终一人对出境旅行社派出的整个旅游团队负责。因为期间正处于飞行当中，领队无法与外界通过电话进行联络和工作请示，发生任何事情都需要领队一人拿主意解决。

出境旅游的空中飞行时间通常较长，一般少则一两个小时，多则10多个小时或20多个小时，领队应充分利用机上的时间，对团队进行熟悉。在这段时间内，领队可以从事的工作如下：①对接待计划再次预习，对游览城市之间的衔接、转换应特别注意；②拿出资料书籍，对行程中所涉及的不熟悉的景点进行预习；③将从中国出境时发生的一些事情及时记录下来；④寻找话题适时与游客交谈，融洽关系。此外，领队还应处理好以下几方面重要的工作。

一、为游客提供乘机当中的诸项帮助（Offer Helps in the Flight）

（一）协助游客调换座位（Help to Exchange Seats）

登机后，领队应当尽可能地帮助游客调换座位，尽量能让游客的家庭成员坐在一起。领队自己的座位，以靠近中间通道为妥，而不应选择靠近窗口的座位，这样可以较为方便地起身照顾游客。

（二）游客的特殊用餐要求（Help with the Special Dining Requests）

领队应将团体中的一位素食者的用餐要求告知空乘人员，以便及早准备（通常在给游客办理登机手续时，便已经将食素者信息告诉值机人员了）。

温馨提示

团队中如果在用餐方面有特殊要求的游客，如伊斯兰教清真餐、素食者餐、儿童餐等，领队应当及早与机上空乘人员进行沟通。有特殊用餐要求的游客在出发前的行前说明会上应该已有统计，领队应该做到心中有数，此时无须再向游客问询。空乘人员送来饮料时，如游客不清楚或不知道要什么饮料，领队也应起身去为游客提供帮助。帮助时应先轻声询问游客，再转告空中服务人员，尽量满足客人的要求。

Warm Tips

After collecting the information about travelers' special dining requests at the pre-tour briefing, the tour leader should keep that in mind and communicate with the flight attendants in advance about the travelers' special food requirements, for example Islamic food, vegetarian food, child food and etc. When beverages are offering in the cabin, if travelers have no clue or don't know what to order, the tour leader should go to help them to interpret and try to meet their requests.

温馨提示

通常航空公司对短途（2—3小时）飞行会提供点心、简单的食品以及饮料，对长途飞行（5小时以上）会提供正餐（午餐或晚餐）及早餐（根据飞行时间来决定提供餐的次数）。但是，也有一些航空公司对短途飞行的航班客人有偿提供餐饮，若乘客机上需要食品或饮料，客人可向空中服务人员购买。通常廉价航空公司均在机上收取餐食及饮料的费用。

Warm Tips

Generally speaking, airlines offer food and drinks to passengers during short flight (2—3 hours), and formal meals (lunch or dinner) as well as breakfast (number of meals depending on flight time) for long flight (above 5 hours). However, meals are not free of charge during short flight by some airlines. If passengers need food or drinks during the flight, they may purchase from the crew, such as Irish Airlines' flight from Dublin to Amsterdam. Normally, low cost airlines charge food and drinks in the flight.

（三）熟悉飞机上的救生设备（Get Familiar with Rescue Facilities）

领队应熟悉飞机上救生设备的使用和安全门的设置（如图4-8），登机后认真听取空乘人员的讲解演示。一旦空中飞行期间发生意外，首先自己需懂得如何使用救生设备及开启安全门，并在需要时给出境游客讲解。

图4-8 飞机上的紧急出口

温馨提示

根据国际航协（IATA）的统一规定，并写在所有国家的相关法规里：在飞机 Exit Row 的座位上的乘客必须能够与空乘人员有效沟通交流，即会说英语或航空公司所属国的标准语言。例如美国的很多航空公司，对乘客进行机票订座或者办理登机手续的时候，如果乘客选定在紧急出口的座位，航空公司都会有特别提示，乘客需要满足一定的条件，包括语言条件和要在必要时进行协助的意愿。而在登机后，空乘人员还要专门询问一遍坐在紧急出口边的乘客，如果不满足条件的要在机上换座。

通常航空公司不安排以下人员就座紧急通道旁的座位：未成年人；肢体运动不够灵敏的旅客（如残疾人）；缺乏阅读和理解有关紧急撤离指示的文字或图表的旅客；缺乏理解机组人员口头命令能力的旅客；视力、听力和口头传达能力较差的旅客。在乘坐境外航空公司的国际航线时，领队往往会被安排在这排位置上。

Warm Tips

According to the regulations of IATA, passengers who sit on the Emergency Exit Row must have the competence to communicate effectively with the flight attendants, that means those passengers can speak English or the language of the country which the airline belongs to, this is also written in the laws & regulations of all counties. For example, if passengers choose sit on the Exit Row, many American airlines will remind them about the language skills and willingness of assistance when booking seats or checking in. As soon as passengers aboard, the flight attendants will confirm with them, they will be asked to exchange the seats if they are not eligible.

Usually these passengers are not allowed to seat on the Exit Row: under age; those with limitation of body movements (e.g. disabled); those with limitation of reading and understanding of instructional literature and maps about emergency evacuation; those with limitation to understand the oral instructions of crew members; and those with poor sight, hearing and verbal skills. Tour leader often is arranged to sit on this row on an international flight.

（四）解答游客的其他提问（Answer Questions Raised by Members）

飞行当中，游客最经常问的问题就是抵达时间、目的地天气以及目的地国家最值得游览观看的景观等。领队应当随时保持清醒头脑，认真观看飞机上电视屏幕的显示，记住抵达时间和飞行时间，一有游客询问，立刻回答。这样可以给游客留下干练和头脑清醒的印象。游客对领队产生信任感，将为日后领队工作的开展提供便利。

二、帮助游客填写入境卡及海关申报单（Assist Members to Fill out the Arrival Cards and Customs Declaration Forms）

在飞往澳大利亚悉尼的飞机上，领队需要做的最重要的一件事，就是帮助全团游客填写澳大利亚入境卡及海关申报表。

（一）填写澳大利亚入境卡（Fill out the Australia Incoming Passenger Card）

不同国家的入境卡不但格式各不相同，名称也不完全一样，有"Arrival Card"、"Immigrant Card/Form"、"Enter Card/Form"、"Inspection Card"、"Landing Card"、"Incoming Passenger Card"、"Disembarkation Card"等多种说法。入境卡的内容包含姓名、性别、出生日期、国籍、职业、在逗留国家的住址、护照号码、签发地点、签发日期、旅行目的、随行人数、是否与旅游团一起来、旅客签名、出发机场、航班号等。

温馨提示

一些国家的入境卡是印制在左右一体的卡片上，在填写入境卡的时候出境卡部分也需要填写。入境时，入境检查官员会将出境卡部分折下，再将出境卡部分用订书机订在护照内，出境时即无需再填写出境卡。

Warm Tips

Some countries may print the arrival and departure card on the two sides in the same page, and then the departure cards will be checked when the travelers fill in the arrival card. During the entry time, inspector will detach the departure card and staple it with one page of the passport. In this case, there is no need to fill a departure card when exit the country.

（二）填写澳大利亚海关申报单（Fill out the Australia Customs Declaration Form

除了需要填写入境卡外，还需要先填写一份海关申报单。海关申报单的内容有姓名，出生日期和地点，国籍，航班号，居住国，永久地址，在逗留国家的住址，随行家属姓名及与本人关系，签证日期，签证地点，随身携带物品（如现金、支票、手表、摄影机、黄金、珠宝、香烟、酒、古董等）。澳大利亚入境卡（含海关申报单）如表4-4所示。

表4-4　　　　　　　　　澳大利亚入境卡（含海关申报单）

续表

YOUR CONTACT DETAILS IN AUSTRALIA		EMERGENCY CONTACT DETAILS (FAMILY OR FRIEND)
Phone		Name
E-mail OR		E-mail,
Address State		Phone OR
		Mail address

PLEASE COMPLETE IN ENGLISH   PLEASE ✗ AND ANSWER A OR B OR C

▶ In which country did you board this flight or ship?

A Migrating permanently to Australia

B Visitor or temporary entrant
▶ Your intended length of stay in Australia   Years Months Days   OR
▶ Your country of residence
▶ Your main reason for coming to Australia (✗ one only)
  Convention/conference 1 Employment 4 Holiday 7
  Business 2 Education 5 Other 8
  Visiting friends or relatives 3 Exhibition 6

C Resident returning to Australia
▶ Country where you spent most time abroad

▶ What is your usual occupation?

▶ Nationality as shown on passport

▶ Date Day Month Year
  of birth

MAKE SURE YOU HAVE COMPLETED BOTH SIDES OF THIS CARD. PRESENT THIS CARD ON ARRIVAL WITH YOUR PASSPORT.

Information sought on this form is required to administer immigration, customs, quarantine, statistical, health, wildlife and other currency laws of Australia and its collection is authorised by legislation. It will be disclosed only to agencies administering these areas and authorised or required to receive it under Australian law. Form 1442i Privacy notice is available from the department's website www.immi.gov.au/allforms/

03141504

© Commonwealth of Australia 2014
15 (Design date 03/14)

温馨提示

　　有些国家（如澳大利亚、新西兰）对动植物出入境控制很严，甚至少量水果也不允许带入境。并非所有的国家都需要填写海关申报单，在不需要填写海关申报单的国家，领队可省却这项工作。各个国家的海关申报表单都不相同，但其中的内容大多一样。有些国家的入境卡和海关申报单是连在一起的（如澳大利亚），通常是正面是入境卡，反面是海关申报单。

Warm Tips

　　Since some countries (e.g. Australia /New Zealand) have very strict for exit and entry control on animal and plants, even a small amount of fruits are not allowed to bring in. There is no need to help the travelers fill out the declaration form because it's not every country requires it. Though the declaration forms vary from different countries, the main contents remain similar. In some countries (e.g. Australia), arrival card and declaration form are connected together with the arrival card on the front and declaration form on the back.

（三）领队需替游客填写入境卡及海关申报单（Help the Members to Fill out the Forms）

　　旅游团所需的多份入境卡及海关申报单可以向空姐统一索要，这些表格通常会用目的地国家文字和英文两种标明，填写时可使用英文填写。替游客填写所有的入境表格，是领队的工作职责之一。

　　在一些航程较短的航线，飞行时间只有1个多小时，除去飞机上升和下降、用餐的时间外，领队填写这些入境表格的时间会十分紧张，因而需要抓紧时间填写（或者在出发前就已经填写完旅游公司储存的目的地国家入境卡）。有些英语较好或者懂目的地国家语言的客人以及愿意自己填写的年轻游客，领队不妨指导他们自己动手填写。通常游客自己填写时，会对入境国家的联系人、下榻酒店等项目不太清楚，领队应及时提供帮助。领队可以替游客填写目的地国家或地区的入境卡及海关申报单，但是两张表格的签名栏须由客人亲自签名。

温馨提示

模拟训练中，应针对飞行途中游客可能会提出的问题，如飞行时间、抵达时间、目的地国家的天气等进行讨论与分析。同时，也要让每个学生可以发表自己的观点，在分析与发表意见过程中，启发学生的思考与理解，使学生达到训练的目的。

Warm Tips

When doing simulation practice, frequent asked questions like flight time, arrival time, destination weather should be discussed and analyzed. Meanwhile, students should be encouraged to express their own viewpoints and guide them to think and comprehend in the teaching process.

第三节 目的地国家（地区）入境流程及手续
（Procedures for Entering the Destination Country (Region)）

飞机抵达澳大利亚悉尼国际机场后，要办理一系列的入境手续。这些手续大致包括卫生检疫、海关、移民局几项。各个目的地国家（地区）对所需要办理的手续顺序并不一致。境外国家的入境，大致的流程如图4-9所示。

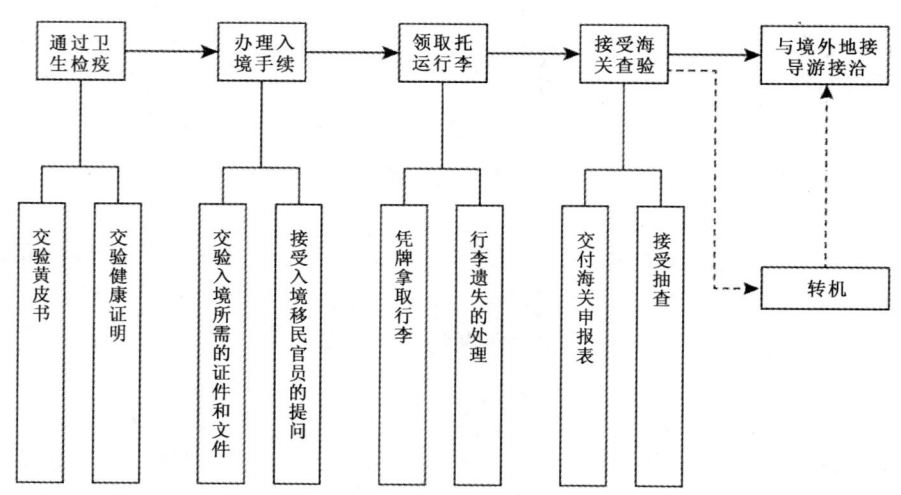

图4-9 目的地国家（地区）入境流程

> ## 温馨提示
>
> 各个国家（地区）的入境，不仅程序不同，入境检查的项目和需要递交的材料也不一样。有的国家仅有入境边防（国外被称作是 Immigration Inspeition 或 "Passport Control"）一项检查，还有的国家如瑞士、芬兰、阿联酋等，入境甚至不需要填入境卡。
>
> 入境检查在许多国家是由移民局的官员来担任。但某些国家，全部是由警察来担任，如法国的入境检查就全部由警察执行。边防警察主要是针对身份证件的检查，在机舱口进行证件检查或在机场入关处证件检查；海关警察检查主要是针对过境旅客所携带物品的检查。
>
> ## Warm Tips
>
> The entry of different countries not only varies in the procedures but also in the inspection items and submission of supporting documents. Passengers only need to get through immigration inspection or passport control in some countries and even don't need to fill out the arrival card in countries like Switzerland, Finland and the United Arab Emirates.
>
> Immigration inspection usually is conducted by officers from Immigration Bureau. But in some countries, police take the responsibility. For example, police carry out the immigration inspections in France where immigration police shoulder the responsibility of checking the ID certificates in front of the airplane or the airport and the customs police check the items carried by transit travelers.

一、通过卫生检疫（Pass the Quarantine Inspection）

各个国家卫生检疫的形式不同，有的需要查验黄皮书和健康申报单，有的则完全不需要填写，只是对入境游客进行检视，发现患病游客时加以询问。

（一）黄皮书查验（Inspection of Yellow Book /Int'l Certificate of Vaccination）

需要查验黄皮书的一些国家，例如智利、墨西哥等国家，要求入境的外国人均需出具预防霍乱和黄热病的接种和复种证明书。团队如到那里旅游，领队带领团队经过当地的卫生检疫柜台时，要将黄皮书拿出来接受检查。

（二）健康申报单（Fill out the Health Declaration Form）

一些国家入境，要求游客填写一张健康申报单。这张健康申报单的内容，多是对一些疾病的询问。例如：是否患有精神病、麻风病、艾滋病、开放性肺结核，是否来自鼠疫、霍乱、黄热病等疫区等。有些国家的健康申报项目是与入境卡放在一张纸上，卫生检疫柜台与入境检查柜台也合二为一。

二、办理入境手续（Dealing with the Entry Formalities）

领队带领游客沿澳大利亚移民入境局（Immigration）（有些国家称"护照检查"（Passport Control））标志找到入境检查柜台，并在有"外国人入境"（Foreigner）标志的任一通道前排队，提醒游客不能抢行，请保持安静的状态并在一米黄线后等待移民局官员的查验。

温馨提示

通常在入境检查柜台前,执勤人员会引导团队游客走一个专用通道办理入境(有些国家如日本、韩国,对持有团体签证的旅游团会让客人先通过,而领队最后需拿到盖有移民局"已入境检查"的字样章后,方可离开入境检查柜台)。领队需提醒游客,在入境柜台前不能照相,也不能大声喧哗。

Warm Tips

Before getting through the immigration inspection, officers or police will guide the travelers to special channel for inspection. In some countries like Japan and Korea, the travel group with a group visa will be asked to go through the inspection first, while the tour leader is asked to leave as the last with the "Inspected" stamp of the immigration. During the process, tour leader should remind the group members that it's not allowed to take photos or shouting in front of the immigration counter.

(一)向入境检查人员(移民官员)交付入境所需的证件和文件
(Offer the Needed Certificates and Documents to the Inspectors (Immigration Officer))

领队站到入境检查(移民局)柜台前后,首先礼貌地向入境检查人员打招呼。向入境检查人员(移民官员)交付护照、签证、机票、入境卡即可(也有的入境官会要求领队出示当地国家的旅行社的接待计划或行程表)。

温馨提示

虹膜扫描仪(iris scan)能够通过对眼睛虹膜的扫描,准确地辨认出所有过境旅客的身份,入境检查人员可以完全凭借扫描结果来判断是否要让旅客通过。这个精确的系统在辨认身份时,可谓万无一失。每个人眼睛瞳孔周围的虹膜都各有特点。即使双胞胎,虹膜的特征也不会完全一样。而且虹膜的结构和特征是终身不会改变的,所以它的稳定性要比指纹来得高。人们不可能通过改造虹膜来掩饰自己真正的身份。机场保安也因此有了更高的保障。

印度尼西亚雅加达机场、荷兰阿姆斯特丹史基浦机场、英国伦敦希斯罗机场、德国法兰克福机场、阿联酋迪拜机场以及美国一些大机场等,在对游客进行入境检查时通过虹膜扫描的方式来确认旅游者的身份。

Warm Tips

Iris scanner could identify all the travelers precisely by scanning the irises of eyes. Then the inspector's decision of allowing the travelers to get though or not will solely relies on the scanning results. The system won't fail under any circumstances when checking the identification. Because everyone has a unique iris around his/her pupil, even the twins are not sharing the same of it. The structure and features will not change in the whole life and people can't cover the real identification by changing the iris, that's why the stability of iris is much higher than finger prints. Hence, it will improve the security of the airports.

Jakarta Soekarno – Hatta International Airport in Indonesia, Amsterdam Schiphol airport in Holland, London Heathrow Airport in Britain, Frankfort Airport of Germany, Dubai Airport and the major airports of United States have employed iris scanner to check the travelers' identifications.

(二) 接受入境移民官员的提问 (Answer the Immigration Officers' Questions)

1. 移民官可能会询问领队的问题

入境检查官员可能会就入境的原因进行简单的提问，问及的问题如下所示：

(1) 你是第一次来我国吗？(Are you the first time to visit our country?)
(2) 来我国旅游的目的是什么？(What is the purpose of your travel?)
(3) 计划在我国哪几个城市游览？(What cities do you plan to travel in our country?)
(4) 团队共有多少人？(How many people are there in your group?)
(5) 打算在我国逗留多久？(How long do you wish to stay in our country?)
(6) 你将要下榻哪家酒店？(Which hotel are you going to stay?)
(7) 当地负责接待你们团的旅行社是哪一家？
(What is the local travel agency for receiving your group?)
(8) 你随身携带的现金有多少？(How much cash do you carry with you?)

2. 领队的回答

领队及游客面对入境移民官员的诸项提问不必过分担忧，要予以配合从容如实回答。若移民官员有疑问，可将当地国家负责接待此团旅行社的总经理姓名及电话告知移民官员，就以上移民官员的提问，领队可回答如下：

(1) 我是第二次来澳大利亚，但我的客人是第一次来。
(This is my second time to visit Australia, but my guests are first time.)
(2) 我是领队，客人来澳大利亚访问的目的是旅游。
(I am tour manager of group. My guests' purpose of visiting Australia is traveling.)
(3) 我们计划在澳大利亚的凯恩斯、大堡礁、布里斯班、黄金海岸及悉尼五地游览。
(We plan to visit Cairns, Great Barrier Reef, Brisbane, Gold Coast and Sydney in Australia.)
(4) 包括领队在内，团队共有 18 人。
(There are 18 people in total of the group including the tour manager.)
(5) 打算在澳大利亚逗留 7 天。(We plan to stay in Australia for 7 days.)
(6) 抵达澳大利亚首个城市凯恩斯下榻的酒店是 Grand Chancellor Palm Cove。
(The hotel which we are going to stay in Cairns is Hotel Grand Chancellor Palm Cove.)
(7) 当地负责接待该团的旅行社是澳大利亚 AUGA 旅行社有限公司。
(The local travel agency for taking this group is Australia AUGA Travel Service Co., Ltd.)
(8) 每位客人携带的现金均在 2 000 澳大利亚元以内。
(Every guest carries cash less than AUD 2 000.)

> **温馨提示**
>
> 持有有效护照及签证并不保证一定可以入境。移民官员会核对"黑名单",看看该人是否在榜上。如果以往曾在该国有过不良记录,比如曾被递解出境,则再次入境就会有麻烦。旅游团如果所持的是另纸团体签证,则需要听从入境边检站前的警官指挥,到指定的柜台办理。领队应走在团队的最前面,以便将另纸团队签证交付,并准备回答移民官员的提问。
>
> **Warm Tips**
>
> The valid passport and visa can't guarantee the travelers to enter one country successfully. The Immigration officer will check whether the foreign traveler is on the blacklist or not, if someone has bad records, for example been deported, will have problem to reenter the country. If the travel group is holding a group visa on a separate paper, the police officers will guide the group to the specified counter for inspection. If this is the case, the tour leader should be in the very front of the group to deliver the group visa and answer questions.

(三) 完成入境检查 (End the Entry Procedure)

移民官审验领队及客人的护照无误后,在护照上加盖入境章,并把护照、机票归还。至此,领队及游客即通过入境关,正式进入澳大利亚。

> **温馨提示**
>
> 许多入境检查官会在完成对入境游客的审查后,对游客说一声"祝您旅游愉快",领队及游客应礼貌地予以回应"谢谢你"。即使是入境检查官没有说话,取回证件时也应当不忘说一句"谢谢"。当然,如果能用当地语言来表达,则更能被检查官接受。
>
> **Warm Tips**
>
> Many immigration officers will say "Enjoy your trip" after finishing the verification. The tour leader and travelers should response politely with "Thank you". Even if the officer doesn't say a word, you are also expected to say "Thank you" when getting back your passport. If you could use the native language to express your gratitude, it will be easily accepted by them.

三、领取托运行李 (Claim the checked Luggage)

通过入境检查后,领队及游客可使用机场提供给入境旅客的行李车(大部分机场为免费使用,但不排除有偿使用的情况),从机场行李区域的电子指示牌上找到团体此次所乘航班 QF130 的行李转盘位置,认领游客各自的行李(如图 4-10)。领队在确认自己及每位游客的托运行李都拿到后,带客人一起去办理入境所需的下一项手续,即接受海关检查。

图4-10 新西兰基督城国际机场领取行李转盘处

> **温馨提示**
>
> 如果托运行李被摔破，或者被遗失，要立即持行李牌与机场行李部门进行查询。如确认丢失，须填写行李报失单，交由航空公司处理。领队应记下机场服务人员的姓名及电话，以备日后询问。
>
> **Warm Tips**
>
> If any checked luggage is found broken or lost, you should inquire the luggage department of the airport with your luggage tag. If it's true the luggage is lost, you should fill out the luggage declaration form and leave it to the airline. For the later inquiry, tour leader also should take down the name and phone number of the contact person.

根据国际航空协会（IATA）规定：行李于国际运输过程中受到损害，应于损害发生7日内以书面形式向承运人提出索赔申诉。但多数航空公司希望乘客最好能在机场就与航空公司取得联系，否则事后还需要另填写一份报告书，解释为何没有立刻发现行李毁损，并需要提供相关证明。

航空公司托运行李经常还会出现行李未能随乘客一起抵达的情况，通常航空公司会给乘客以适当的补偿并发放一些盥洗用品，并负责在行李抵达后将行李送至乘客下榻的饭店。领队应将入境后入住的第一家酒店的名称、地址、电话告诉机场工作人员，以便将行李准确无误地送至客人下榻酒店。

行李破损时要请机场行李部门或航空公司代表开具书面证明，证明行李是因航空公司的原因受到损坏或者丢失，以便日后与保险公司交涉赔偿。旅行社为每位游客所上的"旅行社责任险"，其中有对行李破损丢失进行赔偿的条款。

四、入境海关手续的办理（Procedures for Getting through Customs）

领队应负责地向游客说明各国的海关规定，并认真负责地填写海关申报报单。如果客人无申报则带领客人走绿色通道,反之则走红色通道。

对各国海关的不同规定,领队应多从各国使馆的网页中查询,出行前应做到心中有数,避免正式出发后在入境各国时遇到麻烦。澳大利亚是地球上最小的大陆板块,不像其他国家那样广受病虫害和疾病的困扰,因此许多产品如食品和动植物制品等都不被允许带入澳大利亚。这些类型的物品可能会带来境外的病虫害和疾病威胁。因此,澳大利亚的入境检查非常严格,需花费很长时间,领队应提前告知客人。

在旅客的通关过程中,领队对海关官员提出的有关旅游团情况询问的解答往往决定了旅游团过海关的速度快慢。

(一) 海关入境检查方式(The Ways of Customs Inspections)

世界各国海关对外国旅客或非当地居民的检查,常分四种情况:免检、口头申报、填写海关申报单、填写海关申报单并开箱检查。每位入境旅客在交付申报单后,也需要打开行李接受检查。通常是前三种检查会较经常遇到,而最后一种情况则较少出现。

(二) 领队带团通过海关(Take the Group to Go through the Customs)

通常的海关会设置在移民局后,领队带客人履行海关抽查,把申报单交付海关人员后,即可离开。

温馨提示

海关工作人员的权力比较大,可以直接对当事人进行搜身检查。领队应当告诉游客,如海关人员进行抽查,应当服从配合检查而不要与之争执。海关人员要求查验旅客证件时要予以配合,如要求开箱检查,要立刻配合自行打开行李接受检查。如果海关人员示意通过,则要立刻携带行李迅速离开。

Warm Tips

Travelers may be body-searched by customs officers who have been empowered to do so by the government. Tour leader should notice the travelers do not argue with them and try to coordinate when body search is requested or ID is being checked. If travelers are requested to open their suitcases, tell them to do so immediately. And if the customs officers beckon to pass, travelers should leave with the luggage right away.

第四节 旅途中转机
(Transfer in the Trip)

领队带领客人在目的地国家或地区(澳大利亚悉尼)国际机场出海关后,要办理转乘国内航班的手续,这些手续大致包括国际抵达到国内出发的转移、行李再托运、安检与登机。

一、国（境）外转机（Transfer Abroad）

（一）国际航班转目的地国家或地区国内航班
(International Flight Transferring to Domestic Flight)

领队带领游客从国际抵达处（International Arrival）转移到国内出发处（Domestic Departure），游客将拖着所有的行李步行抵达国内出发处。在大型的飞机场，如悉尼国际机场，由于国际航站楼与国内航站楼的距离较远，机场会安排游客乘坐穿梭巴士抵达国内出发处。此次领队小许带领的澳大利亚团就需要乘坐穿梭巴士前往国内出发处办理 QF922 的行李再托运工作（悉尼到凯恩斯的登机牌已在上海取得）。

温馨提示

悉尼与凯恩斯均为国际机场，但往往是以抵达目的地国家的第一个机场作为入境口岸，或是以离开一个国家的最后一个城市的机场作为离境口岸。同样的运作也发生在中国的航空公司：中国南方航空公司飞行的杭州/广州/迪拜及杭州/广州/墨尔本，厦门航空公司飞行的杭州/福州/新加坡，就是以广州或福州作为出境口岸的。因此，领队抵达目的地国家的第一个国际机场入境时，一定要带领客人先过移民局，将行李取得后，再转移到国内航班。

Warm Tips

Both Sydney and Cairns are international airports, but the first one to arrive at is the port of entry and the last one to leave is the port of exit. For example, the ports of exit of flight from Hangzhou to Dubai via Guangzhou, from Hangzhou to Melbourne via Guangzhou of China Southern Airlines, and the flight from Hangzhou to Singapore via Fuzhou of Xiamen Airlines are Guangzhou and Fuzhou respectively. Therefore, when the group arrives at the first international airport of the country, tour leader should take the group to get through the immigration first, and then transfer to domestic flights after claiming the luggage.

（二）国际航班转国际航班（International Flight Transferring to International Flight）

若游客乘坐的国际航班的转机均是同一航空公司的航班，游客往往是在出发地就已经取得两程航班的登机牌，行李通常是直送到最终目的地，也就是说客人在转机时无需拿出行李再次办理行李托运。

温馨提示

转机时间如果超过 4 小时以上，通常可向航空公司领取饮料卷（soft drink coupon），如果时间超过 6 小时以上，则可领取点心卷（snack coupon）。转机时，要留意登机门号码可能临时会变更，因此要随时查看电子屏（monitor）或告示墙的资讯（如图 4–11）。

图 4 – 11　某国际机场国际抵达处的电子显示屏

Warm Tips

If the connecting time exceed four hours, passengers could receive soft drink coupon from the airlines; if exceed 6 hours, receive snack coupons. , The boarding gate may alter temporarily when transferring, tour leader should check the information frequently from the monitor or notice board.

二、行李再托运及安检登机（Bag Drop and Security Check）

领队带领客人抵达下一程航班（QF922）的登机处，应将托运的行李放上传送带以完成行李再托运（Bag Drop）的流程（如图 4 – 12）。接下来领队再带领客人去安检及登机。

图 4 – 12　澳大利亚悉尼机场行李再托运处

> 在再托运行李的过程中，领队要观察是否每一位客人将要托运的行李放上传送带，并关注每一件行李上是否仍挂有在上海已取得的两程行李标签。
>
> **Warm Tips**
> During the process of luggage rechecking in, tour leader should watch carefully if everyone's luggage has been placed on the carousel and each luggage still has the tag for the flights.

三、与境外导游接洽（Meet with Outbound Tour Guide）

在抵达目的地国家转机后的城市凯恩斯后，领队应举旗并带领全体游客到出口与前来迎接的澳大利亚导游徐先生（Kevin）会合。领队与澳大利亚导游徐先生见面后，主动与他交换名片，并进行简单的工作交流。内容包括：

（1）自我介绍及团队简单情况，包括人数等，确认相互身份，以避免接错团；
（2）问清楚行程是否有变化；
（3）机场与景点的距离和行驶时间；
（4）清点好托运的行李，照顾客人和行李上车。

第五节 在境外带团期间的主要工作
Major Work When Travel Abroad

训练目标
（Training Objectives）

通过本环节的训练，使学生了解欢迎词的引出、安排游客下揭（离开）酒店、购物及观看演出服务、返程机票的确认及致欢送词等工作。

任务导入
（Task Introduction）

目前领队所带的18人团（含领队）已经抵达了澳大利亚的凯恩斯，领队应怎样与澳大利亚导游进行配合，主要工作内容有哪些？

任务分析
（Task Analysis）

领队在境外带团期间的主要工作，是围绕着为游客安排好食、宿、行、游、购、娱等几项工作进行的。每一项工作的完成，领队都需要做到心中有数。团队在境外旅游期间要在以导游为主、领队为辅的前提下开展工作，保证接待计划的圆满完成。

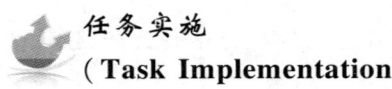

任务实施
（Task Implementation）

游客参加出境旅游的最终目的，是为了感受在境外国家（地区）的整个旅游过程，经过出入境、乘坐飞机的繁琐过程抵达了所要前往目的地国家（地区）——澳大利亚，就是为了寻找和体验在境外游览观光、住宿用餐、造访交流、购物逛街等活动。

境外的接待旅行社，是中国国内具有出境资质的组团旅行社的合作伙伴。整个旅游行程的完成，必须要有合作伙伴的有效配合。在旅行游览的全过程中，整个旅游产品（线路）的实施是通过领队的优质服务来贯穿其中的。

在境外旅游期间，领队对游客提供的许多服务都要通过与当地导游的配合来共同完成。旅行计划中所涉及的食、宿、行、游、购、娱各项要素的实现，都需要在以当地导游为主、领队为辅的合作过程中进行。

出境游领队在境外带团期间的主要工作如图 4-13 所示。

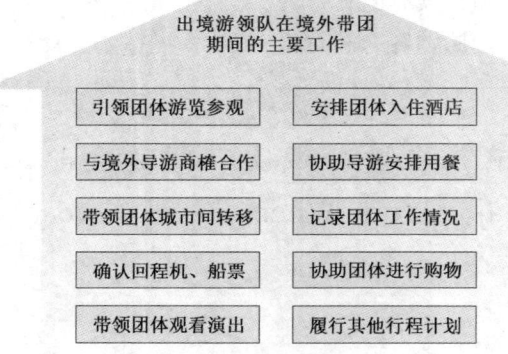

图 4-13 出境游领队在境外带团期间的主要工作

一、出境游领队与境外导游的工作配合（Cooperation between Tour Leader and Tour Guide）

为确保旅游计划的实施和完成，领队应尽力配合当地导游的工作。但是，领队也应当始终记住自己所负担的"督促接待社及其导游按约定履行旅游合同"的责任。

（一）出境游领队要以欢迎词引出导游（Introduce Tour Guide by the Welcome Speech）

领队是一个出境旅游团队的核心，因而团队运行过程中的所有环节衔接，都应由领队来做。旅游团队的游客经过一堆繁琐的手续入境他国，面对异国新奇的环境，自然会有一种陌生的感觉。此时，就需要团队中的核心——领队出场来给大家进行开场稳定人心。旅游团抵达任何城市的时候，最先讲话的都应该是领队。

从机场出来，游客坐上旅游车，领队就应当开始第一次正式讲话。此次讲话需要领队预先认真准备，讲话的时间不宜过长，但要言简意赅。讲话大致应该包括如下几项内容：

（1）代表国内组团旅游公司（旅行社）感谢游客参加某条线路的出境旅游；

（2）对游客经历了漫长的旅程顺利抵达目的地表示祝贺并预祝游客在目的地国家（地区）的旅行顺利愉快；

（3）表达领队本人愿为游客提供优质服务的真诚愿望；

（4）向游客介绍目的地国家（地区）导游。

欢迎词（以赴澳大利亚旅游为例）

各位贵宾：

下午好！

首先允许我代表××旅游公司欢迎各位参加"澳大利亚凯恩斯8日游"。经过10个半小时的国际航线以及两个小时的澳大利亚国内航线的空中飞行，我们终于顺利抵达了澳大利亚，进入大堡礁的门户城市——凯恩斯。由此，我们8天的澳大利亚凯恩斯之旅正式拉开帷幕。我相信在接下来的8天时间里我们能在南半球度过一个美好、难忘的完美假期，预祝大家旅途愉快！

我是本次旅行团的领队，我叫许××，在行前说明会上多数游客已经见过面。在以后的几天时间里，我将陪伴大家共同度过一段美好的假期时光。大家有任何事情需要我来帮助解决，请尽管跟我说，我将非常乐意为各位服务。

我们此次旅游在澳大利亚的接待旅行社是澳大利亚AUGA旅行社有限公司。徐××先生是我们在澳大利亚大堡礁及凯恩斯旅游的导游。下面我们欢迎徐××先生为大家来做澳大利亚及大堡礁的介绍，先为我们介绍大堡礁的门户城市——凯恩斯这座花园城市的风土人情。

（资料来源：作者根据相关经历编写。）

导游在这样的情形下出场，就会显得十分自然流畅。

领队需要避免的是，从机场出来、导游指挥大家上车后，直接就开始了国家（城市）介绍。这样的做法会削弱领队的作用，在程序的衔接上也显得生硬。

领队与导游刚一见面，就需要悄悄叮嘱导游，只有在与领队进行工作沟通交流之后，才能向游客宣布行程安排等内容。

（二）出境游领队与境外导游进行沟通的主要内容（Contents and Items Need to Communicate between Outbound Tour Leader and Tour Guide）

1. 按照行程表逐项对照（Collate the Itinerary）

领队与导游首先要对照双方所持的行程计划表是否一致。对入住酒店、游览景点、停留天数、离开时间、抵离某地的交通工具等大项，应首先确认。如发现与行程表信息不对称的内容，应当马上请导游与境外接待社联系。

其次，领队需要与导游对行程表当中所涉及的住宿、用餐、自由购物、观看表演（秀）

等诸多细节进行沟通与讨论。可以按照旅游团在每一地停留的天数逐项叙述。导游有时会提出对行程进行调整的建议，如其建议对整体计划无大碍，领队应同意，并在原有的计划表中进行更改记录，并找合适的机会将更改的内容告诉客人。

2. 领队需要将所带团队的特殊性向导游介绍（Specify the Special Features of the Group to the Tour Guide）

为方便导游及时安排准备，领队应向澳大利亚导游介绍该团的成员组成，有董事长兼总经理、公司职员、教师、大学生及中学生、私营业主、退休人员及家庭主妇等，对异国历史文化兴趣较浓，名单3号为80多岁的老人，名单8、9号为新婚夫妇，名单4号全程食素，请导游提前与餐厅联系。

（三）出境游领队与境外导游的交流需要贯穿在整个行程中（Communication should Run through the Trip Duration）

1. 为方便与导游的沟通领队应就座在旅游车的第一排（Take a First Row Seat in order to Communicate between Tour Leader and Tour Guide）

平日游览期间，领队应始终在旅行车的第一排就座。该位置距离导游较近，可以方便与导游之间随时进行沟通。领队与导游的沟通，有时需要近距离小声商量，如在介绍团队构成、团队中游客的特点等情况时，都需要稍稍避开游客。如果领队要与车内的游客进行交流，可以在车辆行驶时，往后面走动。

2. 处理行进中出现的问题（Deal with Problems Appeared during the Trip）

游览当中，如果遇到交通严重堵塞、天气突变、航班延误、餐厅满座、大巴故障等情况，导游与领队就需要即时商定解决的办法，对当日行程进行必要的调整。如果仅是在前后次序方面的调整，领队仅与导游商定即可，但需要向游客说明；如果牵涉到行程游览项目的取消等调整，则必须由领队在征询游客的意见后再行决定。

3. 领队应向导游反馈游客意见（Feedback the Suggestions to Tour Guide）

因领队地位的特殊性，领队与游客的关系比导游与游客之间的关系更为密切，因而游客的意见和要求，可以由领队向导游进行反馈。

二、酒店入住、游览、用餐和退房（Checking – in the Hotel, Sightseeing, Dining and Checking – out the Hotel）

（一）游客入住酒店（Check – in the Hotel）

领队与客人乘坐QF922次航班从悉尼飞抵凯恩斯，与导游一起核对行李，而后驱车前往凯恩斯市区游览，晚餐后入住Hotel Grand Chancellor Palm Cove酒店。

领队根据预先准备的分房表，给客人分配房间，入住酒店。此团共需客房9个双人间，其中1间大床房，3间房要求相邻房。然后请酒店前台接待员帮助复印若干份分房表，领队留底后将复印件交导游及前台留存备查。领队从前台接待处拿到酒店客房钥匙后，应将团员集中宣布下列事项：

（1）次日早上的叫早时间；

（2）早餐时间和地点；

（3）第二天的集合时间和地点；

（4）第三天早上收行李时间及其大厅放置位置；

(5) 房间对房间及外线电话如何拨打；
(6) 宣布领队房号；
(7) 酒店及房间内特殊设备；
(8) 酒店电梯的位置及乘坐方式；
(9) 说明房间钥匙的使用方法。

温馨提示

入住酒店办理手续的工作，常常是由领队亲自担任，导游只是在一旁协助。因为分房名单在领队手中，填写房号、分发钥匙的工作由领队直接来做更为方便。

Warm Tips

The hotel checking-in usually is conducted by the tour leader, and the local tour guide will assist if necessary. The reason to do so is the roster of the room allocation is in the hands of tour leader, and it's more convenient for the tour leader to fill out the room numbers and hand out the room cards.

无论是第一次出国还是出国多次的游客，入住不同的酒店，也需要了解酒店的各项情况。领队在发钥匙给游客之前，要特别提醒导游或自己对酒店的设施进行介绍。

1. 付费服务（Paid Services）

酒店的收费项目一般有收费电视，另外要求服务生送热水以及其他物品送房服务等需要支付小费。为了环保，国外有些酒店的卫生间内除了备有毛巾和小香皂外，其他物品如牙刷、牙膏、梳子、浴帽等都需要向服务生领取，有时需要额外付费。另外，酒店的健身房、游泳池等，如需付费应一一为游客解释。

2. 房间设备使用时特别的注意事项（Notes about Using Room Facilities）

欧美酒店客房的水龙头打开就可以直接饮用水，但在东南亚一些国家及埃及、土耳其等国从水龙头接的水就不能饮用。游客使用热水杯，应注意不能烫坏房间桌面；不能用房间台灯烘烤洗过的衣物；不能用房间内的热水器煮方便面；不能在无烟房吸烟；欧洲、澳洲一些酒店浴室比较小，洗衣、洗澡时不能使水流淌出来弄湿地毯。

3. 把自己的联络方式、房间号码告诉所有游客（Tell the Members Your Contact Numbers and Room Number）

领队在分发钥匙前，应先宣布自己的房号，在全部钥匙分发之后，再重申一次自己的房间号码，并告知游客房间与房间如何拨打电话，以方便领队与团员、团员与团员之间的沟通。

4. 将酒店名片分发给每位游客（Present the Hotel Business Cards to Everyone）

领队可向酒店的前台索取酒店名片发给客人，以便客人离开饭店自由活动后可以安全返回。领队要告诉游客，乘坐出租车或迷失道路时，可出示名片以寻求他人的帮助。

温馨提示

领队可在游客入住酒店约30分钟后进行客人的查房工作,情况许可时,最好亲自巡视所有团员的房间。领队要告诉客人空调、电视和保险箱等的开关方式、检查电器是否故障、钥匙的使用、安全的顾虑等。如果抵达酒店的时间实在太晚,领队可以通过电话查房的方式来完成。

Warm Tips

Tour leader may check the rooms after 30 minutes of checking-in. If possible, the tour leader should check every room himself/herself. Instruct the members about how to switch on and off the A/C, TV and safe box; check if the electrical appliances and the room card work properly. If the group arrives the hotel very late, tour leader could check rooms by calling the members.

(二) 领队在游览当中的主要工作 (Tour Leaders' Major Jobs in the Sightseeing)

行程的第3天早上,领队小许准备继续带领客人去游览。

1. 在游览一开始就告诉游客当日行程尤为重要 (Notifying the Everyday Itinerary at the Beginning is very important)

要让游客对旅行团当日计划心中有数,因而领队及导游每天上车后,除了向游客问好之后,最先要宣布的,就是当日的行程安排,并且在一天当中,还要多次提及。如在午后,对当日下午的行程,应再予重复,以便游客对计划始终有清晰的认识和遵循计划的意识。

2. 提前告知游客次日行程实为重要 (Declare the Itinerary of the Next Day is still Important)

当天游览结束后,领队或导游应该将次日的全部行程、出发时间和注意事项提前告诉游客,特别是如果第2天的行程中有对着装的要求(比如参观泰国大皇宫),或晚上有活动安排返回酒店时间会很晚(如观看演出),更应该着重提醒游客。

3. 领队应协助导游完成对旅游景点的讲解工作 (Tour Leader Should Assist the Tour Guide with the Interpretation of Tourism Attractions)

进行游览景点及游览途中的导游讲解,是当地导游的最主要工作。领队应监督当地导游完成这项工作。领队在导游的讲解过程中,应给予辅助。如果导游对其中的部分内容讲解不清,或因涉及的人名、地名的中文翻译的差异,领队在旁可轻声向导游进行提醒或者在导游未讲解的时候,领队向游客做一些补充解说。

4. 游览过程中领队的站位位置和主要作用 (The Location and Function of Tour Leader during the Trip)

抵达每一处景点,领队及导游应告诉游客在景点停留的时间以及参观游览结束后集合的时间和地点(通常领队和地陪会选择一处有明显标志的地方作为集合点),还应向旅游者说明游览过程中的注意事项;要告诉游客,如果没有跟上团队走散以后,在哪里可以和大家会合;并希望已经开通国际漫游的游客能把手机打开,以便在游客落队后进行联络。

在游览中领队主要的工作任务是组织协调,随时清点人数,以防游客走失。因而,领队的站位应始终走在团队的最后,与导游形成首尾呼应。

温馨提示

抵达某地首日,领队与导游就应将在该地的计划行程告诉游客。团队如果要在一个城市停留两天以上,抵达当日领队就应将在当地的全部行程告诉游客。旅游团在某地的游览参观,常常会因为交通、天气等原因进行调整,不一定会完全按照游客手中的行程表来执行。领队在与导游进行行程磋商后,要将调整后的行程及时向每一位旅游者宣布。

Warm Tips

On the first day of the arrival, the tour leader and the local guide should tell the itinerary to the travelers of the destination. If the group is going to stay in the city for more than two days, the tour leader should let the members know the itinerary on the first day. The itinerary of one destination may not follow the schedule in the travelers' hands, because it often was influenced by traffic, weather and may be adjusted accordingly. After the discussion with the local guide, tour leader should inform the travelers the adjusted schedule in time.

(三) 游客就餐时的服务(Dinning Services)

行程的第3天,导游徐××先生与领队小许带着游客在早餐后前往凯恩斯市区的游船码头,乘坐"大猫号"游船出海前往"绿岛大堡礁"(如图4-14)。抵达绿岛后,客人可选择潜泳观看多姿多彩的珊瑚群,也可选择乘坐玻璃底船出海观看多姿多彩的珊瑚礁。同时,客人也可以自由漫步在岛上的林荫小道间。团队中午在船上享用自助午餐。现在是午餐时间,领队小许应做如下工作:

(1) 向旅游者简单介绍"大猫号"自助午餐的特色;
(2) 午餐时,引领游客到餐厅入座,并介绍餐厅的有关设施,如自助餐台摆放的位置、

图4-14 澳大利亚赴大堡礁邮轮登船检票处

洗手间的位置等；

（3）向旅游者说明饮料及酒水的类别并告诉游客哪些是含在自助餐里的，哪些是要旅游者自己支付费用的。

（4）介绍澳大利亚的用餐礼仪。澳大利亚的用餐礼仪基本是按照西式的用餐要求，即用餐时，以使用刀叉为主。

温馨提示

游客用餐中，领队应巡餐，看游客是否有需求（如调料、公勺、水），菜量是否充足。游客如要购买啤酒、饮料，领队应提供语言翻译上的帮助。中国旅游团队通常吃饭速度较快，领队应适应这种快节奏。领队通常会安排与导游一起用餐，在照顾完游客后，要加快吃饭速度，以免游客吃完饭后走散。

Warm Tips

When group members dine, the tour leader should check around to see if the members have requirements about spices (serve spoon or water/if the dishes are enough or not). Tour leader should help to interpret if travelers need to buy beer or other soft drinks. Chinese travelers usually eat pretty fast; therefore the tour leader should be prepared for the dining pace. Tour leader eat with the tour guide regularly, in case the travelers walk away the tour leader should dine quickly.

领队应当将国外的一些用餐礼仪告诉游客。如在吃自助餐的时候，一次不要拿太多，拿的食物一定要吃完；餐厅中的食品与饮料不能带走；开放有冷气空调的房间，一般不允许吸烟。领队要提醒游客注意用餐文明，用餐时不能大声喧哗，避免影响餐厅中的其他客人。

欧式早餐较简单，而美式早餐较丰盛，部分中国游客对欧式早餐和美式早餐没有概念，因而往往会因此而引发争议。以前曾出现中国旅游团在欧洲旅游期间曾因用欧式早餐而与餐厅发生争吵的先例，因此如果旅行社为游客预订的是欧式早餐，一定要提前向游客解释清楚。

（四）离开所下榻的酒店（Check-out the Hotel）

领队与游客在澳大利亚凯恩斯的 Hotel Grand Chancellor Palm Cove 酒店入住两晚以后准备离开。领队要提前将一些注意事项告诉游客。在旅游团离开凯恩斯的前一天，领队应与导游磋商并确定第2天的离店时间，将移交行李和出发集合时间等通知游客。具体为：7：00叫早，7：30出行李，7：45用早餐，8：30出发。

1. 提醒游客提早与酒店结账（Remind Group Members to Settle Bills in Advance）

游客在入住酒店房间期间的消费，如拨打国际长途、观看付费电视、使用房内小酒吧、洗衣服务、送餐服务、使用房间内的付费物品等个人消费，应当提前与酒店结清。最好避开团队结账高峰时间，也可以让游客在离店的前一天晚上去前台结账。领队应负责催促办理并协助游客完成结账（如领队预先赴前台将私人消费账单打印出来交给游客）。

境外酒店多实行"诚信式结账"，即由客人自报所使用的房间内物品，在账单上签署个人姓名，支付后便可离店，酒店一般不会安排服务生结账时查房而让游客在柜台前久等。

2. 提醒游客带齐全部私人物品并清点游客交运的行李（Remind Group Members to Take their Belongings and Check the Luggage Delivered by them）

每次团队离开酒店时，领队都要提醒游客检查私人物品是否有遗漏，尤其是护照、钱包，还有眼镜（隐形眼镜盒）、假牙、头饰等前一天晚上睡觉时摘下来放在床头或抽屉里面的物品等（如图4-15）。在离开酒店赶赴机场时，还应当对游客拟托运的行李数量进行清点。

离开酒店后，大巴将带着游客及其行李赴凯恩斯机场，而后飞往布里斯班。

图4-15 酒店大厅一角行李集中安放处

三、购物及欣赏表演（Shopping and Watching Shows）

（一）完成游客的自愿购物要求（Free Time for Shopping）

领队带领游客从凯恩斯飞到布里斯班。在布里斯班市内游览后，乘坐旅游车抵达黄金海岸游览。而后，游客来到与旅行社双方协商一致的购物场所——黄金海岸土特产店，选购自己需要的特色商品。游客购物时，领队所做的服务如下：

（1）向游客说明购物停留时间；

（2）向游客介绍购物的有关注意事项，如商品的品牌、保质期、质地等；

（3）随时向游客提供在购物过程中所需要的服务，如语言翻译、汇率换算、介绍托运手续等；

（4）若目的地国家有退税制度，告诉游客购物退税的规定；

（5）所到的购物场所环境应当是良好、舒适、安全的，而且价格必须是公道的。

> **温馨提示**
>
> 如果游客需要退货，领队及导游应帮助游客进行办理，但事先需向游客讲清注意事项。如香港的商店"百分百退款保证"规定：旅客在旅行社安排的购物活动中消费后感到不满可先通过导游处理，或自购货日起计14天内将完全未经使用的货品连同包装完整退回，即可办理全数退款手续，但必须保留好购物单据。

Warm Tips

If the travelers want to return the bought items, the tour leader and the tour guide should help them after notifying them the precautions. For example, the "100% return" policy of Hong Kong stores says: travelers who are not satisfied with the product bought from the scheduled shops could ask the tour guide to handle; or return the items with its packages in 14 days after the date of shopping and the item should not been used, thereafter they can expect the refunding. Another thing need to mention is to keep the receipts properly.

(二) 欣赏表演 (Enjoy Shows)

领队与客人们均观赏了让人叹为观止的剪羊毛表演（如图4-16）及令人拍案叫绝的牧羊人赶羊表演（行程中已含）。在欣赏表演前，领队应简单向客人介绍节目内容及其特点并引导客人入座。

图4-16 澳大利亚剪羊毛表演入口处

温馨提示

在境外，观看室内剧场演出大多会有许多限制，领队应向导游了解后告知游客。例如，观看演出是否允许照相、摄像，演出结束后游客与演员合影是否应付小费、该付多少等（如在泰国与人妖合影需要付小费）。一些正规的芭蕾舞、歌剧等演出，对观众的服装会有要求，领队及导游也应提前告诉游客，以便使游客有所准备。在国外的剧场观看演出时通常不允许吃零食、喝饮料、打电话，因此要特别提醒游客，不要违反剧场的相应规定。

Warm Tips

There are many restrictions to watch the indoor performance overseas; the travelers should be alerted by the tour leader. For example, if it's allowed to take photos or video, do you need to pay tips and how much to pay if taking photos with actor/actress (tips should be paid if take photo with the lady-boys in Thailand). Some formal performances like ballet, opera have requirements about dressing, the tour leader and local guide should inform the travelers in advance for them to prepare. Travelers also should be reminded that it's not allowed to have snacks, drinks and make phone calls when watching performance in the theater.

四、其他工作（Other Work）

（一）确认回程机票（Confirm the Return Tickets）

行程进行到第 5 天（离站前 72 小时），团体在黄金海岸游览，领队应打电话给澳大利亚航空公司对第 8 天要乘坐的悉尼/上海（QF129）航班的国际机票进行回程机票的确认。

> **温馨提示**
>
> 领队在境外带团期间，不能忽略了对全团回程机票进行确认的工作。通常返程机票的确认手续较为简单，只需将回程的乘机日期、航班号、人数、领队或团队中一人的姓名告知所乘坐的航空公司在目的地国家或地区的办事处即可（有时也需要提供机票上的预订号码给航空公司职员，在机票上可以找到）。
>
> 领队在对当地情况不太熟悉的情况下，可以请接团导游或者接待旅行社的计调人员帮助确认团队的回程机票。出境旅游团队在实际操作中通常采取此种方式居多，即请导游或接待社代为办理回程机票的确认手续。
>
> **Warm Tips**
>
> As a tour leader, to confirm the return tickets for the group cannot be overlooked when guiding abroad. Usually, the confirm is quite simple, the tour leader only need to provide the date of flight, flight number, number of passengers, name of the tour leader or any member to office in the destination country or region of the airline will work (sometimes reservation No. is also needed which could be found on the ticket).
>
> If the tour leader is not familiar with the destination, he/she can ask the tour guide or local travel agency to help with the return tickets confirmation. This method is widely implemented by outbound travel groups.

（二）完成工作记录（Document Your Work）

1. 填写领队日志（Write the Work Diaries of Tour Leader）

领队日志是领队的每日工作记录，需要认真填写。领队要养成良好的工作习惯，无论当日的行程有多紧张、身体有多疲劳，也要将每天的最后一项工作——领队日志填写完成后才能休息入睡。领队日志应当包含领队带团工作中对每天所接触和经历的接待社、导游、车船、酒店、用餐、景点游览等的简要记录和评价。领队日志表格如表 4-5 所示。

2. 回收《旅游服务质量评价表》（Collect Evaluation Forms）

领队除了自己需要完成领队日志外，在全部行程结束时，还需要敦促游客填写《旅游服务质量评价表》，将此表收齐后应带回组团旅行社。

表 4-5　　　　　　　　×××旅游有限公司出境中心领队日志

团号_____　人数_____　领队_____　导游_____

简略行程	日期（m/d）	所经城市	交通工具	航班号/车牌号	备注

日期		天气		气温	℃	所经城市		备注	
当日行程	时间			景点（购物点）					
1	—								
2	—								
3	—								
4	—								
5	—								
6	—								
7	—								
8	—								

用餐地点	早： 中： 晚：	用餐标准	早： 中： 晚：
入住酒店		设施标准：□三星　□四星 □五星　□其他	
查房情况	□正常　□异常	原因：	
游览车司机		司机服务：□好　□较好　□一般 □差	
导游讲解	□好　□较好　□一般　□差	原因：	
其他事项			

当日小结：

阅读后请签名：　　　　　计调　　　　　　销售

（三）进行总结发言（Concluding Speech）

行程的第 8 天，澳大利亚凯恩斯 8 日游的旅游行程马上就要结束了。在旅游巴士赴澳大利亚悉尼国际机场的路上，领队进行简单的总结发言，并付小费给导游与司机。

总结发言内容一般包括：

（1）简单回顾在目的地国家（地区）的整个旅游过程，游览了哪些精彩景点，品尝了哪些美味（如：在悉尼乘游船畅游著名的"情人港"，远眺悉尼歌剧院、海港大桥的雄伟外观，并在船上享用晚餐等）。

（2）再次向全旅游团的游客表示感谢，感谢全体团员的合作。

（3）表示对下次旅途的憧憬，表达美好的祝愿。

（4）若前段旅游活动中有不顺利的地方或服务有不尽如人意之处，需在此向游客致歉；另外，要代表团员向为此团服务的导游及司机表示感谢。

> 温馨提示
>
> 在结束一地的旅行，与当地导游、司机告别的时候，领队都应以组团社代表与游客代表的双重身份，即席发表一段总结发言。发言通常会是在赴机场（车站、码头）途中，形式可借鉴国内导游的"欢送词"。
>
> Warm Tips
>
> When ending the trip of the destination and saying goodbye to the tour guide and driver, the tour leader should deliver an important concluding speech on behalf of the organizing travel agency and the travelers. The speech generally is delivered on the way to airport (train station, dock), and the form could be similar to the farewell speech of domestic guiding.

领队在总结致辞的时候，对导游和司机表示感谢的同时，要当全体游客的面将小费递给导游及司机。事先应将导游与司机的小费分开放在不同的信封当中。另外，有些国家的司机小费是由导游负责给的，领队应事先问清，尊重其习惯做法，将应给司机的小费一并给导游即可。

第六节 目的地国家（地区）离境流程及手续
(Procedures for Departure from the Destination Country (Region))

训练目标
(Training Objectives)

通过本环节训练，使学生掌握带领出境旅游者办理乘机手续、目的地国家或地区离境手续、退税手续、回国入境手续等流程，提高专业操作技能，增强服务水平。

任务导入
(Task Introduction)

旅游团就要离开澳大利亚悉尼国际机场了，领队该如何办理离境手续？又该注意哪些事项才能保证这一次的出境旅游带团工作能圆满结束?

任务分析
（Task Analysis）

在完成了团队行程表所列的全部旅行活动之后，就到了旅游团的活动后期。领队的带团工作，也应从安排组织团队在境外期间的活动逐渐转向组织旅游团返程回国的活动中来。目的地国家（地区）离境及中国入境的程序，与目的地国家（地区）入境、中国出境的程序有相似之处，但也不完全相同，并不是简单的入境换出境、出境换入境的倒序。领队应掌握所有的流程，把带团的后期阶段工作做好。

任务实施
（Task Implementation）

行程已经进行到第8天了，领队带领客人来到了澳大利亚悉尼国际机场（如图4-17），为客人办理离境手续。办理目的地国家的离境手续的流程，大致如图4-18所示。

图4-17 悉尼金斯福史密斯机场

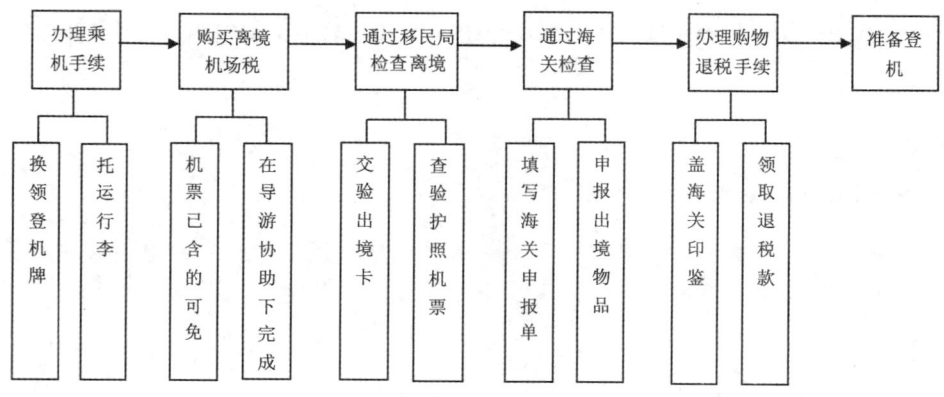

图4-18 目的地国家（地区）离境手续

一、办理乘机手续（Handle Check – in Procedure）

通常领队应在旅游团乘坐大巴向机场的行进途中向客人收取护照、机票。在团体抵达机场后，领队应尽快找到办理团体乘机手续（Group Check – in）的柜台（如图4 – 19所示）。

图4 – 19 澳洲航空公司办理团体乘机手续的柜台

（一）行李过安检（Go through Security Check for the Luggage）

领队应带领游客一起将拟托运行李放在传送带上接受安全检查。安检人员会贴上"已安检"封口贴纸。如行李与大巴是分开的，领队应在机场与行李车司机清点与核实行李件数是否一致。

（二）向航空公司执机柜台领取登机牌（Get Boarding Pass at Check – in Counter）

领队应将所有的护照、机票交给柜台工作人员，以获取全团的登机牌。

（三）游客单独办理行李托运（Individual Luggage Check – in of the Tourists）

领队应将护照、机票（电子机票由领队保管）、登机牌逐项分发给游客，让游客拿着护照与登机牌到柜台，各自办理行李托运。

（四）告知游客离境注意事项（Inform the Tourists the Items should be Paid Attention to When Departure）

等所有游客托运完行李后，领队应告知游客离境时的注意事项：

（1）向游客介绍所要办理的离境手续；

（2）讲解登机牌上的信息，如航班号、登机时间、登机门等，希望游客在机场出境手续办完自由活动时，掌握好登机时间以免误机；

（3）做其他重要的提醒，如不要给其他不认识的游客携带行李物品等。

二、购买离境机场税（Purchase Departure Airport Tax）

（一）国际机票的机场税通常包含在机票中（The Airport Tax is usually included in the International Passenger's Ticket）

通常境外机场收取的机场税，在购买机票的时候会一起付清。机场税的具体税项及金额会打印在机票上作为凭据。但也有一些国家的国际机场，机场税是不在机票当中收取的，需要在乘机前现场购买，如泰国、印尼、菲律宾、巴西等。

（二）购买机场税的凭证需妥善保管（Take Care of the Receipt of the Airport Tax）

按照中国国内组团旅行社与出境旅游游客签署的出境旅游合同的规定，境外机场税一般包含在正常的旅游收费中，应由旅行社予以支付。领队出团前应当对此项费用如何支付了解清楚，如需要领队支付，领队就需要在购买后将机场税凭据发给游客，以便应对机场检查。机场税如需交付旅行社报销，领队就应等游客完成检查后，及时收回并妥善保管。

（三）通常机场税应由境外接待社代付（The Outbound Travel Agencies usually Pay the Airport Tax）

境外接待社对国内组团社的包价旅游报价当中，通常包含游客的出境机场税。因而，通常情况下，机场税是由境外接待社的导游来代为支付。比如泰国的导游，即负责在旅游团队离境前购买机场税并将凭据交给每位游客。

三、办理移民局离境手续（Handle the Departure Procedures at the Immigration）

（一）填写出境卡（Fill in the Departure Card）

通常一些国家的出境卡与入境卡是分开的两张表格，但也有许多国家的出境卡与入境卡印制在一张纸上，旅客在入境时就已经填写完成。入境时，移民官会将入境卡部分撕下留存，然后把出境卡部分订在或夹在护照里还给旅客。因而旅客出境时，无须再重新填写出境卡，只要交护照给移民官即可。但如果游客不慎将夹在护照中的出境卡丢失，此时就需要补填一张。澳大利亚出境卡如表4-6所示。

表4-6　　　　　　　　　　　澳大利亚出境卡

续表

> **温馨提示**
>
> 并非所有国家的出境都需要填写出境卡，比如瑞士、芬兰、挪威等国的出入境就不需要填写出入境卡。另外，持另纸团体签证的旅游团，在目的地国家（地区）离境时，有时也不需要填写出境卡。
>
> **Warm Tips**
>
> Filling in departure card is not required by the customs of every country, such as Switzerland, Finland and Norway. Besides, tour groups holding group visa are sometimes also not required to fill in departure cards when exiting the destination.

（二）通过移民局（Go through the Immigration）

（1）在进入离境边检区域前，领队需引领客人一同与导游道别，以示礼貌与感谢。

（2）依次办理离境手续。向移民官员交上护照、机票、登机牌后，站立等待查验。如查验无误，护照将被盖离境印章，或将签证盖上"已使用"（USED）的章，然后移民局官员将所有证件和资料交还旅客，离境手续即告完成。

> **温馨提示**
>
> 边检（移民）官员检查游客的护照及签证的时候，通常会按照游客签证的有效期及准许停留天数进行推算，如超出停留期，游客将可能会受到惩罚。
>
> **Warm Tips**
>
> When immigration officers examine passengers' passports and visas, they will calculate the valid period on visa as well as the duration permitted. Failure to leave the country prior to visa expiration date will result in punishment.

四、办理海关检查（Handle Customs Procedure）

领队必须把澳大利亚海关对离境携带物品限制的几种情况事先告知游客，这是领队的责任和义务，必要时领队应帮助游客填写海关申报单并协助游客与海关人员进行交涉。领队需要提醒游客注意的事项如下：

（1）游客入境时申报过的物品必须携带离境；
（2）许多国家的海关对携带金钱离境有限额；
（3）对动物、植物及骨骼的离境有限制；
（4）其他类型的各种限制，应提醒全团游客注意。

温馨提示

在考虑其他国家（地区）离境的海关限制携带物品的时候，一定不能忘记中国海关的入境物品限制。各个国家（地区）与中国的海关边检在限制入境的物品上有许多不一致的地方。如在境外购买的一些印刷品书刊、鲜花水果等物品，就不被中国的边检海关允许入境。以往常有游客在香港购物，买了大量的烟酒，在香港出境一切顺利，但却因违反中国内地的海关规定而不能携带入境的事件发生。

Warm Tips

The goods restriction regulations of foreign countries customs and Chinese customs should be both considered. The customs in foreign countries (regions) have a lot of differences from Chinese customs in goods inspection. Some printed items, such as books and magazines, flowers and fruits bought outside may not be allowed to enter into China. For example, there were tourists who bought large quantity of cigarettes and wines in Hongkong. It went smoothly at Hongkong's customs but violated the customs regulations of the Mainland. Therefore, those goods were not allowed to enter in China mainland.

温馨提示

境外多数国家的机场海关，检查是以抽查的方式进行。通常是无申报物品的游客无须填写海关申报单，径直走过海关柜台即可。但如果携带了限制出境的物品而没有申报，则会受到惩罚。因而，如游客携带了限制出境物品，应主动申报，以免出现麻烦。

Warm Tips

The customs inspections in foreign countries and regions are selective spot check. Usually, the tourists who do not have any declarations need not write the declaration form and go through directly the customs. But if the tourists carry something that is not allowed to go abroad, they will be punished. Therefore, the tourists should make the declaration in advance to avoid trouble if they do carry something that's not allowed to go abroad.

五、办理购物退税手续（Handle Tax Refund of Shopping）

欧洲、澳大利亚以及南非等许多国家或地区，都有对游客购物实行退税的规定（在新西兰购买商品是没有退税的，但是旅游者可以凭机票买到免税商品，其实际性质是一样的）。如南非就规定：外国旅客在南非购买纪念品，凡金额超过250兰特，从购物之日起90天内，可在离境时到机场退税处申请退还增值税。澳大利亚规定：单张购物小票满300澳大利亚元，凭发票可以从购物之日起1个月内，离境时在机场退税。欧洲国家对退税的规定更加普遍。如丹麦规定，来丹麦的旅游者出境时，可凭免税商店开具的特制发票，在机场退13%的税；克罗地亚规定，外国公民在克罗地亚购物超过500库纳可以申请退税；拉脱维亚规定，游客在机场、码头和公路海关边境检查站，凭护照、机票、船票或车票，并出具本人3个月内的商店购物正式退税发票和包装完好的所购商品（金额超过50拉特），经海关边境检查人员签字盖章确认后，可退回增值税。

领队应该事先了解不同国家的退税规定和操作方式，以便为游客提供帮助。对多数中国游客来说，在国外离境时办理消费退税，都会有语言交流方面的种种不便，而且在短暂的时间里常常无法完成退税，故领队可建议游客回到国内来办理退税手续。目前已经有一些退税公司在中国开展了退税业务，在北京、上海、广州等一线城市设立了退税点。

在澳大利亚退税

到澳洲或别的国家旅游，旅游者离境前不要忘记去退税中心（Tourist Refund Scheme）办理退税，这是旅客的权益。在悉尼国际机场退税有两种方式，一为"仅限托运的退税物品"，像绵羊油、香水以及不可带上飞机的各种液态乳状类物品；二为"可带上飞机的退税物品"。

仅限托运的托运物品退税步骤：

（1）抵达悉尼国际机场后，先至入境楼层，寻找商店号码A18，找到海关办公室（Australian Customs & Quarantine），进去后直接至柜台办理退税手续。

（2）出示护照及预退税物品收据，海关人员会查看购买物品的收据以及行李箱内的免税品。检查后在收据上盖上TRS印章，然后您再将所买商品打包托运。

（3）经过护照检验，移民署根据指示寻找退税中心（TRS），拿到刚才盖章后的收据进行退税。

可携带上机的退税物品退税顺序：只要按照一般离境程序，在过移民局后，寻找退税中心，出示你要退税的物品以及收据、护照即可。

如何取得退税税款？退税无法直接支付现金，以下三种方式可取得退回的税款：一是旅客所选用的信用卡（MasterCard，Visa，American Express等），二是澳大利亚银行账户，三是各种货币的退款支票。

（资料来源：百度文库.）

六、准备登机（Be ready for Boarding）

全部手续办妥后，游客尚有一些时间可在机场免税店购物。此时从机场广播、咨询台及电脑显示屏上确认 QF129 的登机时间为澳大利亚时间 8：50，在 7 号登机门登机，领队应告知并提醒每一位客人不要误机。

温馨提示

为避免出现游客错过登机时间的事情发生，领队应尽早赶到登机口，清点人数，与未能及时赶到登机口的游客联系，让领队对游客的悉心关照在临上飞机回国前的一刻也得到体现。

Warm Tips

In order to avoid the boarding time, the tour leader should reach the boarding gate in advance, counting the group members and contact those who have not arrived. In this way, the guests may feel the tour leader's express concern even shortly before boarding the flight for home.

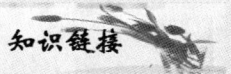

退税的相关知识

一、欧洲退税

在欧洲旅行购物可以享受购物退税的政策，游客在欧洲购物时的所付购物款中已经包含了增值税，即 Value Added Tax (VAT)，如游客每次购物达到一定的金额，而且所购物品不是在欧洲使用而是带回本国，那么可以享受退还 VAT 的政策。这是欧洲国家吸引外来旅游者购物消费的鼓励性政策。欧洲国家的主要零售商均提供此项服务，作为中国游客，您有购物退税的权利，也就是说您在欧洲能以相对优惠的价格购买到世界名牌产品。

二、哪些商品可以购物退税

首先，应注意商店里是否有蓝白灰三色的退税购物（TAX FREE SHOPPING）专用标志。在欧洲共有 22.5 万多家退税商店遍布机场和市内，每天平均有逾 2.2 万顾客享受到专业公司提供的退税服务。

三、专业退税服务机构

环球蓝联（Global blue），即原先的全球回报集团（GLOBAL REFUND），是一家专业办理退税业务的公司，在 4 大洲 36 个国家和地区建立了分公司和代表处，超过 3 万家的加盟零售商已遍及欧洲、亚洲、美洲 32 个国家和地区，在 36 个国家设立了超过 700 个现金退税点（Cash Refund Office）。游客可通过现金、信用卡转账或邮寄银行支票三种方式获得退税。为方便中国旅游者享受到购物退税服务的权利，该公司在北京、上海、广州和香港的机场和市内建立了6个现金退税点。

四、填写退税支票

当客人在这些商店购物时，领队应该提醒客人向商店索取退税支票，正确填写相应表格可以确保客人及时获得退税。如果商店的全球退税支票（Global Tax Free Check）首联是蓝色或粉红色，大多数可以现金方式退税；如果是绿色的，则只能以邮寄银行支票或信用卡划账的形式退税。客人应在支票上用英文填写其详细邮寄地址（含邮编），或填写其有效的国际信用卡卡号，并用环球蓝联公司提供的邮资已付的信封，寄回支票发出国的环球蓝联分公司，这样该公司就可以将增值税退回给您。

五、退税率和最低购物金额

欧洲各国的退税率各不相同，可退税的最低购物金额（即客人在同一家商店一天之内的购物总额）也不一样。客人所得到的退税款额将是扣除手续费后的增值税金额，专业服务公司将收取一定的单据处理费用。

六、退税时效

全球退税支票（Global Tax Free Check）必须是购物当月加上1到3个月（荷兰退税支票需3个月）之内离开欧洲时，由海关盖章后方可生效。离开欧洲最后一站的海关盖章是唯一可以使退税单有效的法律手续，对于中国旅游者而言，只要在欧洲海关检验商品盖章后，在旅游目的地国或回国都是可以退税的。简而言之，如果在欧洲购物准备退税，一定别忘了在离境时到该国海关检验盖章。

七、国内退税点

客人离境时在欧洲海关盖章后，既可以就近在欧洲的各出境机场退税点退税，也可以回到北京、上海、广州、香港的指定退税点退税。在北京、上海和广州，现金退税的币种只能为美元，在香港只能为港币，且只能按退税支票上的金额四舍五入后的整数金额退税。

设在中国的退税点地址如下：

北京首都国际机场退税点：北京首都国际机场一层国际到达厅中国工商银行望京支行北京机场分理处。

北京市内退税点：北京市东城区东四十条24号青蓝大厦一层中国工商银行东城支行营业室。

上海浦东国际机场退税点：上海浦东国际机场出发厅三层中国工商银行上海市国际机场支行。

上海市内退税点：上海市南京东路99号中国工商银行上海市分行。

广州市内退税点：广州市环市东路339号广东国际大酒店主楼二层中国工商银行广州市南方支行。

香港市内退税点：香港中环德辅道中10号东亚银行总行。

（资料来源：周彩屏. 导游技能训练（第二版）[M]. 北京：高等教育出版社. 2015.）

第七节 中国入境流程及手续
(The Procedure of China Entry)

北京时间 18:30, 领队和 17 名游客抵达上海浦东国际机场。领队将为游客办理归国入境手续。

回国入境时的工作流程如图 4-20 所示。

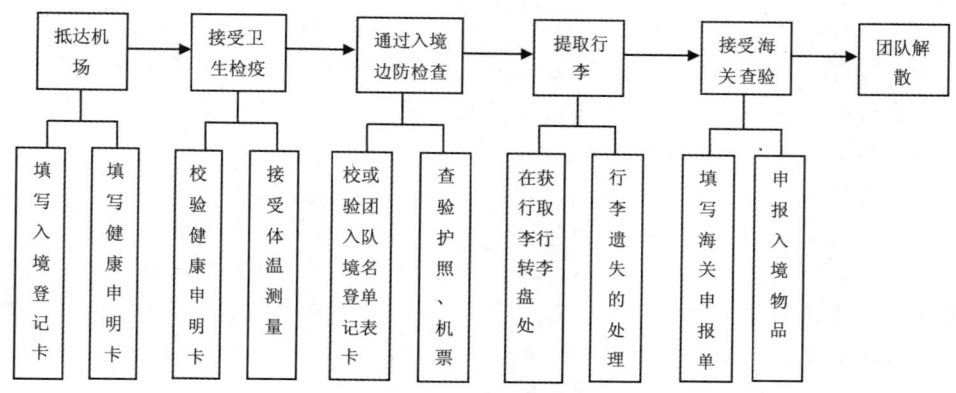

图 4-20 中国入境工作流程

一、接受卫生检疫 (Take the Health Quarantine Inspection)

(一) 了解国家有关卫生检疫的有关法规 (Understand Relevant National Regulations on Health Quarantine)

中国边防口岸的卫生检疫机构, 是依照《中华人民共和国国境卫生检疫法》为法律依据设立的。实施卫生检疫的目的在该法的第一条就已经阐明, 是"为了防止传染病由国外传入或者由国内传出, 实施国境卫生检验, 保护人体健康"。我国所列的传染病, 包括鼠疫、霍乱、黄热病以及国务院确定和公布的其他传染病。

出入境检疫对象包括: 入境、出境的人员、交通工具、运输设备以及可能传播检疫传染病的行李、货物、邮包等特殊物品。另外, 《中华人民共和国食品卫生法》规定的出入境检疫对象有进口食品、食品添加剂、食品容器以及包装材料、工具设备等。

(二) 了解《入境健康检疫申明卡》的内容 (Learn about the Content of Entry Card of Health Quarantine Declaration)

《中华人民共和国国境卫生检疫法》第十六条规定: "国境卫生检疫机关有权要求入境、出境的人员填写健康申明卡, 出示某种传染病的预防接种证书、健康证明或者其他有关证件。"

《入境健康检疫申明卡》的查验内容主要包括:

(1) 对于申明精神病、麻风病、艾滋病 (包括病毒携带者)、性病、开放性肺结核的外国人阻止其入境。

（2）对在入境时发现的患有发热、咳嗽、腹泻、呕吐等症状或其他一般疾病患者，进行医学观察和流行病学调查、采样，实施快速诊断，区别情况，隔离、留验或发就诊方便卡，采取其他预防、控制措施。

（3）对来自黄热病疫区的人员，查验黄热病预防接种证书。对于无证者或无有效证件者，应现场予以黄热病预防接种并发给证书。

（4）检疫传染病的监测：发现鼠疫、霍乱、黄热病染疫人，必须立即隔离检疫；对染疫嫌疑人应按潜伏期实施留样；对染疫人、染疫嫌疑人的行李、物品，实施卫生处理。

（5）对在国外居住3个月以上的中国籍人员（海员、劳务等重点人群）实施艾滋病和性病监测。

（三）交付《入境健康检疫申明卡》（Hand in Entry Card of Health Quarantine Declaration）

领队带领游客返回国内，通常在返程的飞机上就可以拿到《入境健康检疫申明卡》。这份申明卡用中文填写即可，领队可指导游客完成。

飞机落地后，领队带领游客在经过"中国检验检疫"的柜台时，将填写完成的《入境健康检疫申明卡》交出，正常情况下，游客就可以通过检疫柜台继续前行。

二、接受入境边防检查（Receive the Entry Frontier Inspection）

（一）填写《边防检查入境登记卡》（Fill in the Arrival Card for Frontier Inspection）

入境中国的航班上会有中文印制的《中国边检入境登记卡》（如表4-7），需要填写的内容与出境登记卡相仿，散客需要个人填写该卡，填写完成的入境卡夹放在个人护照中即可。对团体而言，无需填写该卡，游客只需要有领队带领，按《中国公民出国旅游团体名单表》的顺序依次排队通过边防检查，领队将边防检查官员盖完章的名单表拿回即可。

表4-7　　　　　　　　　　　边防检查入境登记卡

（二）通过入境边防检查（Pass Entry Frontier Inspection）

游客在中国边检站柜台前排队，接受边防检查站的入境检查。将填写好的入境登记卡连同护照一起交给入境检查员。入境检查员核准后在护照上盖入境验讫章，将入境登记卡留下，护照还给旅客，则入境边检手续完成，旅客即可入境。

（三）旅游团体依《中国公民出国旅游团队名单表》上的顺序走团队通道（Tour Group Takes the Group Channel upon the "Tour Group Name List for Chinese Citizens Travelling Abroad"）

如果出境旅游团队是持《中国公民出国旅游团队名单表》和团体签证，需走团队通道。《中国公民出国旅游团队名单表》中的入境边防检查专用联由边检收存，游客按照名单表顺序办理入境手续，不再需要填写入境卡，旅行社自留专用联待边防检查人员盖章后交还给领队。

三、领取托运行李（Claim the Checked Luggage）

（一）领取托运行李（Claim the Checked luggage）

完成入境边防检查后，进入中国境内，领队及游客可按照行李认领处的电子指示牌标志，从悉尼飞来上海的QF129航班的行李转盘在26号（如图4-21），在行李转盘上找到自己托运的行李（如图4-22）。此时，部分游客会与领队道别。

图4-21 上海浦东国际机场
行李认领电子显示屏

图4-22 上海浦东国际机场
26号行李转盘处

（二）行李遗失处理（Deal with the Missing Luggage）

当游客发现自己的行李遗失时，领队应协助游客与机场的行李值班室进行联络。根据国际航空协会的"终站赔偿法则"规定，转机旅客的行李遗失，应由搭乘终站的航空公司负责理赔。这类赔偿，通常会在查找超过21天仍无下落后进行。

四、接受海关查验（Receive the Customs Inspection）

我国边防对禁止入境人员和海关对入境物品的限制规定

一、我国法律规定的被禁止入境的情况
（1）入境后可能危害中国的国家安全、社会秩序者。
（2）持伪造涂改或他人护照证件者。
（3）未持有效护照、签证者。
（4）患有精神病、麻风病、艾滋病、性病等传染病。
（5）不能保障在中国期间所需费用者。

二、中国海关对入境物品的限制规定

1. 中国海关规定禁止进境的物品

对中国海关明令禁止携带入境的物品，领队需要事先向游客说明，以免游客携带入境时遇到麻烦。中国海关规定禁止入境的物品主要有以下几种：

（1）各种武器、弹药、爆炸物；伪造的货币、有价证券以及制造设备。
（2）对中国政治、经济、文化、道德有害的印刷品、胶卷、照片、录音带、录像带、CD、VCD及计算机存储介质等。
（3）烈性毒药。
（4）鸦片、吗啡、海洛因、大麻等能致人成瘾的麻醉品、迷幻药、精神品等。
（5）带有危险病菌、害虫及有害生物的动、植物及其产品。
（6）有害人、畜、植物的，能导致传播病虫害的水果、仪器、药品或其他物品。

2. 中国海关限制入境的部分物品

关于游客经常会买的烟酒类物品，中国海关对到港澳地区旅游和到国外旅游的游客有不同标准的限制规定，如表4-8。

表4-8　　　　　　　　中国海关对游客携带烟酒的限制规定

旅客类别	免税烟草制品限量	免税12度以上酒精饮料限量
来往港澳地区的旅客（包括港澳旅客和内地因私前往港澳地区探亲和旅游等旅客）	香烟200支或雪茄50支或烟丝250克	酒1瓶（不超过0.75升）
当天往返或短期内多次来往港澳地区的旅客	香烟40支或雪茄5支或烟丝500克	不准免税带进
其他进境旅客	香烟400支或雪茄100支或烟丝500克	酒两瓶（不超过1.5升）

3. 中国海关允许入境但须申报检疫的物品
（1）种子、苗木及其他繁殖材料、烟叶、粮谷、豆类（入境前须事先办理检疫审批手续）。
（2）鲜花、切花、干花。
（3）植物性样品、展品、标本。
（4）干果、干菜、腌制蔬菜、冷冻蔬菜等。
（5）藤、柳、草、木制品。
（6）犬、猫等宠物（每人限带一只，须持有狂犬病免疫证书及出发地所在国或者地区官方检疫机构出具的检疫证书，入境后须在检验检疫机构指定的地点隔离检疫30天）。
（7）特需进口的人类血液及其制品、微生物、人体组织及生物制品。

（资料来源：周彩屏．导游技能训练（第二版）[M]．北京：高等教育出版社．2015．）

如游客有需要申报的物品,应在入境时的飞机上填写海关申报单。如果没有物品需要申报,则无需填写,可携带行李直接到海关柜台前接受 X 光检测机检查。

出境时游客经过申报的旅行自用物品,如照相机、摄像机、个人电脑等,旅客复带入境应出示出境时填写的申报单。

"中华人民共和国海关进境旅客行李物品申报单"如表 4-9 所示。

通过海关查验之后,团队正式解散。

表 4-9　　　　　　　中华人民共和国海关进境旅客行李物品申报单

中华人民共和国海关
进境旅客行李物品申报单

请先阅读背面的填表须知,然后在空格内填写文字信息或划√

1. 姓名　拼音
　　　　中文正楷
2. 出生日期　　年　月　日
3. 性别　男　女
4. 进出境证件号码
5. 国籍(地区)　中国（香港　澳门　台湾　）外国
6. 进境事由　公务　商务　旅游　学习　定居　探亲访友　返回居住地　其他
7. 航班号/车次/船名　　8. 同行未满16周岁人数

我(我们)携带(有):
9. (居民旅客)在境外获取的总值超过人民币5,000元的物品　　是　否
10. (非居民旅客)拟留在中国境内的总值超过人民币2,000元的物品　　是　否
11. 超过1,500毫升酒精饮料(酒精含量12度以上),或超过400支香烟,或超过100支雪茄,或超过500克烟丝　是　否
12. 超过20,000元人民币现钞,或超过折合5,000美元外币现钞　是　否
13. 动植物及其产品、微生物、生物制品、人体组织、血液及其制品　是　否
14. 无线电收发信机、通信保密机　是　否
15. 中华人民共和国禁止和其他限制进境的物品　是　否
16. 分离运输行李　是　否
17. 货物、货样、广告品　是　否

我已阅知本申报单背面所列事项,并保证所有申报属实。
携带有9-15项下物品的,请详细填写如下清单:

品名/币种	数量	金额	型号	海关批注

旅客签名　　　　　　　年　月　日

实操与训练

1. 请写出一份中国出境与目的地国家（地区）入境的工作流程，结合本任务的学习让学生分组进行模拟演练，分别扮演领队和游客，由教师进行点评。

2. 结合本任务，让学生分组模拟飞行途中领队对客人的服务环节，并提交记录。

3. 请学生填写《澳大利亚入境卡》及《澳大利亚出境卡》。

4. 请补充最新对中国开放的目的地国家（地区）最新的关于海关、国际航班行李托运及国家卫生检疫等各项规定的知识链接内容，每一个学生提交一份资料小卡片。

5. 请学生分组模拟目的地国家（地区）入境的流程，结合本任务的学习，请同学们分组进行模拟演练，分别扮演领队和游客，由教师进行点评。

6. 根据本章，写出一份领队"欢迎辞"引出导游（目的地国家或地区由学生自定），并使学生分组进行演练致欢迎辞，由教师进行点评。

7. 学生分组模拟下榻境外酒店、安排住宿以及离开酒店的过程，并提交记录。

8. 根据本章，模拟写出一份领队"总结致辞"（学生自定目的地国家或地区）。

9. 学生分组，按照工作角色要求模拟返程机票确认的训练。

10. 学生自选一条出境旅游线路，根据本任务的学习填写一份领队日志。

11. 写出一份目的地国家或地区离境及中国入境的工作流程，并使学生分组进行演练，分别扮演游客、领队和海关人员，由教师进行点评。

12. 学生分组模拟退税程序，并提交记录。

13. 填写《边防检查入境登记卡》、《入境健康检疫申明卡》各一份。

14. 分组模拟表演目的地国家或地区离境程序，分别扮演游客、领队和海关人员，由教师进行点评。

15. 补充最新开放的目的地国家或地区海关不同的出境限制的内容，每个学生提交一份资料小卡片。

第五章
带团返回后的后续工作
Subsequent Work after Returning

训练目标
（Training Objectives）

通过本流程的训练，使学生掌握领队返回后的后续工作，与组团社计调人员进行工作交接，做好所带团的账务处理、对游客的后续服务等。

任务导入
（Task Introduction）

小许领队完成了"澳大利亚凯恩斯8日游"的带团任务后，回到组团的旅游公司还应该做哪些后续工作呢？

任务分析
（Task Analysis）

领队在完成带团任务返回出发地后，在旅游公司要完成的后续工作是另一个不可忽视的重要部分。领队需做好与组团社计调人员的工作交接、所带团的费用清算以及对游客的延伸服务等。

任务实施
（Task Implementation）

第一节 与组团社计调人员进行工作交接
（Handover with the Operator）

领队带团结束归国后，整个带团工作并没有结束，领队应尽快到旅行社完成工作交接。领队一次完整的接团工作，是从团队出发前与计调人员的工作交接开始，到团队归来后与计调人员的工作交接完成后才算结束。只有完成了交接工作，才代表着一次完整的带团工作的结束。带团归来后的工作交接相对出团前的交接相比，虽然要简单许多，但仍然需要领队能以善始善终的态度来认真对待，妥善完成。

领队带团返回的后续工作如图 5-1 所示。

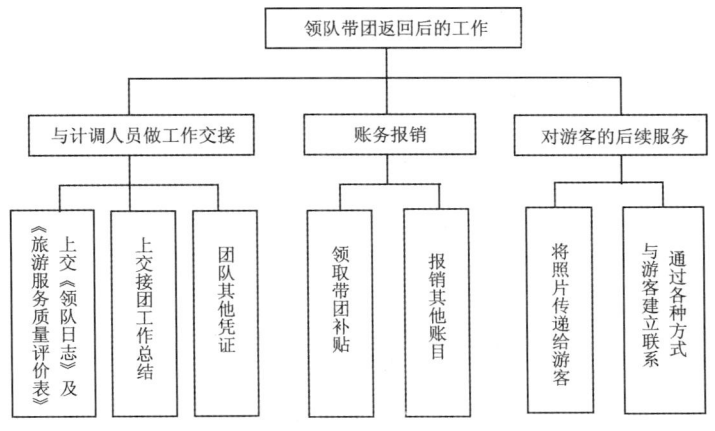

图 5-1 领队带团返回后的工作

一、带团工作汇报（Make the Work Report）

领队回到组团社与计调人员之间的工作汇报，分口头工作汇报和书面报告两部分。

（一）口头工作汇报（Oral Work Report）

进行口头的工作汇报时，领队需要对所带的团队进行简单的过程描述和基本评价，对发生的问题及解决过程分项进行概要汇报。领队如果有对团队的行程安排、地面接待的改进意见及其他合理化建议，也可以一并提出。如："澳大利亚凯恩斯8日游"一行入境澳大利亚在悉尼转机时，只有1小时的转机时间，非常紧张，差点赶不上悉尼飞凯恩斯的飞机。

（二）书面报告（Written Report）

领队向计调人员交接的文字资料，除组团旅行社要求填写的《领队日志》、《旅游服务质量评价表》之外，也包括此团运行过程中产生的其他资料，如邀请函、《中国公民出国旅游团队名单表》的旅行社自留专用联等。

1. 《领队日志》（Tour Leader Log）

领队每日填写的《领队日志》，记载了团队从出发到归来每天的主要情况，包括入住酒店、每日用餐、游览景点、导游服务、每日交通工具的运用等，是团队运行的原始记录。领队将其交给计调人员后，应当归入该团的档案中。领队交回来的《领队日志》应当保持完整，所有应该逐日填写的内容均已经按照要求填写，没有断续。

计调人员应对领队交回的《领队日志》当时就进行认真翻阅，如发现其中有缺失的内容，应要求领队进行填补。对领队在《领队日志》中反映的问题，要及时进行处理，避免同样的问题在带下一团的时候重复出现。对其中的重要问题，应报出境中心总经理知晓。

2. 《旅游服务质量评价表》（The Evaluation Form of Tour Service Quality）

领队在行前说明会上发给游客的《旅游服务质量评价表》在旅程中回收后，带回并交给计调人员。《旅游服务质量评价表》集中了游客对旅行社提供的境外旅游、食宿、导游等多项服务的评价意见，是来自游客的最直接反映，对旅行社改进工作有极大帮助。《旅游服务质量评价表》通常由旅行社的客户服务部门收存，对旅行社服务质量的分析提供第一手资料。

二、递交特殊事情的书面报告和接团工作总结（Submit the Written Report on Special Case together with the Report of Reception Group）

1. 特殊事情的书面报告（Make Written Report on the Special Case during the Tour）

在带团过程中，团队在旅游期间发生的一些重要情况，领队应当提供单独的书面报告。团内发生过的一些事情包括团队游客过生日、游客之间的争吵、行李丢失、游客被窃等，只要是领队认为有必要进行汇报的问题，或在旅行当中发生的较重要事件，领队都应以书面报告的形式进行详细记录，以备日后查询。

2. 领队的接团个人工作总结（Personal Work Report of the Tour Leader）

领队的接团工作总结，应当包括领队本人对所带领的出境旅游团的认识、对目的地国家的讲解要点以及对改进线路产品的一些建议。总结经验对于领队认知水平的提高和业务能力的增强十分重要。领队在总结中提出对线路产品的建议，也可以使领队的业务智慧得到很好的体现。

温馨提示

以上两项文字资料是作为领队对计调人员口头带团工作汇报的补充，需要一并交上存档。旅行社的部门经理应当对领队的总结及报告及时批阅，避免其中提及的问题被拖延处理。

Warm Tips

The above written materials are the supplement from the tour leader to the OP. They should be handed in and documented. The department manager should read and check them in time to avoid the trouble issues mentioned in the materials.

三、交齐其他与该团有关的资料凭证（Hand in Other Relevant Materials）

（一）有证据作用的凭证（Receipt that Matters）

团队在旅行期间，如果有行程变更、增加自费项目、取消游览景点等，按照要求都应有游客的签字确认。如团队发生过这些情况，有游客签字的单据，领队均应该收藏起来，带回交付计调人员归档。这些凭证可以留作证据，以应付不测。

（二）游客来函等资料（Letters from the Tourists）

有些游客对旅行社的安排不太满意，会写成文字，让领队带回。领队应将这些资料认真收妥，带回交给计调人员。凡游客反映的问题，旅行社都应由负责旅游服务质量的经理给予答复。《领队日志》以及领队为特殊事件所写的书面报告等领队上交的所有资料，都应由计调人员收齐归宗入档，要将其作为此团的原始资料档案进行编号、登记并收存。按照国家有关要求，旅行社的全部业务档案应当至少保存3年才能进行处理。

第二节 财务报销
(Financial Reimbursement)

一、按照旅行社的要求按时进行报账(Handle the Financial Reimbursement in time upon the Travel Agency's Regulations)

领队小许带着报账的收据及凭证来到旅游公司进行报账。

> **温馨提示**
>
> 按照各家旅行社的不同规定,领队应在带团结束后及时到旅行社财务部门进行报账。通常各家旅行社规定的时效为一周,领队就应问清时间,遵照执行。
>
> **Warm Tips**
>
> The tour leader should make the financial reimbursement when coming back at the financial department in time according to the regulations of different travel agencies. Usually the time limit is one week from the day that tour leader comes back China. The tour leader should make clear about the time for financial reimbursement and abide by it.

二、获得领队带团酬劳并领取其他支出(The Allowance of the Tour Leader and Other Expenditure)

报账时领队要交付出团计划,按照各家旅行社的规定领取出团补助。领队在带团期间,有否借款,或因特殊原因得到组团旅行社批准个人垫付的房费、餐费、交通费或其他费用,也需在报账时一并结清。

第三节 对出境旅游者的后续服务
(Follow-up Service to the Outbound Tourists)

一、带团归来不应与游客彻底告别(Should not Say Farewell to Tourists after Coming Back)

(一)将游客作为旅行社的客户资源加以重视(Lay Importance to the Tourists for They are the Customer Resource of the Travel Agency)

许多领队带团回来,就与游客彻底告别,其实是一种工作失误。出境旅游短则几天,长则数周，领队与游客之间，日日相见，同甘共苦，共同经历了风雨，一起感受了异国他乡的美丽，因此可以有许多共同的感受一起交流。

（二）争取将一次性游客变成忠诚游客（Try to Make the Tourists Loyal Customers）

游客多会有再次参加出境旅游的可能，领队应保持与游客建立起的信任关系，为游客介绍新的旅游线路，争取让游客从一次性游客变成长期游客，最后成为旅行社的忠诚游客。

二、用多种方式与游客保持联系（Keep in Touch with the Tourists through Different Ways）

（一）将照片传递给游客（Send Pictures to the Tourists）

领队应将游客视为朋友，将旅途当中为游客拍摄的照片洗印寄送给游客，特别是非常有意义的团体照或者将所拍的照片通过网络传递给游客。游客看到照片后，就会勾起对旅游的美好回忆。

（二）通过多种手段与游客进行情感交流（Make Emotional Communication with the Tourists through Various Ways）

领队应通过电话、电子邮件、QQ和微信等信息交换方式，与游客交流旅游感受，表达问候并感谢游客参加了旅游团，可以让游客对旅程的美好体验进行回忆，以加深对领队及组团旅行社留下良好的印象。这将为游客下次参加同一家旅行社出行，起到很好的铺垫作用。具体工作内容如下：

（1）团员彼此交换电子邮件、微信或微博等联系方式，并将发送彼此照片；
（2）提供旅游新知识及新线路信息；
（3）定期寄生日、结婚纪念日贺卡或通过电子邮件发送；
（4）定期电话联系、发送电子邮件或聚餐。

实操与训练

1. 针对本环节，根据所提供的《出境旅游行程单》，填出一份《领队日志》。
2. 每位同学设计一份"旅游服务质量评价表"，并分组模拟演练请游客填写过程。
3. 同学们分组进行报账程序的模拟训练，并提交记录。
4. 有一组客人购买了旅游公司的出境游产品——沙巴文莱5晚6天精彩休闲游（见表5-1、表5-2），旅游公司派你作为本次的出境游领队。请你设计并模拟从服务准备、召开行前说明会、致欢迎词、中国出境手续办理、途中服务、目的地国家入境手续办理，直到返回旅游公司后续工作的整个过程，并形成一个书面方案。

表5-1　　　　　　　　　沙巴文莱5晚6天精彩休闲游出团通知书

欢迎您参加××旅游公司的出境旅游，现通知您有关出团事宜：

旅游团号	1609-ZWA-0918SW
集合时间	2016年09月18日13点整
集合地点	上海浦东国际机场T1号航站楼国际出发大厅9号门
航班时间	去程航班：9/18　BI614（15:35-20:15）　9/18 BI829（21:30-22:10） 回程航班：9/22　BI822（08:50-09:30）　9/23 BI613（10:25-14:45）

续表

领队	黄先生　139 xxxx xxxx
机场联系人	何先生　137xxxx xxxx
费用说明	报价包含： 全程国际机票及机场税，行程表内注明的酒店、餐食、境外旅游交通、景点门票、领队和导游服务、全程司机、旅行社责任险。 报价不含： 境外基本服务费 300 元/人，护照费，自费项目，行程计划之外的个人消费和个人旅游意外险。
提示告知	1. 请再次确认与浙江中青旅签订旅游合同，并索取《境外安全旅游告知事项》请游客注意天气变化，务必按集合时间准时到达机场。 2. 请每位游客携带本人身份证，儿童携带户口本；请游客将所有证件及贵重物品随身携带。 3. 团队集体过移民局、海关时，要听从领队指挥，不要私自行动。不要帮陌生人拿行李，以防被人利用。 4. 游客出、入境请遵守移民和海关的有关规定；有携带须向海关申报物品的请提前告之领队，并协助安排报关；故意隐瞒导致被查、被扣的本人负全责。 5. 团队旅游活动期间，不要进入境外赌博和色情场所。请注意自己的人生和财物安全。 6. 凡参加我社团队的非中国公民，需自赴中国领馆办理回中国签证，如因未办理而造成不能入境者，一切后果自负。 7. 文莱现在不准带香烟入境，如有违反遭没收及产生的税费，后果自负。
组团社	XXXX 中青旅联系人：　吴小姐 0571 - 8578xxxx
转团社	xxxx 国旅吴小姐：　136XXXX XXXX
	文莱紧急联络人：都先生　　　+673 - 899XXXX 沙巴紧急联络人：Celine Lee　　+6012 - 8380XXXX

★　全程搭乘文莱皇家航空公司客机，精心搭配，无红眼航班困扰！

★　欢畅自由闲暇时间任你支配！体验多种风情，热情海岛，海上假期，乐趣无穷。

★　赠送所有参团游客体验沙巴特有的凯尔斯长鼻猴生态萤河之旅 + 晚餐（价值 400 元/人）。

★　特别安排参团游客体验巴东姑阿都拉曼国家公园旅游项目—马穆迪岛出海 + 海鲜烧烤 BBQ + 浮潜（价值 400 元/人）。

★　特别安排参团游客入住文莱帝国酒店，该酒店于"世界旅游大奖（World Travel Awards）"中勇夺"亚洲最优秀高尔夫球度假村"、"亚洲最优秀度假村"以及"文莱最优秀酒店"。

表 5-2　　　　　　　　　　　　沙巴+文莱 5 晚 6 天精彩休闲游行程单

第 1 天	上海—文莱—沙巴 参考航班 BI614（1535/2015）转 BI829（2130/2210） 浦东机场集合。上海经文莱转机飞往沙巴，由当地导游接机后返回酒店，各自休息。 早餐：自理　　　　　　　　午餐：自理　　　　　　　　晚餐：飞机上 住宿：B 套：丝绸港湾麦哲伦度假村 5★
第 2 天	沙巴：长鼻猴精彩游：凯尔斯长鼻猴生态萤河之旅——马来风味下午茶 早餐后，上午自由活动，享受酒店内设施。下午出发，经历 2.5 小时左右的车程前往【凯尔斯长鼻猴生态萤河之旅保护区】。抵达后，先轻松享用道地的马来糕点。之后搭乘快艇出巡，深入这片热带雨林展开今日的长鼻猿生态雨林之旅，寻访野生长鼻猿的神秘踪迹。乘搭安全的长尾船畅游于红树雨林间，尽情感受这盘根错节的环境中另一种有序的自然生态，并在蓝天绿水间寻觅这世界上独一无二的长鼻猴，偶尔还能发现其他稀有猿猴的踪影。返航后，享用晚餐。晚餐后再次启程，让成千上万的萤火虫陪伴我们航行于寂静的河道上，当身旁树林中明明灭灭的萤光点亮了您儿时的记忆，就让这不知是星斗还是荧光陪伴的夜晚，替您一圆久违的美梦！随后返回酒店休息。 ★建议服装：长裤及休闲服，旅游鞋+外套 ★需准备用品：帽子，雨伞，防蚊液，相机，望远镜，手电筒 早餐：酒店早餐　　　　　　午餐：自理　　　　　　　　晚餐：马来风味餐 住宿：B 套：丝绸港湾麦哲伦度假村 5★
第 3 天	沙巴：东姑阿都拉曼国家公园休闲游——马穆迪岛出海+浮潜（含浮潜用具），沙巴市区观光+马来风味拉饼+拉茶 早餐后，在丝绸港湾码头乘快艇前往东姑阿都拉曼国家公园的【马穆迪岛】（停留不少于 5 个小时），在这片热情的海岛上，有细白的沙滩以及完全没有污染的天然景色，享受清澈见底的海水，穿戴上为您准备的浮潜用具，纵身跳入海中欣赏五彩缤纷的热带鱼，缤纷亮丽的海底景观保证让你大饱眼福。您也可在此自费参加各种水上活动，体验如海底漫步、香蕉船或拖曳伞登高一呼之快感。午餐后，可以选择继续游泳，让热情的热带鱼围绕在你身边觅食，让您置身于温暖的阳光下、迷人的海景里，度过美好的海上假期。傍晚快艇返回市区，享用【马来风味拉饼+拉茶】（停留不少于 30 分钟）。马来人又叫拉茶为飞茶，因为两个杯子间的茶水拉来拉去的，真的像飞起来一样。马来拉饼，师傅先以简洁熟练的手势捏搓面团，再加以奶油或油在锅中加以煎烤，同时有节奏地进行旋转式的抛掷面团动作，动感十足，也给人以视觉上的享受。享用完马来拉饼和拉茶后进行市区观光：参观当地华人捐献建造的【普陀寺】（停留不少于 30 分钟），沙巴地标建筑物【沙巴回教基金局外观】（停留不少于 15 分钟），【回教清真寺外观】（停留不少于 15 分钟）；后返回酒店，享用丰盛的酒店自助晚餐。 ★需准备用品：毛巾，泳衣泳裤，防晒霜，替换衣服及拖鞋或沙滩鞋 早餐：酒店早餐　　　　　　午餐：海鲜烧烤 BBQ　　　　晚餐：所选住宿酒店内自助晚餐 住宿：B 套：丝绸港湾麦哲伦度假村 5★
第 4 天	沙巴：酒店自由活动。 早餐后，全天自由活动，享受酒店豪华设施。 早餐：酒店早餐　　　　　　午餐：自理　　　　　　　　晚餐：自理 住宿：B 套：丝绸港湾麦哲伦度假村 5★

续表

第5天		沙巴—文莱—金之都：城市观光游　参考航班 BI822（0850/0930） 专车送往机场，搭乘航班前往文莱首都斯里巴加湾市，进行市区观光：前往【苏丹纪念馆】（停留不少于45分钟），里面展示了29世苏丹于1968年登基时所用过的各种物品，例如苏丹登基时使用的华丽皇室马车、真人高的看板展示了当时游街仪式的盛况以及贵重黄金和钻石打造的皇冠和权杖会让您惊叹不已。后欣赏【奥马阿里清真寺外观】（停留不少于15分钟），【苏丹皇宫外观】（停留不少于15分钟），苏丹皇宫屋顶以纯金打造，是目前世界上最大的皇宫之一。探访当今世界造价最高、建筑工艺、最先进的回教清真寺——【杰米清真寺】（停留不少于45分钟）。其外观圆塔由29个大小不一的24k纯金打造的洋葱型圆顶组成，黄金厚度达两公分。寺内奢华的装饰设计风格及壮观的气派绝对令您感到震撼，为求尊重当地回教条规，女性入内参观时需外罩一件免费提供的黑色长袍（男性如穿短裤也需穿长袍）。下午送游客往帝国酒店，在酒店自由活动。帝国酒店是世界上规模最大的度假村之一，总面积超过180公顷，建于南中国海海边，拥有360间标准客房、63间华丽套房及豪华别墅，屡次被誉为全亚洲最富丽顶级的度假村，向来是各国皇室贵族及政要名流所指定的住宿酒店。客房的寝具都是特别订做，浴室要比一般五星级酒店的大上整整1倍。 注：游客在参观清真寺、苏丹纪念馆等景点时需要脱鞋，需自备厚袜子；清真寺内禁止照相，禁止大声喧哗，不得在祷告者前走过或模仿朝拜；清真寺每逢周四、周五和回教节日关闭，此时会安排外观，不便之处尽请谅解！文莱斋戒月等节日期间行程可能做相应调整，不便之处尽请谅解！ 早餐：酒店打包早餐　　午餐：千禧餐厅自助餐　　晚餐：海王星中式餐 住宿：文莱帝国酒店副楼5★
第6天		文莱—上海　参考航班 BI613（1025/1445） 早餐后，前往机场办理登机手续返回上海浦东机场，结束愉快的旅程。 早餐：酒店早餐　　午餐：自理　　晚餐：自理

备注：
● 以上行程仅供参考，最终行程以出团通知发出的为准。
● 可选住宿中所列酒店间存在差价，在酒店房况允许情况下需补交实际差价。
● 行程中精选游及其他赠送项目，如因天气、不可抗力等因素无法成行我社不退任何费用。
● 客人若放弃，我社不退任何费用。
● 行程中所列航班由于航空公司原因暂未确定，故仅供参考。境外酒店不挂星、不挂花，行程所列星级均为网评星级。

技能提升篇

目录

第六章　带团中的操作流程与技巧
第七章　讲解的技巧与方法
第八章　事故的处理与预防

第六章
带团中的操作流程与技巧

　　出境游领队在境外带团期间的主要工作，围绕着为旅游者安排好食、宿、行、游、购、娱等几项旅游要素进行。目前有些旅行社出于成本考虑，会让领队担任全程导游，即以领队兼导游的形式来开展工作，在餐饮、酒店住宿、乘坐交通工具、商场购物等环节中为客人提供优质服务。

　　本章通过对领队在不同活动场合带团操作技巧的介绍，帮助学生认识领队在境外需要与导游密切合作，在以导游为主、领队为辅的前提下，按照旅游合同的规定，保证接待计划的圆满实现；并了解领队在餐饮、酒店、乘坐交通工具、商场购物等环节的具体操作技巧与方法。

学习目标

知识目标：1. 了解在酒店、就餐时操作技巧。
　　　　　2. 熟悉乘坐交通工具、商场购物等注意事项。
能力目标：1. 能够掌握领队带团中的实务操作要点。
　　　　　2. 掌握处理突发事件的技巧。

 **出境游案例**

用日本自助点餐机点餐的体验

　　2015年的春节，笔者又担任了"日本本州5晚6天超值之旅"的出境游领队，踏上了日本国土。旅游公司设计的6天行程采用飞机往返套票，首尾两天我们几乎都是在搭乘飞机和办理酒店住宿，所以剩下的4天行程被安排得满满当当。

　　到达日本的次日早晨，客人离开关西地区赴大阪游览。午餐后又马上赶到日本的古都——京都游览金阁寺、八坂神社和祇园艺伎风情花见小路等名胜风景。下午5点左右，京都的行程结束。当晚，团队被安排在距京都车程约两小时的名古屋住宿。

　　日本导游向我提出了很好的建议，从京都到名古屋的路途中没有适合旅游团就餐的餐厅，不如在高速公路休息站将餐费发给客人，客人不仅可以想吃什么就买什么，也可以让客人体验一下用日本自助点餐机点餐的乐趣。晚上6点左右，拿到餐费的客人们（特别是孩子们）直奔自助点餐机，选餐、等号、提取，照着点餐程序，客人们在品尝日本餐食的同时，也参与了前所未有的用餐体验。

在行程第5天的东京一日游，上午是秋叶原电器街自由购物及参观浅草寺，下午是自由购物，行程中旅行社只安排午餐，晚餐由客人自理。

早餐过后，客人们都坐上了赴东京市区的旅游大巴。笔者在大巴上问导游午餐的用餐地点，导游回答说我们团体人数比较多，没有合适的场地吃团队餐，还是发钱给客人吧，让他们自行解决。我驳回了导游的提议，最终建议给大家安排团队餐。因为笔者认为团队旅游偶尔有一次让客人自行就餐，同时感受一下异域的餐饮文化还是可以的，但次数多了，会给客人带来麻烦。况且，组团旅行社针对客人午餐和晚餐的标准是不一样的，午餐是1 080日元，晚餐是1 500日元，万一客人觉得1080日元不够吃，就会引起投诉。最后我们选择了在浅草寺旁的一个日式餐厅吃日本的定食作为团队的午餐。

中午时分客人在餐厅边吃午餐，边跟我讲：这是日本之行最后一顿团队餐了，日本餐食做得很精细；非常不错；小孩子们在一起玩了四五天也有了感情。言语中显示出非常珍惜大家在一起用餐的机会。

▶▶▶ **案例评析**

2014年以来日本游热度一直不减，从出行方式来看，跟团游仍是赴日旅游的主要方式，第一次出游日本的游客仍以团队游为主。

职业出境游领队在实际带团中的作用，表现在许多方面，诸如：带领旅游者完成登机，出入境等手续；提供语言翻译服务等。其中调控团队顺利运行和监督导游服务是领队不能忽视的两项重要工作。本案例中，领队考虑到团队解散后不利于保持团队的整体性；其次，考虑到午、晚餐的标准不同，易引起客人的不满，最终驳回了导游第二次发钱给客人自由用餐的提议。

境外导游从业人员素质参差不齐，即使是同一个导游在不同的工作时间段内，也有不同的状态体现。领队的这一做法适时阻止了导游试图偷懒的行为，从而确保了团队的正常运行。

（资料来源：徐辉. 在日本自助点餐机上点餐的体验［N］. 江南游报. 2015.04.22）

第一节　境外餐饮服务

餐饮服务是领队带领出境旅游团队在外旅游期间的基本服务事项，提供优质的餐饮安排，有利于每天行程的顺利开展，更有利于增进领队与旅游者的信任，获得使行程顺利完成的配合与支持。

领队兼导游（Through Guide）

　　欧洲境内团体旅游的交通方式多数采用的是乘坐大巴。领队、导游的工作往往由一人来担当，被称作"Through Guide"。他（她）的工作除了讲解以外还包括接送团、酒店及餐饮的安排、景点门票的支付、游船预订等一系列工作。他（她）们所带团的旅游线路往往要跨越几个国家。这些Through Guide 往往懂几种工作语言（如英语、法语、西班牙语等）及中国方言（如广东话、闽南话等），方便与景点、餐厅、酒店、司机、机场的交流。通常他们均受过良好的高等教育或者是从小在国外出生、长大的华人，往往以台湾及香港籍为主。目前，中国的旅行社也开始培养"领兼导"，他们往往曾经担任过多年的入境游的语种导游，具有丰富的导游经验。并且，"领兼导"的范围扩大到了"澳新线"、"日本线"、"美东线"和"美西线"等线路。

　　（资料来源：作者根据相关资料整理编写.）

一、餐前准备工作

　　行程中，领队在缺乏导游的情形之下或者担任领队兼导游（Through Guide）的角色，就需要做好餐饮预订的工作。

（一）预订人数、时间、餐饮种类及标准、特殊要求等

　　团体用餐通常需要预约，不管是用电话、微信、电邮、传真等方式，都宜事先完成，以确保团体有座位和保证餐厅充足的准备时间，特别是在旅游旺季及有特殊的餐饮需求时，更应提早预订，以免餐厅满员，无法接受预订。团队有了预订，可避免旅游者等待时间过久，耽误下一站行程和影响旅游者心情。订餐方式为：

（1）先报旅游团体名称、团号和领队姓名；
（2）通知餐厅团体人数（团体＋小孩＋领队、导游、司机）；
（3）告知餐厅素食者或其他特殊饮食限制者的人数；
（4）确定餐厅订餐的规格，包括几菜、几汤与多少价位的菜单；
（5）告知餐厅大约抵达餐厅用餐的时间。

（二）旅游中的订餐时间

　　最好能够在48小时之前订妥，在旅游旺季期间排队用餐的情况经常发生，等候时间有时甚至超出1个小时以上，因此在旅游旺季领队更应提早安排妥当。

（三）订餐的变更

　　餐厅一经预订，尽可能不要变动，也不可在抵达当天取消；如因故无法前往用餐，请于抵达前24小时，委婉地通知对方，并请求谅解。

（四）确定餐厅的位置

　　了解餐厅的正确位置，以免司机不熟悉花时间找餐厅，影响旅游者用餐时间。

温馨提示

目前，我国出境旅游团去欧洲、北美洲等地区旅游的较多。通常在整个行程中基本上以安排中餐为主。在国外，华人开的餐馆特别多，这些华人大多来自浙江温州地区的瓯北、鹿城、文成、瑞安、丽水、青田，还有福建和山东等。老一代开餐馆的华侨则以广东人居多。（如图 6-1）

图 6-1　新加坡的华人餐厅——娘惹餐馆

二、用餐过程的服务

在餐厅尤其要注意团体用餐礼节与个人贵重物品的保管。前者是要让旅游者吃得有礼，后者则是要使旅游者吃得安心。此时领队具体工作内容如下：

（1）认清餐厅方向；
（2）事先说明集合时间及上车地点；
（3）指出紧急出口及厕所位置；
（4）餐厅内用餐礼节介绍；
（5）告知游客哪些费用包含在团费之内；
（6）用菜单说明今日餐点及特别餐，并注意菜量及菜色是否相符；
（7）预留时间让旅游者上洗手间。

团体用餐不同于自由行旅游者就餐，随团服务的领队负有教导的责任，故于用餐时要一再提醒游客注意如下事项。

（一）服饰

团体若在中式餐厅享用中式餐食，旅游者穿着休闲装即可。但若安排在西式餐厅用餐，领队应事先告知旅游者，普通西式餐厅要求旅游者不能穿凉鞋、短裤；如为正式晚宴或晚餐秀，则须依各秀场规定，不可穿牛仔裤、布鞋或无袖上衣。除在休闲度假的饭店或海滨外，一般不宜穿着短裤、拖鞋或无袖上衣进入餐厅，特别是进入正式西餐厅或晚餐秀等场合。

知识链接

　　当打开帆船酒店（Burj Al Arab）的官方网站时，你可以看到网站上就有对用餐者的着装要求。
　　午餐：帆船酒店的着装是休闲风格的，男士要求穿带领衬衫、长裤或者休闲牛仔裤、密鞋。女士要求穿套装或者连衣裙，长裙或短裙，较为讲究的便服上衣。阿联酋民族服装在这里也是很受欢迎的。男士短裤、汗衫、拖鞋和运动鞋等都是不允许穿着进餐厅的。
　　正餐：帆船酒店的正餐着装是半正式化的，男士要求穿长袖的带领衬衫，长裤（牛仔裤除外）和密鞋，还需要穿一件夹克外套。女士要求穿套装或者连身裙以及或长或短的裙子，但也要较为松弛，并且注意修饰。阿联酋民族服装在这里也是很受欢迎的。男士短裤、汗衫、拖鞋和运动鞋等，都是不允许穿着进入餐厅的。
（资料来源：作者根据酒店网站内容翻译．）

（二）入席

　　团体进入餐厅应保持安静，在中式餐厅用餐时，领队应先向餐厅确认团队所分配的桌次，请旅游者依序就坐。去西餐厅就餐也是先确定团队位置并告知餐厅预约与否、用餐人数，不可自行寻找位置就坐，应等待服务生领位。大衣、手提行李应寄存衣帽间。领队还应提醒旅游者应遵循女性优先原则，并从左侧就坐。通常旅游者来自不同的地方，旅游初期旅游者彼此不认识，入席时宜机动调整，给旅游者彼此认识的机会。另外，对于素食者、小孩子等入席安排要特别告知餐厅服务人员。

（三）菜单（如图6-2）

　　团体菜单通常是套餐方式，虽然如此，仍应告知旅游者套餐的菜单内容，以免旅游者中有不吃牛肉或回教人士不吃猪肉者。

图6-2　斯里兰卡某华人餐厅门口的英文餐单（今日推荐菜）

（四）用餐礼节

一般旅游者会很习惯中餐用餐礼节，但用西餐尤其是法国餐、瑞士火锅、意大利餐等特殊餐饮时，领队则必须事先告知旅游者正确的用餐礼仪。

1. 饮料

普通团体饮料通常不包含在套餐内，所以领队宜事先告知旅游者套餐费用包含饮料与否，如不含则告知旅游者饮料费用多少，尤其是享用西式自助餐、观看自费活动的表演场所以及乘坐国际航班上提供的含酒精饮料等。

2. 餐具

餐具礼节通常在享用西餐时要加以遵守。例如法式西餐，旅游者一般较不熟悉，且西式餐饮各国国情不同，团体用餐必须入乡随俗，尤其是在国际性场合，如国际游轮、赌场旅馆等场所等。领队应事先讲解西餐餐具的使用方法。

餐巾不可夹在领子上或塞在腰带上，通常平放在双腿上。餐巾一般用来擦拭嘴与手，绝不可拿来擦桌面。中途离开时，不可将餐巾挂在椅子上，可放在椅子扶手上或椅背上，用餐完毕后应放回桌上。

餐厅通常会将刀叉摆放好，左叉右刀是一般规则；若切好菜肴后，也可将叉换至右手持用。若中途用餐停止要进行交谈时，应将叉柄朝下放，与刀成八字形，餐毕则将刀叉平行放置盘中，刀刃向内。除非是特殊餐点，如吃鱼或瑞士火锅，否则在西餐中，每道菜都需要灵活更换合适的刀叉，服务生会在每一道菜吃完后收去相应餐具，并按需或添加刀叉。原则上有以下几点要注意：

（1）首先请务必认清每一项餐具之功用，不同饮料使用不同酒具，不同的主菜也使用不同的刀叉，切勿张冠李戴，失礼又失身份。

（2）叉子为大部分主食、前菜、甜点送入口的主要餐具；刀的主要功能为切割食物，切不可用刀送食物入口。

（3）西餐礼节中汤匙种类非常多，因不同餐点搭配不同形状的汤匙，各有其功能，同一把汤匙不可从头用到尾。例如：咖啡匙主要用来搅拌，并非送入口的餐具，用完后不可放在杯中，应置于咖啡碟上。

（4）餐具使用一般是由外而内，比如前菜先是一道汤，接下来是一道海鲜，则摆放顺序为汤匙、鱼刀、鱼叉；或主菜为肉类，其对应餐具应为置于最内侧的那组刀叉。领队宜事先告知旅游者用餐顺序与菜单的内容。

3. 西餐饮酒的搭配

按照惯例，西餐中红肉配饮红酒，而品尝海鲜则以白酒相配即可，这是一般用餐的规则。但也有些特殊餐食的搭配则不然，如鹅肝酱配红酒或白酒都可。旅游者在喝酒时最易产生的困扰是将酒杯拿错，或一个杯子被倒入多种酒。

4. 汤类与面包食用原则

在国际礼仪中，喝汤时应用汤匙把汤从碗内自内往外舀出，再用汤匙送入口。喝汤忌发出声音，使用匙尖送入口中，不可用吸入方式，以免发出声音。若碗内汤所剩不多，则可将汤碗向外稍微倾斜，再用汤匙舀出。面包通常是点菜后服务生才会送来，但面包非主食，是配合不同菜式换口味的副食。吃面包时应先在面包篮内将面包撕成小块再取食，不可在菜盘中撕面包，也要避免将面包沾汤食用，在高档西餐厅尤其不可以做出这样的举动。

（五）小费

通常团体在中餐厅用餐，一般如无特例无需再给小费；但若为西餐厅，一般是入乡随俗支付一定小费。午餐小费通常为总花销的10%，而晚餐为15%，但并非绝对的，如团费已包括则不必给。但不管是中式或西式餐厅，如服务生服务非常良好，或旅游者要求的服务内容超出正常服务范围，则须酌情再给服务生小费，以免失礼。国内通常有所谓的服务费（service charge）；国外也有，称作"cover charge"，一般都属于餐厅的利润。建议旅游者给予当时为其服务的服务员真正属于他的小费。总之，团体用餐通常含有小费，除非旅游者是在自由活动时自行用餐或享用饮料，或是在赌场旅馆享有自助餐。此外，若是参加晚餐秀（Dinner Show）或演艺船（Show Boat），需告知旅游者，对于演艺人员的特殊表演或接受点唱时，应酌情给予小费。

（六）自助餐

团体旅游通常在旅程中会安排自助餐。自助餐符合旅游者的消费心态，在无中式餐厅的旅游地区也不失为一个好选择。自助餐通常会摆满各式主菜、副菜、甜点、水果等，菜式非常丰富，但也应事先向旅游者告知用餐礼节，诸如：

（1）女士优先是国际惯例，请依序排队礼让女性。

（2）虽是自助形式，但仍有前菜、主菜、甜点、咖啡或茶等顺序，告知旅游者用餐顺序，忌不按顺序获取食物。

（3）冷盘与热盘、甜食与咸食应分开盘子装，以免影响食物的味道与卫生。

（4）取量宜依照本身食量，不可一次拿足所有食物，包括前菜、主菜、甜点、饮料，全摆在桌上。

（5）饮料有时会有服务生服务，若自取时也依照一次取用一杯为原则，不可一次取数杯放在桌上。

团体旅游安排自助餐方式，具有方便性及自主性的双重优点。此外，领队应注意适合素食者的菜量是否足够，以及告知旅游者用餐时若有服务生服务也应酌情给予小费。

领队应事先熟记与餐饮相关的专有名词，因不论是为旅游者服务或与餐饮业沟通联络时都十分有用。

餐饮业常用词汇

餐食 Food

1. starters/appetizers 开胃餐
2. spaghetti 意大利面
3. roast beef 烤牛肉
4. smoked salmon 烟熏三文鱼
5. vegetarian 素食者
6. scrambled egg 炒蛋
7. lobster 龙虾
8. escargot 田螺

9. omelet egg 煎蛋卷
   10. cheese 奶酪

饮料 Beverage
   1. mineral water 矿泉水
   2. espresso 意式特浓咖啡
   3. wine cooler 葡萄酒冰桶；酒柜
   4. cocktail 鸡尾酒
   5. Manhattan 曼哈顿鸡尾酒
   6. Bloody Mary 血玛丽鸡尾酒
   7. Screwdriver 螺丝刀鸡尾酒
   8. decaffeinated Coffee 无咖啡因咖啡
   9. latte 拿铁咖啡
   10. chamomile 甘菊茶

蔬果 Vegetables
   1. pineapple 菠萝
   2. papaya 木瓜
   3. mango 芒果
   4. carrot 胡萝卜
   5. coconut 椰子
   6. pumpkin 南瓜
   7. watermelon 西瓜
   8. mangosteen 山竹
   9. durian pear 榴莲
   10. passion fruit 百香果

调料 Dressing
   1. pepper 胡椒
   2. salt 盐
   3. sugar 糖
   4. soy sauce 酱油
   5. vinegar 醋
   6. chili/hot pepper 辣椒
   7. tabasco 辣酱
   8. sauce 酱汁
   9. dressing 调味品
   10. ketchup 番茄酱

其他 Others
   1. chewing gum 口香糖
   2. finger bowl 洗手盅

3. service fee 服务费
4. serving trolley 服务推车
5. cashier 收银员
6. wine list 葡萄酒单
7. salt shaker 盐罐
8. rice cooker 电饭煲
9. napkin 口布
10. drink list 饮料单

三、离开餐厅时

团体用餐完毕，如是午餐，则会继续下午的游览行程；若是晚餐，则回酒店休息。此时旅游者一般精神较放松，所以经常忘记随身物品。又或，有些旅游者的节俭美德使其惯于用餐后将剩余的食物外带，但这在国外是非常不妥的行为，尤其是在享用自助餐时，将食物外带的情况最容易发生，也最不合适。因此，领队在团队离开餐厅时的重点工作为：

（1）提醒旅游者是否检查已经携带随身物品；
（2）提醒旅游者请勿外带餐具及未食完的食物；
（3）为司机准备打包盒。

总之，在境外提供餐饮服务时，领队应擅于把握时机，介绍用餐的礼节与各国的特殊餐饮，使旅游者在用餐时，不仅仅填饱肚子，还能增长旅游餐饮的知识。

第二节　境外酒店服务

领队在安排酒店住宿时应细致周到，不仅让酒店发挥其原有的住宿休息功能，而且通过领队对酒店住宿的巧妙安排，增加旅游者彼此之间的感情，将酒店单纯的住宿功能提升至休闲旅游的更高层次。

一、办理酒店登记手续前

在办理酒店登记手续前，领队需要做的事情如下：
（1）掌握正确酒店位置，可以节约进店时间；
（2）如因行程延误，时间过晚，宜事先打电话告知酒店。

二、登记住宿时

在酒店办理住宿登记的同时，领队应向旅游者说明酒店住宿的各项注意事项，以免造成旅游者的困扰。领队通常应注意以下几点：
（1）向酒店总台确认是否有酒店附属设施，如游泳池、健身房、桑拿房、赌场等娱乐设施等。

（2）协助酒店礼宾部领班（Bell captain）清点行李，使行李能够尽快分送到旅游者房间。

（3）若旅游者为亲朋好友同行，尽量安排临近房间（adjoining room），或询问有无连通房（connecting room），以满足旅游者需求。

（4）旅游者进房后，应告诉旅游者如何使用房间内的各项设施，并告知其紧急出口通道。

（5）说明大陆式早餐与美式早餐的不同。欧洲酒店一般提供大陆式早餐，如欲吃美式早餐，须请旅游者另行付费。

（6）请旅游者离开房间时记得带钥匙，外出请携带印有酒店名称、地址、电话的卡片、以防迷失。

在住宿登记时，领队可向旅游者说明次日行程携带的物品及着装要求，如进教堂不宜身着短裤、短裙、拖鞋，上高山宜加件外套，海滨旅游宜涂防晒油及携带太阳眼镜等。

酒店常用词汇

1. front desk 前台
2. bell service 行李服务中心
3. tour information desk 旅游咨询服务中心
4. executive floor 行政楼层
5. business center 商务中心
6. duty free shop 免税店
7. house keeping 客房部
8. room service 送房服务
9. laundry service 洗衣服务
10. beauty saloon 美容中心
11. hotel voucher 饭店住宿券
12. personal bill 个人账单
13. rooming list 分房名单
14. complimentary fruit 免费招待水果
15. welcome drink 免费招待饮料（欢迎饮料）
16. meal coupon 餐券
17. wake-up call 叫醒电话
18. pay TV 付费电视
19. safety box 保险箱
20. master key 万能钥匙
21. shuttle bus 穿梭巴士
22. evening dress 晚装
23. wedding garment 结婚礼服
24. bikini 比基尼

25. stockings 袜子
26. handbag 手提袋
27. cosmetic case 化妆箱
28. shopping bag 购物袋
29. purse 皮包
30. necklace 项链
31. pendant 坠子
32. key holder 钥匙包
33. doorknob 门把
34. keyhole 门孔
35. sandals 拖鞋
36. shoehorn 鞋拔
37. shoe polish 鞋油
38. shoe brush 鞋刷
39. coat hanger 衣架
40. comb 梳子
41. hair dryer 吹风机
42. battery 电池
43. blanket 毯子
44. sheets 床单
45. pillow 枕头

备注：

（1）前台 front desk：包括登记处（registration）或接待处（reception）、问讯处（information）、收银处（cashier）、预订部（reservation office）、礼宾部（concierge）、夜间核算（night auditor），有些酒店设有独立的团体登记处（group check in counter）（如图6-3）。

图6-3 澳大利亚酒店前台提示的入住和退房时间

（2）行李服务中心（bell service）：包括行李员（porter）、门童（door man）。

三、酒店退房时

离开酒店结账时，领队需留意旅游者是否已付清私人费用，行李及贵重物品是否已带，特别是要确定团体行李件数和是否已上车。为确保万无一失，开车离开饭店时，再次提醒旅游者亲自确认行李携带上车与否。

（1）早上集合时，领队应提早至集合地点，协助旅游者退房，并与收银员核对私人账单是否已付。

（2）全团行李搬至大厅后，应立即清点件数，并请旅游者再次确认行李。待办理完退房后，再通知司机将行李搬上巴士。在旅游治安较差的地区，宜配合司机装卸行李。

（3）开车离开酒店前，再次确认旅游者随身物品携带与否，饭店钥匙是否归还。

（4）请保存好所有的酒店分房表，回国后再销毁，以备旅游者万一遗失物品时有资料可查。

总之，在酒店时，领队可通过向旅游者介绍酒店的附属休闲功能，并且鼓励旅游者加以利用，来改变旅游者认为酒店仅仅是睡觉的地方的观念，以使旅游者的入住体验最优化。

 出境游案例

为取回一副昂贵的眼镜

领队陈先生所带的"德、法、瑞、意11日游"团体顺利地完成了德国、法国的游览行程，按计划第5天团体抵达了奥林匹克之都——瑞士洛桑。行程的第6天从洛桑出发车行20公里前往蒙特勒火车站乘坐金色山口景观列车。游客卞女士在洛桑酒店退房时，将眼镜遗忘在酒店客房，等意识到时，团队已经离开酒店半个多小时车程。卞女士告诉领队，此眼镜价格昂贵，是她先生买给她的结婚礼物，恳求司机掉头返回酒店取回眼镜。

领队没有马上同意卞女士的请求，而是先打电话给酒店总台。查实后发现卞女士的眼镜确实落在酒店客房内。领队和导游与司机商量后决定，抵达蒙特勒后领队和导游带领客人乘坐金色山口景观列车，同时请司机开车返回入住的酒店取回眼镜。

到达蒙特勒后，司机和客人分头活动。客人由导游和领队带领乘坐火车游览少女峰，司机驱车返回酒店取眼镜。尽管由于遇上交通高峰时段，司机来回耗时1个多小时，但是，由于客人乘坐火车游览少女峰需要半天多的时间，暂时不需要使用大巴，因此团体行程丝毫没有被耽搁。

案例评析

旅游者在出境旅游中，经常会丢三落四地遗忘东西。因为，旅途中的环境对旅游者来说都是陌生的。因此，在旅游者离开酒店、游览景区、机场等地时，领队和导游就应该做好提醒工作。本案例中，团体离开酒店时，领队和导游应该没有在大巴上做好提醒工作。在接团的流程中，我们要求导游和领队在旅游者离开每一个酒店时，都要提醒客人将护照、钱包、首饰、假牙等随身贵重物品带好，不要遗忘在酒店客房内。

另外，遇有车行途中旅游者想回出发点取遗忘物品的情形，领队和导游要灵活处理。可以先将物品留在酒店，让下一个团体的领队入住时去取；也可以让酒店通过快递的方式，邮寄到下一个团队即将入住的酒店。如果大巴离开酒店的时间不长，也可以让大巴掉头回酒店去取。本人案例中，由于离开酒店的时间已经超出了半小时，可采取先让客人下车在景区游览，领队再回头取物品的方法。这样，既不会耽搁行程，也不会引起其他旅客的不满，是一种两全其美的方法。当然，如果在取件的过程中，需要支付一定的费用，那客人也应该给予配合。

（资料来源：徐辉. 为取回一副昂贵的眼镜［N］. 江南游报. 2016.05.19.）

第三节 境外交通服务

一方面，乘坐交通工具是到达旅游目的地的手段与方式；另一方面，在旅途中，领队的解说更使乘坐过程成为旅游的一部分。就乘机、乘坐旅游大巴、乘坐火车或船舶不同的出行方式，以下进行了分别介绍。

一、乘坐飞机时

出境旅游中，乘坐飞机是旅行中很重要的一个步骤，包括座位、餐饮、机上过夜、飞行娱乐、下飞机后的通关顺利与否，全要在飞机上妥善解决或提前准备。飞机东西向飞行，旅游者生理时钟必受影响，出发前说服旅游者要预先睡觉，并建议旅游者善用乘机时间进行休息，因为落地后可能不能马上前往酒店休息，而是要开展行程和购物，对旅游者精神与体力影响甚大。

此外，旅游者有时会抱怨，团体座位被安排在后面，抱怨旅行社、领队安排不周到。领队应事先耐心说明，因旅行社购买的是团体折扣票，所以通常座位会被安排在飞机的后翼区域，只有解释清楚才能解决旅游者的抱怨，旅游者乘飞机才能舒畅顺利。

由于一般旅游者对何种身体状况不适合搭机仍无明确认识，一般领队宜事先排除旅游者是否有以下疾病。

（一）不宜乘机的疾病

1. 缺氧类疾病

控制不良的肺部疾病，心脏疾病，6周内曾心肌梗塞，血红素小于8的重度贫血，3周内曾患中风者及控制不良的癫痫症。

2. 因压力变化可能引发的疾病

急性中耳炎，急性鼻炎，10天内动过肠胃手术，3周内曾发生肠胃出血，肢体水肿，做过胸腔手术、眼球手术、石膏固定。

3. 其他

水痘、肺结核、红眼病等传染疾病，怀孕36周以上的孕妇，出生14天内的婴儿，大小便失禁或慢性支气管炎等。

总之，切忌因乘坐飞机而导致旅游者身体不适，进而影响后续行程活动，或因少数人而影响其他旅游者情绪。

（二）登机前的操作技巧

（1）在未到约定的集合时间之前应清点人数及行李，旅游者尚未到齐时，可先请已到的旅游者自由活动，并规定于一定时间返回原地集合，这样有利于领队处理事务，并同时避免已到旅游者无所事事，觉得无聊。

（2）行李转送海关检查，须告知旅游者要等行李通过检查后才可离开柜台，以免海关人员要求开箱检查时找不到旅游者，领队本身又无行李钥匙或密码。

（3）通常超过集合时间1小时后，若仍有旅游者未到，将未到旅游者的护照、机票、登机牌交予送机人员处理。

（4）告知旅游者重要事项时，特别是登机时间、登机口，须再次强调以确保每人都知道。

（5）请旅游者于飞机起飞前半小时务必到登机口，通常航空公司在起飞前15分钟关闭登机口，未能到达并登机的旅游者后果自负。

（6）有关机上座位安排，宜事先说明由于登机牌上姓名按英文字母顺序排列，因此可能会造成夫妻或同行无法坐在一起（宜事先说明），尤其是对蜜月旅行的新婚夫妇。领队可在登机前候机室内略做调整，并根据旅游者的选择，加以协调与安排。

（7）领队的座位须在邻近团体座位附近的走道边，必须告知旅游者领队座位，以便旅游者在需要协助时能顺利找到领队。

（8）领队可向空乘服务员询问相关资料之后，向旅游者再一次解说飞行路线、飞行时间和时差。

（9）如乘机时间正巧接近用餐时间，先确认公司有无预订，是请旅游者在机上用餐还是上机前自行用餐，应事先告知。

（10）应在上机前提醒旅游者携带简单的洗漱用品，以避免经过长途飞行后旅游者大多数一脸疲惫的样子。

（11）应利用转机空档，教旅游者几句当地使用语言。

航空业常用词汇

1. normal fare　普通机票
2. infant fare（INF）婴儿机票
3. no seat（NS）婴儿无占座
4. first class（F class）头等舱
5. business class（B class）商务舱
6. economy class（E class）经济舱
7. upgrade 座舱升等
8. downgrade 座舱降等
9. frequent flyer program 常客优惠计划
10. in–flight service 客舱服务
11. non–endorsable 不得转机
12. non–refundable 不得退票
13. non–reroutable 不得更改航程

（三）出入境时的操作技巧

不管是旅游者在机场准备出发，或行程结束急于回国，旅游者的心态都应被关注，领队应该掌握旅游者心理，落实出入境时的工作，使旅游有个好的开始与完美的结束。

1. 境外机场入境程序

（1）团体抵达目的地机场后，下机前宜先请旅游者在飞机上用洗手间，以免在机场等候旅游者上洗手间而耽误通关时间，下飞机后待清点人数后即可通关。

（2）在机上宜填妥旅游者通关的相关表格（如入境卡、海关申报单），在下机前交由旅游者于出关时使用。

（3）领队及旅游者应佩戴旅游团队卡片，以利于当地旅行社人员接机。

（4）务必请旅游者在入境卡及海关申报单上亲笔签名，以确认旅游者完全了解申报单的内容，并且提醒旅游者不可造假，领队也不能替旅游者代签。

（5）通常第一站会有当地旅行社的代表接机，有时在首站饭店需要再次检查行程表和英文行程表。另外，要点清门票张数或车票等，若还未取得，须尽快与当地代理旅行社联络，并确定在何时何地处可拿取。

2. 目的地国家（地区）机场离境与国内机场入境程序

（1）若有旅游者有提前回国的特殊情形发生，领队要尽可能协助旅游者，并帮助其事先做好回程确认机位的相关工作。

（2）回国时，切勿替别人携带未经检视的行李返国，更不可携带违禁品。

二、乘坐旅游大巴时（如图6-4）

旅游者对出国都充满期待，希望开拓视野、增长见识。部分旅游者非常害怕乘坐旅游大巴。有些领队身兼导游职务，负责沿途讲解，从而丰富旅游者的旅途。对旅游者而言，国外一切都是新鲜的，这时领队也必须下功夫，尽可能做到完美讲解。此外，初次与当地司机见面合作时，应与司机建立良好的关系，要告诉司机本团的特殊性与偏好，以利于增进彼此的了解与后续合作的顺畅度。

图6-4 马来西亚的旅游巴士

乘坐旅游大巴时，领队应注意下列事项：

（1）应事先按照行程列出一份沿途领队自行订餐的城市、餐厅名称、地址、电话、用餐时间等资料，提供给旅游大巴司机参考，以方便司机找出正确位置。

（2）事先准备行程内各大城市街道地图各一张以及国外各大城市使用餐厅一览表，供司机参考。

（3）对团队里高龄者、晕车者要适当给予照顾，安排靠前几排的位置。

（4）在解说行程时准备相关录音带或 CD 光盘，可以增强讲解效果并加深旅游者印象，同时可排解旅途中的行车时间，实现双重乐趣。

（5）司机后第一排的座位为领队或导游专用。旅游巴士的第一排位置比较而言危险指数高一些，应先向旅游者解释清楚，使旅游者配合空出位置来。

（6）除注意行车安全之外，领队应随时提醒旅游者贵重物品与护照一定要带下车不要离身，以防犯罪盗窃事件发生。

（7）若有当地导游，领队宜先将导游介绍给旅游者，再将团体正式交给导游，但领队必须坐在导游边提供必要的协助，绝不可独自在车后睡觉。通常清点人数应由领队执行。

（8）每日上车前先请旅游者确认随身行李，证照是否已携带且存放妥当，每天搬运团体行李必须再确认一次，记得提醒旅游者增减行李一定要告知领队。

（9）行车时领队应注意车内温度，请司机随时保持最适宜温度。

旅游巴士常用词汇

1. rear tires　后轮轮胎
2. entrance door　入口
3. rearview mirror　后视镜
4. front tires　前轮轮胎
5. windshield　挡风玻璃
6. wiper　雨刮器
7. turn signal light　转向灯
8. front bumper　救生气囊
9. headlights　车前灯
10. baggage compartments　行李箱

 出境游案例

在巴塞罗那看上了斗牛表演

曾经的罗马帝国，疆土横跨欧亚非三洲，但是拿下这个被他们看作是蛮荒之地的西班牙，却花了 200 年，直到公元前 38 年，西班牙才成为罗马的一个省份。塞哥维亚是马德里北边的一个小镇，那儿有一个非常罗马风格的建筑物——高架引水渠。

领队欧阳带 25 位客人从西班牙马德里出发赴塞哥维亚古罗马引水渠参观。一路上，大巴车时好时坏，司机最终发现是离合器出了问题，旅游巴士开了 30 分钟，还没有开出马德里市区,就停靠在路边进行维修。领队欧阳与当地导游立刻联系当地的旅游公司,得到的答复是,另派辆车来替换,估计需要1个多小时才能到达。

无奈25名游客只好在马德里格兰比亚大街逛街,领队与团友约定了1小时后集合。1小时后新派的旅游大巴车来了。但是,领队发现有两名客人始终没有归队。领队又是打电话,又是去附近的商店寻找。半小时以后才找到了这两位游客,原来是他们一下子没找到集合地点。

旅游大巴继续往小镇方向行进,一小时后到达小镇,终于欣赏到了罗马高架引水渠。引水渠有10层楼的高度,客人站在下面向上仰望,非常震憾。引水渠虽然是双层拱柱,其建筑方式采用的却是比较原始的石块堆砌,没有黏合剂,一块一块的花岗岩巨石就这么被堆了上去。当然,罗马人比古吴哥人精明多了,这里面的好多石块上都有沟槽,这样使结构严谨结实,千秋不倒,不会像吴哥的建筑那么容易坍塌。

等参观完塞哥维亚古罗马引水渠后,返程的路上堵车严重,回到马德里市区时已经是晚上7点了。本来大家都想去自费观看晚上7点的斗牛比赛,但由于回马德里的时间太晚,无法赶上演出时间,客人都感觉非常遗憾。

于是,欧阳领队马上向导游询问下一站巴塞罗那是否有斗牛表演可看。导游的回答是:有的,但需要预订。领队在征求了客人的意见后,马上让导游进行电话预订,并要求在抵达巴塞罗那的第一个晚上观看,以防在巴塞罗那的第二天由于堵车等原因而再被耽搁。

抵达巴塞罗那的那一晚,客人们终于如愿地看上了一场惊心动魄的斗牛表演。

▶▶▶ 案例评析

在境外旅游,观看表演也是旅游活动中一项非常重要的活动。例如:在泰国看"人妖表演",在澳大利亚与新西兰观看"剪羊毛表演",在巴黎看"红磨坊表演",在西班牙看"斗牛表演",在巴西看"桑巴舞表演"等。这些表演有些是含在行程中,有些是作为自费项目让客人自选的。领队在带团过程中,一定要做到心中有数,时刻要提醒导游进行合理的安排,以确保客人能看到这些表演。万一由于不可抗拒的因素如堵车、罢工等而无法看到表演时,领队要有一套弥补的方案。如:第二天观看,在下一个城市观看或者用别的景点替换这场表演等。

本案例中,领队凭借带团的经验,知道除了马德里以外,在巴塞罗那也可以欣赏到独一无二的斗牛表演。要不然客人难得来一趟西班牙,却看不到"斗牛表演",这将会变成客人心中一大遗憾。

(资料来源:徐辉. 在巴塞罗那看上了斗牛表演 [N]. 江南游报. 2016.03.10.)

三、乘坐火车或游船时

乘坐火车或船舶时安全是最基本的要求,无论是旅游者人身还是行李的安全,特别是旅游者中儿童及年长者的安全,是领队格外需要注意的。

在乘坐火车或游船时领队需要特别注意的事项为:

(1) 有语言不通或路途不熟悉等情况,可请酒店或餐厅派人协助。

（2）上下火车时，一定要清点人数，以防止遗漏游客。

（3）乘船时，船上救生衣及逃生小艇存放位置须再三强调；在船上浏览风光、倚靠船边拍照时，要注意安全；夜间在船上活动宜告知旅游者结伴同行，不可单独行动。

（4）提醒旅游者遵守船只航行安全规定，禁品勿携带入内，以免影响航行安全。

火车与船舶常用词汇

1. express　快车
2. underpass　地下道
3. platform　月台
4. MRT metro　地铁
5. tram　电车
6. ticket machine　售票机
7. message board　留言簿
8. clutch pedal　离合器踏板
9. ticket examiner　检票处
10. cruise　邮轮

坐火车赴"翡冷翠"游览

佛罗伦萨是一座具有悠久历史的文化名城，它既是意大利文艺复兴运动的起源地，也是欧洲文化的发源地。大诗人徐志摩把它译作"翡冷翠"，这个译名远远比另一个译名"佛罗伦萨"来的更富诗意，更多色彩，也更符合古城的气质。

在"法意瑞"的行程中，第9天的安排是这样的：早上从博洛尼亚出发，驱车赴佛罗伦萨，游览完后再驱车前往罗马。

领队小于所带团体遇到的司机是一位来自克罗地亚的东欧司机，才第二次跑"法意瑞"这条线路，全程靠GPS导航。有时候GPS所导航的路，不一定正确，往往要绕路才能抵达目的地。从佛罗伦萨到罗马有300公里的车程，在欧洲，大巴1天用车时间不能超过12小时，所以欧洲导游石小姐担心司机由于不熟悉路线而超时，便决定改成乘火车进佛罗伦萨城游览，乘火车期间既可以让大巴和司机休息，又可以让客人体验在意大利乘坐火车的别样体验。

取得客人的同意后，石小姐就对行程进行了调整，大家从佛罗伦萨郊区 Sesto Florentino 的火车站坐两站到达佛罗伦萨新圣母玛利亚中心火车站，一路上客人边欣赏着沿途的风光边闲聊，充分体验到了乘坐意大利火车的新鲜感。下火车后，导游在前领队在后，团队顺利地进入了西尼约里广场。团员们首先欣赏了著名雕塑——《大卫》的复制品。然后，大家跟着佛罗伦萨的当地导游来到了世界上最美的教堂——圣母百花大教堂。大教堂有着橘红色巨大的圆顶，所以很明显，远远就能看见。教堂的右侧还有世界上最漂亮的钟楼之一——高达82米的乔托钟楼。与其他教堂不同的是，圣母百花大教堂是世界上第一座带有大圆顶的教堂。圆顶由10块浮雕组成，顶内有螺旋形阶梯直通穹顶，可鸟瞰佛罗伦萨市风光，这也几乎成为佛罗伦萨的重要地标。团员们无不为这个欧洲文艺复兴的代表城市佛罗伦萨而感到惊叹。

游览完佛罗伦萨已是午餐后，导游与领队带领团队从新圣母玛利亚中心火车站坐上回Sesto Florentino的火车。下了火车，导游和领队让客人按组进行报数集合（导游已将团队分成若干组），每组都反馈人已到齐，列车员就让火车开走了。等团队走出月台，有个带着女儿的母亲突然说："我的丈夫还没有下车。"听到这个消息，大家都傻眼了，不知如何是好。事态紧迫，领队定了定神立刻打电话给对方，对方说：他已坐上返程的列车。15分钟后，心急如焚的导游和领队以及客人终于又接到了这位客人。

于是，我们的大巴又一次启动，朝新的目的地城市——罗马奔去。

▶ 案例评析

旅游者在进行旅游活动时，他们的思维有时可能会"短路"。也就是说，有时他们会做出异常行为。案例中，由于座位不够，有一户家庭的丈夫与妻子和女儿只能分坐在不同的车厢（上下层）。下了火车，妻子想当然地认为丈夫已经下了火车，在没有完全确认的前提下，就跟导游和领队说人已经到了，哪知道丈夫在火车上由于旅途劳累而有些昏昏沉沉，结果坐过了站。这类情况，就要求领队和导游一定要反复强调下车的站点，在下车之前要快速目测所有客人，看是否所有的客人都已经到齐，若没有到齐应提醒一起的同伴，以防遗漏客人，做好下车的充分准备。而旅游者本身在异国他乡旅游也应该多留意这些关键点。

另外，旅途中万一碰到此类情况，其处理方法是：第一，如果客人懂目的地国家的语言或英语，可询问站台工作人员乘坐原火车返回（因为类似意大利这种城际火车，几乎5—6分钟就是一个站，10分钟左右就会有一班火车经过）；第二，若能在语言上沟通顺畅，可直接出火车站坐出租车返回始发地（可以将电话拨通，让出租汽车司机与导游交流，导游会告诉抵达地点）；第三，就站在下车的地点等待，通过电话先告诉导游下车站点的名称，让导游或领队坐火车来接。但是以上的方法是基于旅游者在手机开通国际长途电话的前提下进行的。

（资料来源：徐辉.坐火车赴"翡冷翠"游览［N］.江南游报.2015.08.19.）

第四节 境外游览服务

出境旅游团在境外旅游期间，在行程中通常会安排参观目的地知名的旅游景点、著名博物馆、美术馆等场所,领队必须针对不同的参观场所提供相应的服务。

一、参观博物馆与美术馆

参观博物馆对领队人员而言是一件劳心又费力的事情。领队既要提醒旅游者在参观途中注意个人财产安全,又要使博物馆之行变得有意义、有趣味,还要使参观行程快速而有效果且毫不疲劳,因此领队应该做好以下相关准备工作。

(一) 参观前准备工作

领队需要大致了解景点的背景资料,对于博物馆、美术馆内的背景资料了解愈多,就愈能诠释艺术品的真谛以及补充馆内讲解员的不足。在出团前宜阅读相关资料,熟记相关字词,以利口译需要及翻译正确性。

知识链接

博物馆等常用词汇

1. bishop 主教
2. nun 修女
3. charcoal 木炭
4. gallows 绞刑架
5. engraving 版画
6. tombstone 墓碑
7. oil painting 油画
8. water color painting 水彩画
9. light source 光源
10. coffin 棺材
11. cardinal 红衣主教
12. guilotine 断头台
13. minister 牧师
14. stained glass 彩色玻璃
15. crossbow 石弓
16. armor 盔甲

(二) 在博物馆或美术馆内

领队在博物馆或美术馆内时,要注意以下几项工作:
(1) 认清方位,规划参观线路;
(2) 事先说明集合时间及地点;
(3) 指出紧急出口及厕所位置;
(4) 告知馆内规定;
(5) 运用说明书及地图;

（6）知晓馆内镇馆作品；

（7）预留自由活动时间，让旅游者购买纪念品；

（8）协商馆内游览人员解说时，应注意旅游者多寡，调整音量之大小，但不影响其他团体或个人参观。

（三）熟知相关的规定事项

领队在入馆前，应将馆内相关规定事项向旅游者介绍。

（1）作品内部展示位置变动。艺术作品可能在巡回展出、外借，也可能在外修复或馆内正在做内部展示调整，领队要清楚这些变动，以免带着旅游者到处寻览。

（2）进入馆内时，索取楼层分布图。

（3）如无随行导游或馆内游览员，可咨询馆内服务台，确认该作品的准确位置。

（4）如因语言不通或找不到位置，可将该作品的图片提供给馆内工作人员参考，请求指示位置。

（5）参观时间变更。博物馆、美术馆的参观时间，会因季节性、淡旺季、罢工或特别假日等因素而改变开放时间，应事先多询问相关单位或人员。

（6）摄影规范。多数博物馆、美术馆内可以照相，但未经申请许可，不可使用闪光灯或三脚架，因闪光灯会使艺术品受到破坏，并且造成其他参观者的不便。

（7）个人物品检查。出于馆内收藏的安全考虑，参观人员通常要经安全检查，并要求大型个人背包不可带入，每个博物馆、美术馆在出入口都设有衣帽间，可多加利用，而领队应和导游一起在旅游大巴车上宣布以上注意事项。

（8）饮料及餐食食用原则。馆内都有规定参观过程中不宜进食，可以在参观前先让旅游者上厕所及饮水，并在参观结束后适当安排购物。

（四）离馆后

（1）再次确认人数及个人贵重物品是否携带；

（2）掌握搭车正确位置及先前约定接待时间；

（3）如场地、时间适宜，可拍摄团体照。

总之，博物馆或美术馆的参观，由于容纳量的限制、团体参观活动时间有限及旅游者参观需求不同等情况，容易造成有些旅游者稍嫌不足，有些旅游者稍感太长的两极现象。身为领队应在入馆前说明参观时间、相关限制及重点参观文物的注意事项。

二、游览名胜古迹与游乐场等

游览名胜古迹（如图6-5）或游乐场对领队人员来说是一件费体力的事情，领队须提醒旅游者在参观途中注意财务、人身安全；领队应使名胜古迹、游乐场之行具有教育性、娱乐性、使其兼具知性与感性，以及让参观行程时间快速而有效率。通常要做好以下几点。

（一）参观前准备工作

领队应收集并阅读相关背景资料，对名胜古迹、游乐场背景资料了解越多，就越能诠释其真正内涵以及补充名胜古迹解说员的不足；在出团前宜阅读相关资料、观看相关图片及熟记关键词以利于口译时需要及翻译正确性。

图 6-5　英国埃文河畔斯特拉特福小镇莎士比亚故居

知识链接

名胜古迹与游乐场等常用词汇

1. octopus 章鱼
2. dolphin 海豚
3. catcher 捕手
4. jellyfish 水母
5. sea horse 海马
6. yacht 游艇
7. skiing 滑雪
8. electric torch 手电筒
9. compass 指南针
10. sleeping bag 睡袋
11. rhinoceros 犀牛
12. hippopotamus 河马
13. giraffe 长颈鹿
14. peacock 雄孔雀
15. karate 空手道
16. seesaw 跷跷板
17. merry-go-round 旋转木马
18. roulette 轮盘
19. statue 雕像

（二）掌握相关规定事项

（1）进入名胜古迹（如图6-6）时，索取各景点分布图。

（2）如无随行名胜古迹解说员，可咨询园区服务中心，确认相关景点的正确位置。

（3）告知旅游者参观时间变更。名胜古迹参观时间会因季节性、淡旺季、罢工或特别假日及特殊因素而改变开放时间，可事先多询问相关单位或人员。

（4）告知旅游者参观景区规范。在景区内参观时，有些动植物不仅会破坏并且影响其他动植物，也可能会影响旅游者安全。事先应告知旅游者保持适当的警觉性。

（5）告知旅游者个人物品检查及携带出入景区的标准。基于保证景区商业利益及名胜古迹安全考虑，景区工作人员通常要求旅游者进入景区时不可携带外食，或每个名胜古迹在出入口都设有检查站，检查是否携入或携出相关违禁品，领队应提前宣布以上注意事项。

（6）告知旅游者餐食及饮料食用原则。参观名胜古迹时不宜随地停车进食，景区内都有规定何处停车、何处可用餐，可以在进入参观前先让旅游者上厕所及饮水，并在参观结束后适当安排购物。

图6-6 英国史前巨石阵建筑遗址购买团体票的售票处

（三）出景区后

（1）再次确认人数及个人贵重物品是否携带。

（2）在游乐区要掌握乘车的正确地点及约定接待时间。

（3）在名胜古迹内，不可破坏任何自然生态，亦不可带出或购买列为保护的野生动植物及其相关制品。

总之，在名胜古迹或游乐区内由于地域较广，旅游者容易迷失方向，更因为名胜古迹的野生动植物有时具有攻击性或危害性，或游乐园内游乐设施并非老少皆宜，领队除事先告知旅游者安全注意事项外，对于年纪稍长或幼小的旅游者应随时照料，绝不能带入景区后就任其自由活动。

 **出境游案例**

因减少景点引发的投诉

徐女士一家6人参加了某出境社组织的东南亚旅游。按照合同约定，旅行社将为游客提供观夜景的服务项目。旅游团到达该目的地后，由于当时下着雨，能见度很低，一部分游客担心晚上能见度更低,加上旅途较为疲劳,他们提出取消该参观项目。地陪在征求了大多数游客同意的前提下,取消了该项目安排。当时徐女士向领队明确表示不同意,他们全家坚持必须前往景点参观。但领队以大部分游客同意取消行程为由,拒绝了徐女士一家,并声称旅行社只能满足大部分游客的需求,至于个别游客的要求,要根据实际情况给予考虑。徐女士回到国内后立即投诉,要求旅行社对领队进行处分,并给予赔偿。

案例评析

案例中旅游投诉的发生,与领队工作不负责任有直接的关系。

第一,出境社与徐女士等游客在平等自愿的基础上签订了旅游合同,该旅游合同合法有效,任何一方都必须按照合同约定严格履行合同义务,从而实现合同权利。旅行社擅自改变旅游行程属于违约行为,应当承担相应的违约责任。

第二,旅行社与游客只要经过协商,都可以就合同约定的权利义务进行协商变更。从出境旅行服务实践看,由于各种原因,领队(地陪)与游客之间经常发生合同变更现象。

第三,从法律上说,权利可以放弃,义务却必须履行。就本案例而言,游客有参加旅游的权利,旅行社为游客提供约定服务是其义务。游客提出取消观夜景项目,其实质就是放弃了旅游的权利,相应地,旅行社提供服务的义务也被免除。

第四,领队应当处理好大部分与小部分游客的利益平衡关系。尽管是大部分游客提出了取消观夜景项目,说明领队(地陪)和这部分游客达成了合同变更的协议,而徐女士明确表示反对,表明他们没有放弃旅游的权利,旅行社也不能因此就免除其服务义务。

第五,领队还应当与游客达成相关书面协议。尽管游客自动放弃旅游该景点的权利,但领队必须与游客达成书面协议,该书面协议包括两个方面的内容:一是游客自愿放弃该景点的游览,而是处理放弃景点后的费用事宜。

另外,领队认为他的职责是满足大部分游客的需求,这一指导思想本身就是错误的。领队的职责之一,就是为全团所有游客提供合同约定的和力所能及的服务,只要游客提出的要求是符合合同约定及常理的,领队都应当给予满足,否则就是失职。

(资料来源:仇向明,黄恢月. 出境旅游领队工作案例解析[M]. 北京:旅游教育出版社. 2008.)

第五节 境外购物服务

《中华人民共和国旅游法》第二章第九条明确规定:旅游者有权自主选择旅游产品和服务,有权拒绝旅游经营者的强制交易行为。旅游者有权知悉其购买的旅游产品和服务的真实情况。旅游者有权要求旅游经营者按照约定提供产品和服务。第四章第三十五条规定旅行社不得以不合理的低价组织旅游活动,诱骗旅游者,并通过安排购物或者另行付费旅游项目获取回扣等不正当利益。旅行社组织、接待旅游者，不得指定具体购物场所，不得安排另行付费旅游项目。但是，经双方协商一致或者旅游者要求，且不影响其他旅游者行程安排的除外。

对于领队必须要有一定的法律意识，规范操作，不得违反《旅游法》的规定。旅游行程中顺道前往购物或向旅游者介绍当地的特产，如果知道所购的物品有假冒之嫌，应提醒旅游者，最好能于行前说明会时强调一下，哪些物品应该避免购买。另外，领队亦应注意，有些国家对于旅游者的购物有退税的规定，有的是当场登记护照信息当场扣除，但离开该国时，须将退税单经由海关盖过章后寄送该公司，以便其办理手续；有的是须待其办好退税手续之后，才会寄来退税额度的支票；也有在离开该国时于边界或机场办理退税手续。因此，身为领队应该协助旅游者办理相关退税手续。

随着我国出境旅游者的不断增长，出境的规模越来越大，出境旅游变得相对容易。但并非每一次旅程都能使人拥有美好的回忆，班机的突发状况、领队与导游人员的服务态度、旅游者之间的融洽度都会影响行程的完整性。其中，购物事件亦占相当大的比例。

就旅游者的立场而言，出国旅游总是希望能带一些纪念品回国与家人好友们一同分享，因此身为领队人员就需要掌握购物事件的处理原则与操作技巧。

一、团体出发前

团体出发前，计调人员会将此次行程中的购物点事前先在出团通知单上标示给游客及领队，因此领队应事先了解其团队购物的需求与地点。

二、团体行进中

（1）若旅游者有需要，领队人员应按照旅游者的要求安排购物，为旅游者做好服务工作，不可擅自于行程中额外增加购物点，这是领队与导游人员应具备的基本职业道德。

（2）在一天的行程开始之前，前往景区途中告知旅游者今日计划参观的景点及旅游者全体同意的购物点，不要让旅游者有突然被领队带去买东西的感觉。

（3）应事先告知旅游者该购物点有何值得购买的纪念品，若领队人员本身已知道此该购物点可能有欺骗旅游者等行为，应事先告知旅游者，不可为一己之利使旅游者吃亏上当。有些产品无法在国内使用，也必须在旅游者购买之前告知，以免旅游者事后后悔，引发不必要的争端。

（4）不强迫推销，旅游者有自由购买的权利与意愿，领队与导游人员不应强迫推销，使旅游者有被迫购物的感觉。

（5）让旅游者体验到愉快购物的美好感觉。

三、购物完成之后

（1）当旅游者有埋怨时应尽快真诚地为其处理，不应让旅游者有不被重视的感觉。

（2）若发现是购物点的错误或者刻意的欺骗行为，应竭尽所能地帮助旅游者讨回公道。

（3）不认真的服务态度容易使旅游者产生误解，因此要认真服务每一位旅游者，避免给自己惹上不必要的麻烦。

四、操作技巧

（1）领队在行前说明会中应预先告诉旅游者各目的地国家或地区值得购买的商品，使旅游者有一定的正确认识，还应教导旅游者合理分配自己的资金。

（2）为了确保旅游者购买到货真价实的商品，领队要负起监督的责任，在打包时宜请旅游者亲自确认无误再装入，以免回国后产生不必要的纠纷。

（3）旅游者对所购物品不太有把握时，在合理的情况下，领队应协助旅游者处理，做好后续服务。

（4）提醒旅游者不知行情不买、不贪图便宜、不盲目购物，站在旅游者立场易取得旅游者信任。另外，领队要下功夫研究商品价位、功能、各地行情，令旅游者产生购买意愿。

（5）如有当地导游，应事先与其沟通购物时间、地点、次数、品质内容等。

（6）宣布购物中心汇率与店外的差异，使旅游者了解优惠情况。

五、处理购物的原则

购物可以令旅游者感到另一层面的满足，但也有可能导致旅游纠纷的产生。关键是领队角色的扮演，领队是最后旅游购物品质的最后监督者，身为领队不能让当地导游牵着鼻子走。领队通常要注意以下几点购物原则：

（1）事先告知原则。对所要前往的购物地点、时间、内容、应注意事项，必须事先告知旅游者，例如欧洲及其他国家的退税规定、折扣计算方式等。

（2）签字原则。根据我国旅游法的相关规定，旅游者购物应遵循自愿的原则。为避免今后的纠纷，建议领队在征得旅游者同意时，让其签字确认作为自愿购物的凭证。

（3）货真价实原则。对于购买物品的品质及价位应合理，购物时应保持立场，旅游者咨询购买意见，应保持客观，不强迫旅游者购买，不可吹嘘物品价值。

（4）恰到好处原则。购物点要适量、适宜、自然地安排在行程中，不因购物影响既定行程及用餐时间。

（5）售后服务原则。所购买的商品如遇瑕疵或不满意，领队应协助旅游者获得相应的售后服务（退货、调换）。

总之，领队应该尽力给旅游者提供购物帮助，使旅游者有一趟完美且愉快的购物旅行；领队要用心学习服务旅游者购物的技巧与经验。

购物常用词汇

1. pharmacy 药房
2. shopping mall 购物商场
3. duty free store 免税商店
4. optical store 眼镜店

5. digital camera 数码相机
6. quartz watch 石英手表
7. money exchanger 兑换服务
8. foreign exchange rate 外汇汇率
9. mobile recharger 充电宝
10. adaptor 转换器

思考与练习

一、简答题

1. 为出境旅游团体订餐的方式具体有哪些内容？
2. 出境旅游团体在西餐厅享用正式晚餐时对服装有何要求？
3. 使用西式自助餐时应注意哪些礼节？
4. 出境旅游领队应做好哪些工作以保证团队在酒店入住登记时不会出现差错？
5. 旅游者患有哪些疾病时不宜乘坐飞机？请至少列举5种。
6. 领队处理旅游购物的原则有哪些？

二、案例讨论题

2015年9月，一名团体游客在西班牙巴塞罗那一酒店退房时，遇到一个当地惯偷，拿着一把钥匙问青年女游客是否是她丢的，由于该游客懂英语，回答不是。惯偷狡猾地让该女游客问问其他人。单纯善良的女游客接了钥匙转身去问其他人。就那么几秒钟，昨晚刚买的香奈尔包不见了，价值人民币23 500多元，而且香奈尔包里还有护照和个人信用卡等。

女游客扑在沙发上哭泣，在其他旅游者的提醒下，才赶紧将信用卡挂失，并在领队的陪同下立刻报案。经过了一系列的手续办理，中国驻巴塞罗那领事馆为这位女游客加急办理了临时护照才避免了无法回国的情况发生，万幸没有发生滞留，最终整团返回国内。但是这次事件造成了整团人员的紧张与不安，与此同时该游客的经济损失也无法挽回。

（资料来源：作者根据带团时的经历编写）

根据上述案例，请回答以下问题：

1. 领队在旅游者离开酒店时需做哪些工作？
2. 领队发现旅游者丢失了护照和其他财物，应立即采取哪些紧急措施？

三、实训题

1. 请学生分组模仿领队带领团体入住境外酒店登记的服务环节。
2. 请学生在网上查询巴黎卢浮宫或台北故宫博物院的资料，模拟领队讲解参观上述景点应注意的事项。

第七章
讲解的技巧与方法

　　旅途中领队讲解是领队人员以境外丰富多彩的社会活动和美妙迷人的自然景色为题材，以兴趣爱好不同、审美性趣各异的旅游者为主要对象，对自己掌握的各类知识进行整理、加工和提炼，用简要明快的语言进行一种意境的再创造。领队的讲解涉及许多方面，当然最重要的是语言、旅游心理学、旅游文化、公共关系学、讲解技巧等。

　　本章主要围绕着领队人员的讲解展开叙述。在第一节阐述了领队人员讲解的基本原则和要求。第二节说明领队人员在讲解过程中需要与之配合的其他因素。第三节介绍了领队人员的讲解技巧，其中主要是领队在旅游车上和在景点的讲解技巧。第四节为本章的重点，详细介绍了领队人员在境外的参观游览地需要应用的讲解方法。

学习目标

知识目标：1. 了解领队人员讲解的原则和要求。
　　　　　2. 掌握领队人员在讲解中需要考虑的相关因素。
能力目标：1. 正确运用领队人员讲解的基本技巧。
　　　　　2. 能运用领队人员讲解的方法和技巧进行讲解。

 出境游案例

在伦敦充当导游的杭州领队

　　2007年，我又一次带团赴英国，充当了一次伦敦导游的角色，至今仍记忆犹新。

　　晚上7点，团队在伦敦唐人街用完晚餐后，天空才开始慢慢变黑。虽然白天团友们游览了全世界唯一仍在使用的城堡——皇室的驻地温莎堡以及展示人类文明辉煌历史的大英博物馆以及伦敦的象征泰晤士河等，但团友们仍然恋恋不舍地在唐人街旁欧洲最大的哥特式建筑——国会大厦的大笨钟前留影。

　　等行程全部完成后，已经将近晚上8点。伦敦导游告诉我，伦敦很大，他的家离我们住的酒店有1个多小时的车程，第二天一早我们又要乘坐火车赴法国巴黎。所以，他提出当晚就不送我们回酒店，明天早晨在伦敦市区的火车站送我们上火车。

我同意了他的要求,在回酒店的路上我担当了导游的角色。一路上,先回忆了当天的行程,同时对地陪讲解不够全面的地方加以补充,还把明天的行程及相关的注意事项做了简要的介绍。这不仅让大家进一步了解了目的地国家的文化,对明天的行程也可以有一个充分的准备。

因为第二天早上我们要坐8:10的"欧洲之星"列车从伦敦赴巴黎,而酒店离火车站较远,所以我们的叫早被安排在早上5:30,早餐也需要打包带走。当晚,我向总台接待生说明了这一要求,她听后只是轻描淡写地给了我一个很不明确的答复:"这也许很难办到。"那一刻我对她的态度非常不满,然后很镇定地对她说:"我想与你们餐饮部经理谈谈。"餐饮部经理出来后,我向他说明了这一情况。他听后欣然答应。

第二天早上6点,当我们所有的团员在大厅等候准备出发时,饭店不仅给我们准备好了热腾腾的早餐,而且还给我们提供了热咖啡,与早餐一起精致地打包好送到客人的手里。就这样,我们愉快地踏上了去巴黎的火车。

案例评析

伦敦、巴黎、罗马这些国际大都市,由于城市特别大,担任出国领队时,往往会出现行程结束后当地导游不送客人回酒店的情况。这时,领队在征得客人同意后,应马上充当当地导游的角色。在回酒店的路上或者早晨从酒店出发赴景点的途中做一些补充的介绍。这样的话,让客人感觉到领队在整个带团过程中能提供全方位的服务,这就是优质服务的一种具体体现。

要做到这一点,需要领队平时有各方面的积累。例如,对目的地国家的了解,包括景点知识储备、讲解的技能等。也就是说,出国领队有时需要充当导游的角色,这也是国家旅游局要求出国领队需要双证齐全(导游证与领队证)的原因。

带中国公民出国旅游,各国不同国籍、不同肤色的服务人员对领队的态度难免会不同,领队不但要具备与人沟通的技能,还需要对某些机构的组织结构(例如酒店)比较熟悉。本案例中,早餐盒的配送前台接待员不能解决,领队马上找到了酒店餐饮部经理,这样就解决了酒店内部之间(前厅部与餐饮部)沟通不畅所引发的矛盾。此类处理方式,显示了一名职业领队所要具备的综合能力。

(资料来源:徐辉.国际旅游业对客服务艺术案例[M].杭州:浙江科学技术出版社.2008.)

第一节 领队讲解的原则和要求

目前,大部分出境团的导游讲解工作是由境外导游来担任的。但随着中国出境旅游业迅猛发展,领队兼导游的模式会慢慢在不同的线路上发展起来,如澳大利亚、新西兰线等。因此,领队的讲解技巧也在此章中阐述。

一、领队讲解应该遵循的原则

（一）依据性

客观事物是指独立于人的意识之外、能为人的意识所反映的客观存在，它包括自然界和人类社会的各种事物，其中有的是有形的，有的是无形的。前者比如说是名山大川、文物古迹，后者可能是社会制度、旅游目的地居民对旅游者的态度等，它们都是客观存在的。领队人员在进行讲解时，无论采用何种方式或者技巧，都必须以客观存在为依据，也就是说领队的讲解坚决不能凭空捏造、胡编乱造，而要建立在自然界或人类社会某种客观现实的基础上。

（二）针对性

领队人员要根据不同旅游者的具体情况，在接待方式、服务形式、导游内容、语言运用、讲解方式上有所不同。

一场精彩的演讲必须先研究听者具有何种特点。同样，成功接待一个旅游团体，就必须针对不同的团体成员而采取不同的带团方法与技巧。领队在旅游公司交接时，就应先了解团体属性，例如"游学团"、"工商考察团"、"夕阳红银发老年团"、"亲子团"、"同业旅游线路考察团（FAM Tour）"等。领队只有事先了解团体出国出境旅游的目的，才能针对不同的对象采取不同的接待方式。

领队人员进行讲解时，讲解内容的广度、深度及讲解内容的结构都应该有比较大的差异。领队人员讲解的内容应该是旅游者希望知道的、有能力理解而且感兴趣的内容，通俗地说，领队人员要投其所好。

讲解内容的结构安排，要符合旅游者的需求，要注意旅游者在接受能力上的差异。领队人员如果不能针对某一特定的旅游者群体量体裁衣地传递信息，就不能被称为一个合格的领队人员。

法国卢浮宫、凡尔赛宫，一般安排团体入内参观的时间只有两小时左右，但两小时的时间，实在无法仔细欣赏卢浮宫的精华。因此，对此类范围大、内容丰富的旅游景点，由于时间有限就更需要领队或导游在有限的时间和地点下，进行重点中的重点、精华中的精华的导览解说。如在法国卢浮宫内重点介绍微笑的蒙娜丽莎、胜利女神和断臂维纳斯。再如，在中国台湾故宫博物院重点介绍镇馆三宝毛公鼎、肉形石和翠玉白菜。

（三）灵活性

所谓讲解的灵活性就是领队人员的讲解要因人而异、因地而异。其讲解内容可长可短、可深可浅、可断可续，但是都应该按照具体情况而定，千万不能千篇一律、墨守成规。

领队的讲解贵在灵活、妙在变化的原因是旅游者的审美情趣各不相同，各个旅游景点的美学特征也千差万别，大自然也变幻无穷、阴晴不定，游览参观的气氛、旅游者的情绪也在随时变化。所以，即使游览同一景点，领队人员也要根据季节的变化，时间、讲解对象的不同，而采用不同的讲解方式。

例如，当领队带团至苏格兰享用烟熏鲑鱼之前，领队就应该先解说鲑鱼与鳟鱼的差异性、鲑鱼的习性与全世界鲑鱼分布区、为何苏格兰烟熏鲑鱼是世界最佳的鲑鱼产品。平时将上述相关资料整理好，不仅带"英国一地团"用得上，"北欧团"、"加拿大团"、"新西兰团"甚至"日本团"都可以运用得上，因此领队平时要有知识积累。

 **出境游案例**

享受着欧洲导游的车上讲解

在"德法意瑞"的行程安排中,第1天从上海乘飞机前往法兰克福;第2天早上在法兰克福市区观光半天,参观罗马广场、歌德故居以及保尔教堂。尔后,又安排了1个小时的自由活动时间。因此,团体在11点才离开法兰克福市区,经过卢森堡,最后抵达巴黎市区。从法兰克福到卢森堡有280公里的距离,团队直到下午两点才抵达卢森堡用午餐。一路上足足有3个小时的车程,大家在车上非常专注地在听导游的讲解。

欧洲导游首先从我们入住法兰克福酒店享用的早餐展开讲解。有一位客人说,早餐的奶酪特别好吃。于是,导游就从欧洲人普遍喜欢的奶酪开始讲起。公元前约3 000年,随着奶牛被引入欧洲,人类开始专门制作奶酪这种集营养和美味于一身的食品。苏尔美人记载的大约20种软奶酪是奶酪诞生后的最早证明,在欧洲和埃及发现的遗留下来的奶酪制造设备也出现在那个时候。从此,奶酪就在人们的宠爱下被不断推广、创新,同时也成为欧洲生活文化的重要组成部分。接着她又告诉我们:然而,对于奶酪制造工艺真实出现的时间我们却只能猜测,最可能的理论是:大约公元前10 000年,山羊和绵羊被家养,早期的牧人开始利用变酸的牛奶分离出凝乳和乳浆,再经过沥干、成型、干燥、凝乳就可以变成一种简单而有营养的食物。由于牛被家养的时间明显晚于山羊和绵羊,所以牛奶奶酪比羊奶奶酪晚两三千年。接着导游又给我们介绍了德国食品最有名的红肠、香肠及火腿。

食品专题讲完后,导游给我们讲解了德国的历史,包括德国的城市同盟、德国的宗教改革、德国的1848年革命、德奥同盟和三国同盟、德国革命爆发与纳粹党、法西斯独裁统治、德国分裂与德国统一。导游将德国的历史从古代史、近代史到现代史以及当代史,娓娓道来,让客人在不自不觉中上了一堂德国及欧洲的历史课程。

快要到达卢森堡这个大公国时,导游又给我们介绍了这个国家。导游说:卢森堡有一点法国味,有一些西班牙味,也有一点德国味,这是因为它的地理位置很特殊,历史上曾被欧洲好几个国家占领过,不但带来了他们的文化,也留下了不少历史遗迹。导游的这番讲解这让所有的客人对卢森堡带有期待。

▶ 案例评析

跟随旅行社赴欧洲旅游往往是乘坐大巴旅游。跟自由行的方式相比,大巴旅游的优点是:旅行社在出发前就已经把线路规划好,旅游者不需要做攻略,也不需要为交通方式、酒店预订等犯难。但是,往往由于国家与国家、景点与景点之间的距离较远,客人乘坐大巴的时间较长,所以这就要求导游能够在大巴上详细讲一些历史、典故、传说和笑话等。做到这一点就需要导游平时要有知识积累。

中国旅游团在出境或出国之前，往往由于工作忙，很少有时间去看大部头的书籍来对目的地国家作一个全面的了解，这就需要导游在沿途通过点点滴滴的讲解，来让大家了解目的地国家的历史、地理和风俗。而讲解时，也要讲究技巧，从旅游者感兴趣的或摸得着、看得见的先开始讲解。本案例中，导游先从入住的酒店早餐讲起，从吃的奶酪香肠延伸到德国欧洲的历史，这样客人就不会觉得旅程很乏味。奶酪虽然不属于中国的传统文化，但在全球化的今天，来自不同国度、不同肤色的人们都将为奶酪文化增添新的意义，中国也为成为其中不可或缺的一员迈出了第一步。

（资料来源：徐辉. 享受着欧洲导游的车上讲解［N］. 江南游报. 2015.09.30.）

（四）计划性

所谓计划性就是领队人员按照参观游览所需要的时间、地点等条件，有计划地进行讲解。作为领队人员应该在计划性原则的要求下，在特定的工作环境和时间、空间条件下，正确发挥主观能动性，有计划地按步骤对旅游者进行有效的讲解。

一般说来，旅游者在某个景点的逗留时间是有限的，如何在有限的时间里让旅游者对参观游览的内容有比较深刻的了解，全靠领队人员进行有计划的讲解。某些参观的景点景物内容比较贫乏，这个时候作为领队就要旁征博引，努力拓展景点的深度和广度。

例如，冬季欧洲旅游常遇气候或罢工因素，导致某些旅游景点关闭或交通工具停驶，此时领队就应该使用带团技巧，在取得旅游者同意下弹性处理行程规划。如卢浮宫因罢工而封馆，可考虑凡尔赛宫、枫丹白露宫，或甚至所有博物馆都关闭，也可以改为参观巴黎埃菲尔铁塔，避免以退门票的方式处理，不仅对旅游者来说没能获得较好的旅游体验，且增添公司内部操作的困难。最高原则为现场弹性处理，不要把问题带回国内、带回组团社处理，如此代价必然太高，而且旅游者的感受也不佳。

总之，领队人员在讲解时，要考虑时间和空间条件，要事先作出计划性安排，努力让讲解效果为旅游者所接受，使其感到细而不烦、短而不略。计划性原则实质上就是领队人员的讲解必须讲究科学、逻辑、系统和目的性。

二、领队讲解的基本要求

据说古希腊的演说家经常研究表达形式的成分和结构，以寻找愉悦耳朵、眼睛和心灵的方法。他们的研究后来成为我们今天的修辞学。领队人员的讲解实际上也是一种公共演讲，所以应该做到：

首先，领队人员讲解的信息来源一定要可靠，要具有权威性和可信度，保证讲解的内容实事求是，而且不能用过时的信息。现在资讯非常发达，旅游者可以从多种渠道获得各种信息，如通过网络、报纸、书籍、电视、广播、杂志等获取信息。许多旅游者在出游以前都做了攻略，没有什么比领队人员传递不正确的信息更能降低领队人员的可信度了。

其次，领队人员的讲解要具体。越是有关景物或景观细节上的精确性越能引发旅游者的兴趣，从而增强旅游者对导游人员专业技能的信任。一位美国华盛顿的导游人员说："我每接一个团的最开始都要强调华盛顿纪念碑的确切高度是 169.294 米。确切花费是 1 187 710.31美元，目的是让我的游客知道我在说什么。从那次讲解以后，我会削减事实部分的讲解，因为效果已经达到了。"

再次，领队人员的讲解要做到简单明快，突出重点。在正常情况下，人们在运用口语时，注意考虑自己的本意表述，而对于具体的表述形式一般并不在意。加上口语交际的有关方面都是相对而言，对于其中一方口头正在表述的内容及含义，对方往往可以通过当时特定的环境心领神会。所以，运用口语进行讲解自然不需讲究逻辑严密、修饰完美，长句、复句陆续不断。实际上，口语大多一句一意，但求词能达意就好。

特别强调的是，领队人员当然还要注意讲解的内容、表达的信息一定是健康向上或者轻松愉快的，不要传递庸俗、无聊的信息。

第二节　把握讲解配合要诀

一、肢体语言与口头语言相配合

领队人员运用口头语言进行讲解时，还需要肢体语言配合。领队人员的讲解应该生动、活泼、引人入胜。呆板和生硬的讲解，毫无表情的表达，会使旅游者感到索然无味。在讲解时如果辅助以手势、动作和表情，就可以增强语言的生动性，从而提升领队人员讲解的效果。此外，领队人员的讲解要有节奏感，要抑扬顿挫。讲解速度要快慢得当，发音、吐字要清晰，坚决不带不良口头禅。

二、讲解和游览相配合

旅游是一项审美活动，旅游者通过领队人员的讲解可以欣赏到肉眼见不到的东西，但是领队人员的讲解也不能完全代替旅游者的游览。所以，领队人员不是讲解得越多越好，有时候可以娓娓而谈，有时候则应该让旅游者独自体会，这样可以使讲解和游览相得益彰。以领队人员的讲解为主，以旅游者的独自欣赏为辅，可能产生更好的效果。

三、讲解内容和讲解时机相配合

对于领队人员来说，什么时间与地点讲解什么内容，应该有所选择，也就是要将讲解的内容和时间、地点完美地结合起来。领队人员在讲解景点的历史、规模、传说、现状等内容时要选择好时机和地点，而且要根据季节、气候变化灵活调整。

领队人员把握好讲解的时机与地点，就能提高旅游者的观赏意识，获得较好的审美效果。这就要求领队人员对景点的特色、旅游者的心理变化、行车路线及日程安排等统一考虑，先在最佳时机和地点进行有条不紊的讲解，从而加深旅游者对景点的印象。

四、讲解景观与注意旅游者反应相配合

领队人员在进行讲解时，应该随时注意旅游者的反应，并根据旅游者的反应调整自己的讲解速度和内容，实现与旅游者的互动。因此，善于察言观色，注意旅游者的动作、表情和言语细节等细微变化，表达旅游者最想知道的内容是非常重要的。

领队人员工作的复杂性和特殊性要求其不但要有较好的口才,而且还要有高度的注意力,具备合理分配注意力和把注意力迅速从一个客体转移到另一个客体的能力。一个旅游团由许多名旅游者组成,作为领队人员必须把握每个旅游者,因此没有高度的注意力以及合理分配注意力的能力是做不到的。同时,领队人员还要根据活动的安排及时转移自己的讲解重心,只有这样才不会顾此失彼。如果领队人员不具备这种能力,往往可能影响讲解的效果。例如,领队人员在景点讲解时,不善于观察旅游者的反应,把所有精力都集中于讲解上,等讲解完毕,可能会发现旅游者早就不耐烦了,或者就根本没有听讲解,这样的讲解效果是可想而知的。

五、讲解景观与讲解知识相配合

领队人员没有丰富的知识,在工作中就不会得心应手。具有丰富的知识,是行业之需要。领队人员接待的旅游者的身份、阶层、职业、年龄、爱好、生活习惯都有相当大的差别,没有丰富的知识是难以完成任务的。领队人员首先必须具备渊博的知识和良好的外语水平,其次才是领队技巧及语言艺术。

领队人员在进行知识性讲解时,应该结合历史知识讲解不同风景名胜的由来,要具体讲解其历史、现状、发展情况,对自己不太了解的情况可以少讲或者不讲。在讲解中,将名胜古迹的典故传说和讲解内容密切结合,并注意风趣、生动、形象。

第三节　出境游领队讲解的技巧

 出境游案例

在阿联酋的旅游车上充当沿途导游

某年的春节,作者带着12名客人踏上了"阿联酋6天之旅"的旅程,从上海乘阿联酋航空公司的国际航班直飞阿联酋第二大城市——迪拜。迎接我们的导游是一位来自山东某职业技术学院的学生,来迪拜作交换生期满后,持工作签证继续在迪拜的一家旅行社打工。因为春节期间阿联酋严重缺乏中文导游,所以她临时担任了导游工作。

从机场去早餐餐厅的路途中,迪拜的街景吸引了团员,客人不停地向导游发问,导游却回答不上来。客人就开始抱怨起导游的讲解,我立刻将客人的这份不满告诉了导游,导游表示会尽量多介绍一点。

早餐后客人们兴致勃勃地参观了朱梅拉海滨浴场及朱梅拉海滨酒店,在那里沐浴阳光、海风,体验极致的度假休闲环境并拍照留念。同时,也观赏了朱梅拉清真寺。之后的

行程是前往阿联酋首都阿布扎比，旅游车上导游对客人说"从迪拜到阿布扎比的车程是两个小时，路途中大家可以在车上休息一下"，接着就一屁股坐了下来。我看着客人表现出不满意的表情，觉得这样下去客人一定会爆发。其实来之前，我就听说迪拜的导游水平参差不齐，特别是春节期间严重缺乏中文导游。在此团出发之前，我看了客人名单表上的信息，团员组成有大学教授、从事信息技术的企业家，还有一些中学生等。所以出发前，我就已经对迪拜的景观介绍作了准备。此时发现情形不对，我拿起了麦克风先将迪拜的景观如世界最高楼迪拜塔、世界唯一的七星级帆船酒店、最奢华的扎耶德清真寺、最大的人造棕榈岛等做了总的介绍，又对世界三大宗教的教义、建筑形式等进行了阐述，特别是对伊斯兰教的习俗作了详细的介绍，因为阿联酋人信仰伊斯兰教。慢慢地，客人深深地为讲解的内容所着迷。

很快团队抵达了中东最大的清真寺——扎耶德清真寺，这也是世界第三大清真寺，可同时容纳4万名信徒。其建筑及设计壮观华丽无与伦比，是拥有世界最大地毯及最多吊灯的清真寺。之后前往人工岛参观民族村，了解阿联酋的发展历史。

下午入住酒店后安排客人自由活动。晚上我们将团体集中起来用晚餐时，团员中一位私营业主动情地对我说：要是从迪拜到阿布扎比的路上你不给我们讲解的话，我们一定要求换一个导游，好在你娓娓道来的讲解让我们忘了想换导游的事情。

案例评析

中国旅游团在境外游览时，当地地接社所派的导游人员一般都是当地的华人。可能是当地的中国留学生、移民的后代或者华侨等，甚至有些是刚刚从国内过去谋生还没有站稳脚跟的冒险者，当然也有部分当地人讲着非常不到位的汉语在为中国旅游者担任导游。本案例中的导游就是在迪拜留学1年，现在有工作签证的劳务输出人员。这些人因为没有经过系统的训练和严格的考核，所以不能很好地掌握导游讲解服务方式和技巧。他们的讲解大多数是在讲自己的成长史、自己家族的发展史或者打哈哈东拉西扯、为卖自费项目做铺垫，甚至黄色笑话也粉墨登场，而对旅游车经过的街景、标志性建筑等旅游者感兴趣的话题他们几乎一概不知。这些问题在东南亚地区尤其明显。

沿途讲解这种导游服务非常适合于在观赏城市风光的途中进行。进行沿途讲解时，导游应该向来自客源国的旅游者介绍本地马路名称的演变和起名原因、方位和特点、街道两旁标志性建筑、商业街布局、树木绿化及街景、本地奇闻异事、城市发展前景等，总之要紧扣沿途景观，引出旅游者感兴趣的话题，使旅游者始终有一种求知的满足感和兴奋感。

类似情况可能许多领队人员都或多或少遭遇过，遇到这种情况就需要领队人员承担讲解工作，沿途进行有效的讲解，这样才能避免旅游者的不满。而比较行之有效的方法就是领队人员承担地陪的讲解任务，其实这是不难做到的。

随着出境旅游的发展，慢慢地"领队兼导游"这个概念将进一步深入人心。领队人员应该努力学习，掌握"领兼地"的本领，通晓目的地地区或国家的文化，努力实现中外文化交融。旅行社降低成本，领队提高收入，对旅游者的服务更加贴心，这样的好事情何乐而不为？

（资料来源：徐辉．在阿联酋的旅游车上充当沿途导游［N］．江南游报．2015.01.29.）

出境游领队的讲解技巧主要指行车途中的讲解技巧和在景点的讲解技巧。

一、在旅游车行驶过程中

（一）注意讲解的节奏和信息传递量

一般说来，交通状况、道路路况都会对领队人员的讲解产生影响，所以领队人员要根据这些情况适当调整讲解内容的长短。此外，作为领队没有必要在整个行车过程中进行不间断的讲解，讲解时间占整个旅途时间的60%至70%为最佳。超过这一时段，旅游者可能会产生厌烦情绪；如果少于60%的时间，领队人员将不被旅游者所关注，旅游者会倾向于与相邻同伴攀谈而冷落领队人员。

（二）指向应明确

在讲解中常见的错误是领队人员指着经过的景点说"请看窗外……""在那边……""请看我的左手边……"，而此时旅游者可能正看着景物而不是领队本人。领队人员应使用表示精确的方向和指示物的语言，如"在你们的左边"、"在你们的右前方"、"你们左边的棕黄色建筑物是……"，这样的话当旅游者把视线投向领队人员所讲的景物时，景物正好在旅游者的视线之内。这就要求领队人员要把握好讲解的时机，让旅游者有心理准备，产生期待感。

（三）内容要充分

长途陆路旅行，可能要经过城市或地区，各个地方可能都有值得讲解的风景名胜，作为领队人员即使做不到如数家珍，也应该非常熟悉，虽然因为时间等原因不能下车游览，也要顺便介绍。如果路程较短，比如从下榻酒店至景区，从机场至市区，领队人员也要熟悉沿途情况，尽可能进行有效的风光讲解，以增加旅游者兴趣。领队人员不仅要动嘴，而且还要动脑，同时还要利用眼睛的余光，随时注意沿途的景物，并注意观察旅游者的面部表情变化，把握旅游者心理活动，灵活地调整讲解内容。领队人员要如同交响乐队的指挥一样，让旅游者的思维一直随着其讲解走。

二、在景区景点内

游览风景名胜是旅游者在境外的主要活动项目，也是领队人员讲解任务之所在。从旅游地理学的角度看风景名胜，可分为自然景观和人文景观。从美学角度看，它有美的特征和审美价值。对于旅游者来说，游览的目的就是对美的追求，但是追求美并不能直接发现美，所以领队人员的任务就是促使他们发现美，去激发他们的审美意识，从而获得美的享受。领队人员在讲解时，应该涉及的内容有：

（1）历史知识。对有关风景名胜历史知识的讲解，可以提高其观赏价值。

（2）地理知识。对于风景名胜，领队人员不仅要讲其特色，还要讲其成因，以提高旅游者的审美效果，当然也显示了领队人员的博学多才。

（3）文学知识。凡是涉及与风景名胜相关的神话典故、轶事传说、诗词歌赋、雕刻塑像都应该进行讲解，以丰富讲解内容，使旅游者体会到当地的风景之美和文化之美。

（4）其他知识。风景名胜所涉及的古建筑、宗教、民俗等方面知识，领队人员也应该适当地进行讲解。

由于景区景点环境变化比较大，领队人员要通过不断变换声音和位置来吸引旅游者的注意力。领队人员可以站在台阶上进行讲解，或者是让旅游者站成半圆形，这样最有利于旅游者听清讲解内容并集中注意力（如图7-1）。

图7-1 欧洲导游在意大利佛罗伦萨圣母百花大教堂广场前作讲解

出境游案例

忍耐与等待之后，一切都会有的

中国（从清朝至中华民国再至中华人民共和国）与俄罗斯（从沙俄至苏联再至俄罗斯联邦）的国家关系，以中华人民共和国建国初期与苏联的关系最为密切。因此，现在六七十岁甚至年龄更大的中国人，都会对俄罗斯这个国家怀有特殊的感情。他们在年轻时代哼着《莫斯科郊外的晚上》去幽会，读着列夫·托尔斯泰《战争与和平》入睡。现在，这群共和国的同龄人基本都已经退休了，有很大一部分人非常想去俄罗斯旅游，造访莫斯科的革命圣地红场，参观莫斯科的心脏和历史发源地克里姆林宫等。

8月中旬，我带着一个平均年龄在60—70岁的37人老年人团队，去俄罗斯旅游。从上海飞迪拜转机到莫斯科，已经是当地时间晚上11点40分（飞机比预定的时间晚到50分钟左右）。在莫斯科谢列蔑契娃机场办完所有出关手续以后，已经是当地时间凌晨一点多，而让人非常着急的是我并没有看到来机场接机的莫斯科导游。外面下着雨，刮着风，温度也有点低。我打电话给莫斯科导游，但是电话一直无人接听。时间在等待中一分分过去，外面的风越来越大，上了年纪的客人开始有些不安情绪。我联系国内组团旅行社的操作人员，操作人员联系了莫斯科地接社经理，但地接社经理打电话给导游也是始终无人接听，于是莫斯科地接社经理给了我大巴车的车号。快凌晨两点了，老年游客开始烦躁，埋怨机场外风大天冷，围着领队要求在机场附近就近住宿，一切费用由组团社承担，若不尽快安排，就拨打大使馆电话进行求助，并且现场拍摄了视频与录像，团里一个律师还扬言回到中国后要与组团社打官司。我安抚好客人的情绪后，在机场停车场一辆辆地去找接我们的大巴车。其中有一辆大巴，我敲了足足有5分钟时间司机才开门。核对了旅游团团名、人数及导游姓名后，发现这辆车上的导游与司机就是来接我们团的。原来由于航班延误，导游与司机在车里睡着了，而导游一不小心将手机调成了振动模式，因此地接社经理与我给导游打电话她都没有听见。相互进行了短暂的交流后，我立刻引领游客登上了大巴。

导游上车以后，首先向客人道歉。然后，她向大家介绍她的中文名字叫白雪，是在中国齐齐哈尔学的中文。客人问她："为什么不在北京学习，而要到齐齐哈尔去学呢？""那儿的学费比北京便宜"她回答说。当老年客人听到这个开场白后，不悦的表情开始转变成苦笑。接着她又介绍到：到俄罗斯来旅游要学会做两件事，一件事是忍耐，另一件事是等待，学会忍耐与等待之后，面包会有的，一切都会有的。当客人听到这样的语句时，开始笑了起来。因为，这几句话出自苏联电影《列宁在1918》，其中就有这样的台词，而车上的老年游客在那个时代差不多都看过这部电影。尽管是凌晨，车上的气氛却变得轻松起来。

虽然抵达酒店入住休息已是凌晨4点多，但是客人对莫斯科导游真诚的道歉和幽默的导游词印象深刻。第二天，领队通过加菜给客人等方式来慢慢化解客人的不满情绪，客人也慢慢地原谅了导游，大家沉浸在莫斯科旅游的兴奋当中。

案例评析

出境旅游时，由于客源国与目的地国家或地区存在时差，有时从中国飞往目的地后，往往会是深夜或凌晨。由于航班延误或出关速度慢等原因，目的地国家的导游往往会回大巴车休息一下，而此时导游与司机在大巴车上休息很容易会睡着。

本案例中，出境游领队丰富的带团经验告诉他，目的地国家的地接社已经派出了导游与司机，而电话也没有人接，很有可能导游与司机在车上睡着了。领队通过一辆辆车敲门寻找，终于找到了导游与司机。带团在外，什么事情都会发生，全靠领队的经验以及灵活应变。

导游员的工作是极富有创造性的脑力劳动。不同游客的文化素质、兴趣爱好、身份等都各不相同，游览的时间安排也不同，导游员应能根据情况做到繁简适宜，以满足不同的游客需求。因此，能否根据客人的特点和现实情况做好开场白至关重要。常见的导游员开场白形式可以归纳为概要式、请教式、自我褒扬式、临场发挥式和提问式五种形式。所谓临场发挥式需要导游人员灵活机智，随机应变能力强。而自我褒扬式就是一方面要对客人有正确的评估，另一方面对自己的水平也要有准确地预估。案例中，俄罗斯导游的开场白就是临场发挥式与自我褒扬式的完美结合。导游根据所接待客人的年龄，揣摩出游客的喜好，运用了幽默的语句，一下子拉近了导游与客人之间的距离，是对导游语言服务技能艺术化的巧妙运用。

（资料来源：徐辉. 忍耐与等待之后，一切都会有的 [N]. 江南游报. 2014.10.23.）

第四节　出境游领队讲解的方法

一、概述法

此讲解方法是领队人员接到旅游者后，在旅游车驶往下榻饭店的途中对当地的情况作概要叙述。旅游者初到一个城市或地区，都急于了解有关的情况，领队人员有必要将本城市（本景区）的地理、历史、面积、人口等概况向旅游者作一些交代，使旅游者对即将参加游览的城市（景区）有大致的了解。这种方法好比是交响乐中的序曲或一篇洋洋万言大文章中的序言，能起到引导旅游者进入特定的旅游意境，初识游览地轮廓的作用。概述法用得好，可为以后的行程导游作好铺垫。因此，有经验的领队人员都非常重视概述法的应用。

例如，参观法国诺曼底战役战场时，领队带领旅游者至海边沙滩上，先介绍诺曼底登陆时间、参战人数以及战争发生的前因后果关系，再由旅游者自行在沙滩散步，亲自感受当时盟军登陆的情景。领队只是平铺直序地介绍诺曼底登陆的情况，由旅游者自己在头脑中想象当时的画面。

二、分段讲解法

分段讲解法是指将一处大的景点分为前后衔接的若干部分来分段讲解。对比较小、次要的景点，领队人员可采用平铺直叙法进行导游讲解，但对规模大的重要景点就不能面面俱到、平铺直序地介绍，而应采用分段讲解法。领队人员首先在前往旅游景点途中或在景点入口处的示意图前，用概述法介绍景点，主要包括历史沿革、占地面积、欣赏价值等，并且介绍主要景观的名称，使旅游者对即将游览的景点有一个初步的印象，然后进入现场按照顺序游览。领队人员在讲解一处景观时，不要过多涉及下一个景观的内容，但是在此处景观讲解即将结束时可以适当地提及下一处景观，目的是为了引起旅游者对下一个景观的兴趣，同时还可以让讲解环环相扣，带来意想不到的效果。

例如，从荷兰阿姆斯特丹往比利时布鲁塞尔，在进城前先概括地介绍比利时国情，再至中国亭前逐一介绍比利时的国王、皇宫。而车行进城后再逐次介绍布鲁塞尔城的典故历史，述说布鲁塞尔第一公民小于连的故事。先有开场白，然后按照行程路线与景点一幕幕地进行各景点解说。

三、突出重点法

突出重点法就是领队人员在讲解中避免面面俱到，而是突出某一方面的讲解方法。如果领队人员讲解模糊，没有突出重点，游览结束后，肯定不会给旅游者留下深刻的印象。讲解时需突出的内容是：

第一，有代表性的。对游览规模大的景点，领队人员必须制订周密的计划，确定重点景观。这些景观既要有自己的特征、又具有代表性。到现场游览时，领队人员主要讲解这些具有代表性的景观。

第二，与众不同的。这一点突出的是一个"特"字。如佛教寺院，其历史、宗派、规模、结构、建筑艺术、供奉的佛像等各不相同，领队人员在讲解时应突出介绍其与众不同处，以有效吸引游旅游者的注意力，避免使旅游者产生雷同的感觉。

第三，旅游者感兴趣的内容。领队人员在研究旅游团的资料时，要注重旅游者的职业和文化层次，以便在游览时重点讲解旅游团内大多数成员感兴趣的内容。

第四，突出"……之最"。面对某一景点，领队人员可根据实际情况介绍这是世界（美国、某省、某市、某地）最长（最大、最古老、最高、最小）的……，有时第二、第三也值得一提。

四、虚实结合法

虚实结合法就是领队在讲解中将典故、传说与景物介绍有机结合，即编织故事情节的导游讲解方法。也就是说领队人员的讲解要故事化，从而产生艺术感染力，使气氛变得轻松愉快。这里的"实"是指景物的实体、实物、史实、艺术价值等，"虚"指的是与景点有关的民间传说、神话故事、趣闻逸事等。"虚"与"实"必须有机结合，以"实"为主，以"虚"为辅，并以"虚"加深"实"的存在。

五、问答法

领队讲解问答法主要有四种形式：自问自答、我问客答、客问我答和自问不答法。

（一）自问自答法

自问自答法是由领队人员自己提出问题并作适当停顿，让旅游者猜想，但不期待他们回答，这样只是为了吸引旅游者的注意力，促使旅游者思考，激起他们的兴趣，然后领队人员才做简洁明了的回答或做生动形象的介绍，以给旅游者留下深刻的印象。

（二）我问客答法

这一方法要求领队人员善于提问题，所提的问题旅游者不会毫无所知，但每个人会有不同的答案。领队人员要诱导旅游者回答，但不能强迫其回答，以免造成尴尬。旅游者的回答不论对错，领队人员都不应打断，而是要给予鼓励，最后由领队人员讲解补充。

（三）客问我答法

领队人员要欢迎旅游者提问题，当旅游者提出某一问题时，证明其对某一景物产生了兴趣。不得取笑旅游者提出的问题，更不能显示出不耐烦，而是要善于有选择地将回答和讲解有机地结合起来。注意不要让旅游者的提问打乱领队人员的讲解，不能他们问什么就答什么，一般只回答一些与景物有关问题。

（四）自问不答法

在旅游者听博物馆（如图 7－2）、美术馆或葡萄酒庄园工作人员介绍之前，领队人员应采取这种方法，以让旅游者更聚精会神地倾听专业人员的介绍。例如，领队带团至法国酒窖参观前可提出问题：世界最好的葡萄酒出产国为哪一个国家？领队人员可采用自问客答的方式鼓励旅游者回答。接下来再通过自问自答法提问稍微深入一点的问题，如：葡萄酒分为哪几类？等到入园参观时再以自问不答法询问旅游者：不同种类的葡萄酒，其制作过程有何不同？待入园后由专业人员解说完毕后，领队人员再进行补充解说，以避免领队所说的与专业人员解说相互矛盾，并预留思考空间给旅游者，增加旅游者参与感。旅游者答对时可给予其奖励,从而增加趣味性与吸引力。

图 7-2 执照华人导游正在法国卢浮宫内给游客讲解

六、知识渗透法

领队人员在讲解景物或者事件时,可以介绍一些对旅游者理解讲解对象有帮助的相关背景知识和材料。背景知识渗透得好,可以加深旅游者对景观的概括性把握,并能了解更多、更深层次的知识,这种讲解方法适合有一定文化层次的旅游者。

例如,由米兰至威尼斯,从离开米兰后,先介绍意大利北部地形、气候、雨量,沿途可见葡萄园,再延伸介绍葡萄、葡萄酒的种类及如何选择葡萄酒等。快到威尼斯前,再讲述世界最有名的水晶、水晶的制造过程、为何威尼斯的水晶值得购买及如何选择水晶等。搭上水上交通船后,可立即介绍世界运河及威尼斯为何地层下陷。如此,针对不同的情景逐一发挥,旅游者不仅可以知其然,更可以知其所以然。

七、阐述见解法

阐述见解法,即对于景点中尚存在的疑难问题,领队人员提出独到的讲解方法。使用这种方法要求领队人员必须具有丰富的专业知识。在为旅游者,特别是专业、学术团体讲解景点中某些专业内容和问题时,领队人员应在大量事实及论据的基础上,以科学的态度,分析和表达对这些问题的独到见解。以"我认为……"、"我的看法是……"的方式去讲解,不仅会引起旅游者浓厚的参观学习兴趣,同时也会赢得他们对领队人员由衷的尊敬和信赖,从而加深旅游者与领队人员的感情,促进领队人员工作的顺利展开。

八、制造联想法

制造联想法是领队在讲解中就所见景物制造意境,使旅游者产生联想而领略其奥妙和内涵的讲解方法。意境,大多是靠人们的想象而呈现的,所以美丽而超脱现实。如果领队人员能使旅游者进入意境,达到探索美、欣赏美的境界,从而产生比现实更美好的感觉,那么领队的工作就是成功的。一处名胜古迹,在经过领队讲解和实地观赏之后,旅游者在脑海中会产生种种印象和概念,但处于将要形成而尚未形成深一层的意境之际,这时导领队人员如能予以启发,使旅游者的情绪进入特定的意境之中,将会收到非常好的效果。

例如,至澳洲悉尼塔,领队可以提出问题,如世界上哪些城市有类似高塔?先引出

"高塔"的主题,令旅游者参与,最后再正确告诉旅游者世界前三大高塔的名称与南半球最高的塔。

九、引而不发法

领队人员的讲解不应为纯粹的单方灌输,而应让旅游者也参与进来,让他们积极去思考、领悟,这样才能更深层地激发旅游者探索的兴趣。引而不发法就是领队人员为启发、引导旅游者自己去回味、思索、判断,而先不说出答案的一种讲解方法。这种方法鼓励旅游者积极思考,主动参与,常使旅游者置身于景物之中,形成一种非常活跃的气氛,使大家参观、游览得更愉快。总之,"引"就是指点要领,引入门径,使旅游者入门,"不发"就是在讲解中不全盘托出,不一吐为快地说尽,而是给参观者留有思索、回味、体会、欣赏的余地,让旅游者自寻答案、自找余兴。当然到最后,如果旅游者实在不知答案,还是要"发"的。

例如,参观美国尼加拉瓜瀑布时,领队人员提出问题,如:世界有哪七大奇景?这样引起旅游者的兴趣,并引发其思考。总之,吊胃口不能乱吊,卖关子不能乱卖,虽然都是以激发旅游者的兴趣为主要目的,但不能任意发挥,必须因地制宜、因时制宜。

十、类比说明法

所谓类比法就是以熟喻生,从而使旅游者触类旁通的导游讲解方法。领队人员如用旅游者熟悉的事物与眼前的景物相比较,定会使其感到亲切和便于理解,最终达到事半功倍的讲解效果。类比法分为同类相似类比和同类相异类比两种。

(一) 同类相似比较

即将相似的两物进行比较,例如中日两国历史上,在文字语言、风俗习惯等方面都有相似之处,虽然目前在原来的基础上,各自都有了发展。领队人员在讲解时,也可以利用这些相似之处来向旅游者进行讲解,以引起旅游者的兴趣,便于其理解接受。

(二) 同类相异类比

即比较两种风物在规模、质量、风格、水平、价值等方面的不同。类比法可在物与物之间以及时间之间进行比较。通过类比,可看出不同风格代表不同的文化传统和文化时代,还可让旅游者产生"他乡遇故知"的亲切感。使用类比法,切忌作不相宜的比较,否则会招惹旅游者耻笑。

例如,当领队人员带旅游者参观巴黎埃菲尔铁塔时,可以将巴黎铁塔的重要性与东方明珠电视台在上海、天安门广场在北京的地位进行比较。这样,客人可以感受到埃菲尔铁塔的重要性。在讲解境外的风土人情、历史典故的时候,要插入一些国人熟悉的谚语、成语典故,容易达到事半功倍之效。

总之,领队人员的讲解方法是多种多样的,各种方法又是相互渗透和相互联系的,领队人员在学习众家之长的同时,要结合自己的特点融会贯通,在实践中形成自己的讲解风格,这样才能获得不同凡响的效果。

思考与练习

一、简答题

1. 领队人员在讲解时应该遵循哪些原则？
2. 领队人员的讲解有哪些基本要求？
3. 领队人员在讲解时如何与肢体语言配合？
4. 领队人员在景点的讲解可能会涉及哪些内容？
5. 领队人员的讲解有哪些主要方法？

二、案例讨论题

"袋鼠"玩具的魅力

带团去澳大利亚旅游的经历，在我的脑海中记忆犹新。尤其是澳大利亚不同城市导游的敬业精神，给我留下了深刻又难忘的印象。

澳大利亚的第二大城市墨尔本为行程中的第一站。团员们前往墨尔本观赏了企鹅岛企鹅回巢的壮观景色，参观了维多利亚金矿厂及淘金活动，体验了一把早年矿工们艰难生存的状况。结束了墨尔本的行程，旅行团飞往昆士兰州的州府布里斯班。当时带领我们的是一位中国台湾籍的导游，他风趣幽默的讲解、敬业的态度给人留下了难以忘怀的记忆。在黄金海岸的"梦幻世界游乐园"，导游李先生安顿好客人后，带我走进了一家玩具礼品商店，买了许多澳洲特有的袋鼠、考拉小玩具。我觉得很奇怪，问他："你不是生活在澳洲吗？为什么还要买这些动物玩具？"他诡秘地笑了笑说："明天，你就知道了。"

我们结束了布里斯班的行程将赴悉尼游览。在赴机场的路上，导游李先生和客人们做起了小游戏，通过小游戏回忆旅途中印象最深刻的事情，回答特别好的客人将获得动物玩具一个。游戏激发了客人的积极性，客人争先恐后地回答李先生的提问，大家带着小动物玩具恋恋不舍地离开了黄金海岸。

（资料来源：徐辉. 国际旅游业对客服务艺术案例［M］. 杭州：浙江科学技术出版社. 2008.）

根据上述案例，请回答以下问题：

1. 澳大利亚导游在进行讲解时，使用的是哪种讲解方法？
2. 请思考一下在讲解澳大利亚悉尼塔时，可以使用何种方法进行讲解？

三、实训题

邀请资深的领队人员举办讲座，了解其如何在讲解中运用所掌握的知识。

第八章
事故的处理与预防

　　出境旅游领队人员在境外带团过程中，可能会面临各种各样的天灾人祸、突发性事件等。此类事件处理难度比较大，这就对领队人员的工作提出了挑战。处理好类似的问题需要领队人员有快速的反应能力、良好的沟通能力、对目的地国家和地区深入的了解、对当地法律法规有相当的研究以及与其他旅游服务部门的协调能力。安全是出境旅游的生命线，没有安全就没有出境旅游。出境旅游安全不仅关系到广大旅游者的生命财产安全，也关系到我国旅游业的持续稳定发展和中国的旅游国家形象，当然也关系到旅行社的声誉和旅游者对领队人员的信赖程度。作为一个资深的出境旅游领队人员应该掌握在境外旅游活动中预防和处理各种突发性事件的能力。

　　本章第一节概述了构成突发性事件的各种常见要素。第二节介绍了领队因为忽视航班或住宿等出境游技术性事项可能导致的后果。第三节描述了在某些目的地国家或地区可能发生的不可抗力性危害性事件以及领队应该掌握的常见处理方法。第四节重点介绍了在目的地国家或地区旅游过程中发生交通意外事故的预防和处理方法。第五节阐释了对出境游紧急事件防患于未然的重要性以及常用的预防措施。第六节讲述了领队面对各种自然灾害如地震、海啸等的应急处理，作为一名合格的领队必须掌握基本的急救知识。第七节具体介绍了出境游过程中常见的需进行急救的情况及救助方法。

学习目标

知识目标：1. 了解在出境旅游过程中突发性事件的种类。
　　　　　2. 掌握自然灾害如地震、风灾等的基本常识。
　　　　　3. 明确领队在整个处理过程中的主要职能。
　　　　　4. 把握旅游者在紧急情况中的心理特征。
能力目标：1. 熟练掌握紧急状况下领队对现场的掌控能力。
　　　　　2. 按照规范的流程把损失降到最小。
　　　　　3. 做好取证工作，保留原始凭证。

 **出境游案例**

中国游客在印度被迷昏遭窃

中国驻印度大使馆近日在官网发布消息称，近期一些来印旅游的中国公民因食用陌生人提供的食品或饮料昏迷，醒来后随身财物被洗劫一空。为避免发生类似案件，使馆提醒中国公民，切勿食用陌生人提供的任何食物、饮料、香烟等，不与陌生人交谈，乘坐公交、在外行走或住宿时要提高警惕。

这并不是专门针对中国游客的案件。新德里警方近期抓捕了一名采用类似方法作案的嫌疑人。该嫌疑人假扮旅游景点摄影师帮游客拍照，并向游客提供掺有某种特殊物质的食品和饮料。游客在食用后昏昏欲睡，而案犯则趁机盗取客人的随身财物。警方表示，这类嫌疑人专门在旅游景点作案，以摄影师或导游身份作掩护行窃外国游客，特别是来自中国、日本和韩国游客居多。

除了不要接受陌生人的食品饮料外，使馆还提醒女性游客注意安全，尽量避免单独外出，谨防不法分子搭讪；避开不安全场所，如人群密集地区或是有争议的地区和寺庙；夜间不要到偏僻地点。在食宿方面，选择口碑好、可信度高的酒店和餐厅。尽可能饮用瓶装水，不要随便吃路边摊。

▶ **案例评析**

旅游者在出境旅游的过程中，不要接受陌生人提供的食品饮料。为安全起见，女性游客要注意尽量避免单独外出，谨防不法分子搭讪；避开不安全场所，如人群密集地区或是有争议的地区和寺庙；夜间不要到偏僻地点。在食宿方面，选择口碑好、可信度高的酒店和餐厅。尽可能饮用瓶装水，不要随便吃路边摊。

（资料来源：孙洋. 中国游客在印度被迷昏遭窃［N］. 新民晚报，2014 - 01 - 04.）

第一节 突发性事件的处理

对于境外旅游过程中发生的突发性事件，旅行社的领队人员作为处于第一线的工作人员，有责任代表旅行社处理和解决所发生的事件和由此引起的问题。所以，一个专业的领队人员应该掌握事故发生前的预防、事故发生时的处理及事故处理后的善后技巧和方法。

一、人身安全方面

（一）旅游者在境外迷路脱队

领队要提醒旅游者，在观光游览时要服从当地导游的安排，紧跟团队，不要擅自离队。领队要帮助旅游者记下当地导游的手机号码，万一离队后也方便联系。领队要让旅游者牢记旅游车车牌号和所在的停车场位置，以便走失后找回。领队要让旅游者明白，万一联系不上或者找不到旅游车时，可自行乘坐出租车返回宾馆或者请警方协助并设法联系领队；在拍照、摄像时注意往来车辆，是否有禁拍标志，不要在设有危险警示标志的地方停留。

在境外旅游过程中旅游者最容易迷路的地方是赌场周围、饭店、古城区、机场、地铁、博物馆、大型购物中心与主题乐园等。面对旅游者迷路或走失事件，出境旅游领队操作技巧如下：

（1）旅游者在自由活动中单独外出，出境游领队应向其发放酒店名片，并叮嘱其随身携带，一旦迷路时可请出租车送回。

（2）为了避免旅游者在参观游览途中走丢，出境游领队应该与旅游者事先约定，或者在行前说明会上就与旅游者为此进行沟通。一般的做法是迷路者应该在原地等待，直到领队人员出现。如果长时间没能找回迷路者，领队人员应该考虑在当地报警。

（3）处理走失个案时，领队人员应该考虑整个旅游团的利益，不能因为少数人的走失而影响整个旅游团的行程，在计划和合同上规定的游览项目必须完成。

（4）领队人员可发动热心旅游者协助找寻，但要注意人员的挑选，避免参与找寻的旅游者走失情况的发生，或迷失旅游者已回，而找寻者尚未回来。

（5）如果全团将乘飞机（坐船、渡船等）离开该城市时，领队人员应将走失者证件、机票、签证等留置在当地旅行社或其分支机构，请导游先将其他旅游者带往下一站，领队则留下继续寻找。

总之，最重要的原则是领队不可以顾此失彼，为了找寻迷失者而忽略其他大多数旅游者的权益，更不可以自行离开团体，除非有当地导游全程随团服务。

（二）旅游者旅途中疾病

旅游者生病不仅影响全团行程，有时传染性疾病（如感冒）则可能扩散至其他旅游者身上，造成全团游兴大减。身为领队应细心观察与照料生病旅游者，工作步骤如下：

（1）领队人员及时送旅游者赴医院诊疗，不可擅自给予旅游者药品服用，因为每个人对药物的反应是不一样的，否则易产生旅游纠纷。外伤可依情况使用随身药品先进行处理。

（2）旅游者住院治疗后，非经医生同意，不得出院随团行动。

（3）旅游者需要继续住院治疗，应妥善安排照料人员，并告知公司及患者家人前来处理，再继续带团完成下站旅程。如领队无法走开，则必须在当地寻找友人或当地导游协助，一方面不可置生病旅游者于不顾，另一方面约定景点行程必须走完。

（4）如有必要，领队人员应通知使馆人员请求必要的协助与帮忙。

（5）患者恢复后，导游或领队本身及旅行社方面，均应出面前往探视，给予旅游者必要的协助或慰问。

（三）旅游者旅途中病危

旅游者病危时，领队应立即协同导游或亲友送病人去急救中心或医院抢救，或请医生前来抢救。患者如系某国际急救组织的投保者，领队还应及时与该组织的代理机构联系。在抢救过程中，领队应要求患者亲友在场，并详细记录患者患病前后的症状及治疗情况。同时，领队应随时向当地接待社及国内组团社反映情况。领队还应通过组团社及时通知患者亲属，同时妥善安排好旅游团其他旅游者的活动。

（四）旅游者旅途中死亡

旅游者在游览过程中突然死亡的情况虽然少之又少，但是如果领队人员事先没有做好预案，与有关方面沟通不及时，手续办理不完备，处理不恰当，就会留下极大的隐患，给日后弥补造成困难。按照日本旅行社关于每组织5万名旅游者就会出现1例死亡的概率统计，同时参照实际情况，旅游团中出现旅游者死亡的情况，应该在预想之中，旅行社应提前做好相应的处理预案，具体步骤如下：

（1）旅游者若是病故，应取得医院出其的死亡证明，并立即向警方报案，同时取得法医的验尸报告及警方的相关证明文件。

（2）领队人员应向我国目的地国家或地区的使领馆报备，相关内容包括：死者姓名、出生日期、护照号码、发照日期、死亡原因及地点等，并出具证明文件和遗体证明书。

（3）领队人员应通知旅行社详述所有情节及转告其家属，向保险公司报备，并取得家属处理方式的承诺书。

（4）领队人员应协助家属处理善后事宜，或经家属正式委托处理善后事宜。

（5）死者遗物应点交清楚，并请旅游者见证，方便日后交还家属，并且向旅游者简报处理经过。

（6）取得有关证明文件，如死亡证明书、埋葬许可证等，以利善后工作的处理。

（7）如旅游者系非正常死亡，领队应与导游一起商量，注意保护现场，及时报告当地有关部门。

旅游者出现死亡，会有多种原因，如伤病所致、交通意外、自然灾害等，不管哪种原因，凡出现旅游者死亡的事件，领队人员都应作为重中之重的大事对待，尽全力去处理好。同时，领队人员应稳定其他旅游者的情绪，并继续做好旅游团的带团工作。

二、证照安全

（一）护照、通行证遗失

护照、签证、港澳通行证或台湾通行证在旅游的过程中是必备的文件，旅游者无论是乘飞机、乘船、过移民局、通过中国边防站、酒店住宿、购物退税、兑换外币等都是在旅游过程中，都必须出示这些证件。某些旅游者因一时疏忽可能将这些重要证件遗忘在旅游车上或酒店等，甚至在治安状况不好的目的地旅游者会遭遇被偷窃或抢劫的情况。

所以，旅游者应该将出国旅游需携带的护照、签证、身份证、信用卡、机票车票及文件等随身携带，妥善保管。领队要提醒旅游者把原件放在贴身的内衣口袋中；以防万一，领队要在出发前，各复印一份随行李携带。证件除出入境接受检查时由旅游者个人使用外，最好交给领队统一保管（护照除外）。在境外遇到有人检查证件时，领队不要轻易应允，要请对方出示身份证或工作证件，否则应予拒绝。如对方是警察，可在检查中记录下对方的证件号码、胸牌号码和车牌号，以防万一。

证件一旦遗失或被偷抢，领队要立即向警方报案，同时请警方出具书面遗失证明，必要时向所在国申请出境签证并向我国驻所在国使领馆提出补办申请。

根据中国公安部门的有关文件，在境外旅游时，护照应由护照持有人自己保管。领队必须时时提醒旅游者注意妥善保管护照，并在下车或离开饭店时再次叮咛。若不幸遗失，基本处理流程如下：

（1）首先，由当地导游协助到地方接待社开具护照遗失证明。然后持当地接待社的遗失证明尽快到就近警察局报案，取得警方开具的具有法律效力的报案证明。

（2）持当地警察机构的报案证明和遗失者照片及旅行团的护照资料（即团队名单表）到中国驻所在国的使（领）馆办理新护照（或者临时通行证）。

（3）持取得的新护照或临时通行证及有关资料到所在国移民局办理签证。办理上述手续的费用完全由旅游者自理。

（4）如果因时间紧，护照一时无法办妥，而旅游者因故又必须回国，领队可持上述的遗失报案证明及领队备用的有关资料请求外国移民局和海关放行（请求中国驻外机构协助）。入境时，可要求其家属持户口簿及遗失者身份证到机场办理入境手续。

总之，护照遗失的处理原则，领队要事先多提醒旅游者注意，并备齐所属旅游者照片及复印件，方便遗失时能迅速处理，以缩短滞留国外时间。

（二）机票遗失

现今已开启了电子机票的运作，旅游者只要出示护照，并不一定需要提供票据或定位代码，即可至航空公司柜台办理登机手续。但是一旦旅游团的机票遗失还是会给旅游者带来麻烦，因为事实上，仍有部分航空业者提供的是传统纸质机票。所以，领队应该掌握纸质机票遗失的处理方法。具体处理流程如下：

（1）向当地所属航空公司申报遗失，并请代为传真至原开票的公司确认。

（2）填写"Lost Ticket Refund Application and Indemnity Agreement"（遗失机票退票申请和赔偿协议）表格，并补购一张新机票注明于表格中，作为日后申请退款的凭证。

（3）将遗失机票的持有人姓名、机票号码、行程、票价依据告知航空公司。

（4）如全团机票遗失，应取得原开票航空公司之同意，经过授权，由当地航空公司重新开票，领队暂不需支付票款。

领队在通关前可以先将机票发放给旅游者，有时移民官员会审查旅游者是否携带回程机票及停留时间。通过移民关后再统一收回由领队保管，或将内陆段先行撕下，只留下回程国际段由旅游者自行保管，以在通关或办理购物退税时所需。通常机票由谁保管并无一定原则，完全取决领队个人承担风险的意愿。如从头至尾机票都由领队代为保管，当然领队责任就更重；但如果机票早已发放给旅游者，虽领队风险相对较低，但万一有机票遗失，则后续补救措施还是要由领队人员处理，利弊得失则由个人权衡。

（三）钱包遗失

领队要事先告诫旅游者出境期间不要携带大量现金和贵重物品。不要把现金和贵重物品放在托运行李中或外衣口袋中或易被割破的手提包中，也不要把现金和贵重物品放在宾馆房间或旅游车上。如发现钱物丢失或者被偷，要立即报告。如在机场丢失，要迅速到航空公司机场失物招领部门登记或者索取丢失证明以备索赔；如在宾馆或旅游车上丢失，领队要与相关方面交涉，并可酌情报警处理。

旅游者在旅途中个人财物的遗失虽不会对行程造成太大影响，但对其心理层面的冲击，随着损失金额的多寡及个人的承担能力大小而有所差别。领队和旅游者应该事先多准备相关资料与备份，如信用卡紧急挂失电话、旅行支票流水码及收据，多使用信用卡少带现金。如有旅游者钱包遗失，具体处理程序如下：

（1）旅行支票遗失：立即至当地警察机关报案，取得证明，同时说明款项、付款地点、票号等，请付款银行止付。

（2）银行支票遗失：立即向当地警察报案，并至当地银行或代理旅行社办理挂失手续。如果及时提出明细金额及号码者，将可取回限定额数的还款。

（3）信用卡遗失：马上打电话给信用卡公司请求挂失，告知卡号、姓名、身份证号码等个人信息，可在一定期间内获得新卡。

（4）现金：现金遗失后找回的几率特别低，个人应提高警觉，保持"财不外露"的原则，并尽量以携带旅行支票或者信用卡为宜。

（5）旅行支票务必与挂失单分开存放，以备遗失时可立即申办补发。

领队人员的举止行为很容易引起歹徒的注意，因此金钱与证件千万不能离身。不论是领队与导游均须格外注意以下事项：

（1）每至一处酒店，最好把金钱及重要证件置于保险箱。

（2）千万不要有拿小皮包的习惯。如有此习惯，也不要将金钱或重要证件置于其中。

（3）最好背个小背包，容量的大小刚好可以放置重要证件，且分秒不得离。

（4）时常提醒旅游者财不外露，贵重金饰不可太张扬。

（四）行李遗失

行李遗失比起钱包遗失，给旅游者造成的损失相对而言较轻，但在旅游途中却给旅游者造成非常大的不便。因生活必需品是每天都必须使用的，且有个人用品或药品是不易在异地买到的。若在回国途中发生行李遗失，更是无形伤害大于有形损失，因为行李中有旅游途中购买的所有纪念品或拍摄的照片或录影带等，这些不是用金钱可以弥补的。

如果旅游者在出发前购买了行李遗失险，则可减少财产损失。在旅游途中领队应随时提醒旅游者注意行李保管，且太过贵重的个人物品应随身携带，切忌将现金或支票信用卡等放入行李箱，以免行李遗失带来更大的财产。遗失行李的处理原则如下：

（1）若班机抵达后托运行李未到，可请航站地勤向机上货仓查询，如仍未寻获，应填写《航空公司行李延误报告表》（Airline Delayed Baggage Report）或《行李意外报告表》（Property Irregularity Report），同时说明行李式样、最近行程、当地联络地址电话等。

（2）详述行李时可参阅《航空行李识别表》（Airline Baggage Identification Chart），尽可能选择接近其式样、颜色、旅行团行李标示牌等。表格内资料均应详写，特别是行李特征、颜色。

（3）记录承办人员单位、姓名及电话，收好行李收据，以便继续联络追踪。

（4）带领遗失者购买洗漱用品及相关生活用品，于离境时向航空公司出示收据并请求支付。

（5）离境时如仍未寻获，应留下近日内行程暂住点及国内住址，以便航空公司找到行李后将其送到遗失者的居所。

（6）回国后如仍未寻获，应协助旅游者向航空公司请求处理或赔偿，一般轻微送修，重大损坏则在一定限额内可以要求理赔新的行李箱。申报时应备妥护照、机票、行李收据。

总之，行李遗失给旅游者造成的财产损失或其他方法的不便，都会大大降低旅游者的旅游满意度。领队要小心谨慎地安排行李（如图8-1），特别是在乘坐各式交通工具或酒店住宿时，要提醒旅游者随身携带贵重物品。

图 8－1　安放在大厅并用行李罩围起来的旅行团行李

预防行李意外遗失的措施

（1）请旅游者准备坚固耐用，并备有行李绑带的行李箱。

（2）全团应在行李上挂上旅行社统一标志的行李牌，并注明旅游者姓名、电话。

（3）行程中，旅游者的行李件数若有增减，请及时告知领队，并挂上相同标志的行李牌。

（4）每抵达一地，请旅游者自己检查一下行李是否完整无缺。

（5）在治安不良的地方，恳请旅游者一起帮忙照顾行李。

（6）进驻旅馆后，帮助行李员注记每件行李所属的房间，并尽可能监督行李进房。

（7）在机场收集行李时，须确认所拿到的行李都为本团所有，而无别团的，以免领队误认件数已足够而与其他团队的行李混淆。

（8）遵守行规，及时付给行李员足够的小费，千万不能因小失大，以免遇上别有居心者，会故意将旅游者行李藏起来或偷取行李中的物品。

（资料来源：作者根据相关资料整理编写。）

 出境游案例

行李真的丢失了吗？

2006年5月份，2006美国·中国浙江周如期在美国纽约及芝加哥举行两场公务活动后，部分团友开始对洛杉矶、旧金山等地进行考察，与当地的华人、华侨商会举行了座谈会。我带着12名客人由洛杉矶乘坐美国联合航空公司UA1152航班前往旧金山。

208

飞机降落旧金山国际机场后，客人们马上按照显示屏上的信息，找到了取行李的转盘。10分钟之后，几乎所有的乘客都拿到了行李，唯独我们团的一名客人等了半小时，还是没有拿到行李。这名客人焦虑不安，目不转睛地盯着行李转盘。我一边安慰客人，一边核对客人手中的行李牌，发现并没有产生任何错误，航班号也与我们乘坐的航班一致。于是，我与客人来到了行李问讯处，并将这一情况反映给柜台小姐。柜台小姐通过电脑查询后告知我们，这位客人的行李在从洛杉矶飞往旧金山下一航班（UA 930）上，而且，此航班目前已经到达机场，如果愿意等，只需再等10分钟便可拿到行李；如果现在想离开，那么请将所下榻的酒店地址、电话留下，以便将行李送到酒店。客人想了想，还是选择了等待。

10分钟以后，那位客人的行李出现在了同一个转盘上，看到自己的行李，客人也轻轻地松了一口气，拿到行李后安心地离开了机场。

案例评析

美国的航空业相当发达，其运作体系是"丢包式"的模式。比如，洛杉矶至旧金山每隔1小时就有1个航班，由于城市间航班密度大，有时为了避免飞机超重，行李与客人不随同一航班抵达也是司空见惯。领队在整个团体的运作过程中，应该起到指挥官的作用，对每一个环节的处理都是决定客人满意与否的关键。

此案例中，首先，领队遇事冷静；其次，基于领队已赴美国多次，所以对美国的航空运作系统相当熟悉，因此，对事件的处理显得从容不迫，给客人一种安定感和依靠感。客人们身处异国他乡，心底深处有一种对外界的防备心理与紧张心理，因此，这个时候领队起到了关键性的作用。他（她）不仅仅是客人们的"生活委员"，同时也是客人们的"教导主任"，从容、冷静、微笑，才是领队的真正魅力。

总之，一位优秀的领队不仅仅对目的地国家的知识、业务相当熟悉，而且要对航空业、酒店业等相关国际行业的运作模式相当熟悉，才会在出现问题时有的放矢地处理。

（资料来源：徐辉. 国际旅游业对客服务艺术案例［M］. 杭州：浙江科学技术出版社. 2008.）

第二节　技术性事件的处理

一、机位未确认就出团

出境游领队身为第一线服务人员，在与公司计调人员交接时应谨慎小心。计调人员有时会因操作失误、团体人数临时增加或航空公司不能保证所有预订的机位等原因而导致机位不足或需要候补的情况出现。如遇此种情形，一般旅行社都不会冒险出团，或损失团体利润改开散客票；或跟旅游者事先说清楚，让旅游者更改出发时间，但给予旅游者一定的折扣；或根据旅游合同，给旅游者应有的赔偿。少数旅行社仍会冒险出团，请该团领队在行程中边走边等消息；或让领队在境外自行确认机位。身为领队虽然无奈，有时也有口难言，但无论如何，领队人员要与计调交接清楚，在行程中，努力与航空公司协调解决所面对的问题。

二、航空公司超额订位

团体机位一般必须依航空公司规定再确认机位。有时因为领队带团无暇进行确认，可以委请当地代理旅行社代为做确认手续，但身为领队也必须进行追踪确认。无论如何领队都要先确认，可当天早一点到机场确认。平时多与旅游相关行业建立关系，遇到困难自然有朋友及时相助，所谓在家靠父母，出外靠朋友，身为领队应深刻体会这一句话。

如遇因航空公司超额销售机位（over sold），领队应坚持与团体一起行动，要坚定向航空公司维权的意念和决心，争取到底，通常可赢取合理的权益保障。总之，如有任何更改必须随时机动地通知当地代理旅行社，以配合行程改变做相应的调整与获取必要的协助。

三、饭店超额订房

一般旅行社出发前理应已确认行程中所有的酒店。有时组团社向国外代理旅行社预订团体住房稍晚，或团体人数临时增加或拼团，会导致临时加房不易。也曾出现旅游团到当地登记住宿时饭店房间数不足，团体一部分必须住到其他饭店，或因房间不足，司机、领队改住其他饭店的情况。这些情形都是可能发生的，对于此类事件的处理一定是优先安排旅游者，司机其次。万一出现不得不将旅游者要分两家饭店住宿的情形，领队应争取隔天一定将旅游者换到同一饭店，并对旅游者进行一定程度的补偿。

 **出境游案例**

一间房换回的信任

农历的大年初二，领队小杨带领35位客人赴港澳进行为期5天的旅行。旅游团一行乘坐早晨7点40分起飞的CA181次航班抵港后，便展开了第一天迪士尼乐园的游览。客人于先生第一次携带他的妻子以及两个女儿来香港游玩，一家人非常高兴。

一天的游览，使大家十分疲惫，小杨把客人送回观塘丽东酒店后，便按事先分好的房号，把房卡分到客人手中。但分到于先生时，他只分到一把房间钥匙。于先生气愤地质问小杨，他们一家共有四口人，怎么只分到一间房。小杨和于先生解释由于春节期间是访港高峰期，酒店客房紧张，原则上12岁以下的旅游者是不占床位的，而于先生的两个小孩都在9岁以下，所以没有预订额外的房间。于先生非常恼怒，他拿出旅游合同给小杨，证明当时他为了让小孩能够睡得舒服，所以额外多订了一间房。小杨看了于先生的合同，于先生所说的情况的确属实。于是跟于先生商量，先把剩余的房卡发完，然后再来想办法解决，因为其他客人也非常疲倦了，并且也让于先生的妻子和小孩先回房间休息。可是这个决定遭到了于先生的拒绝，于先生开始大声斥责小杨以及小杨所属的旅行社，还因为影响了酒店的正常营业而招致酒店保安人员将其带走。

小杨和酒店经理进行了沟通和解释，找回了于先生。于先生满脸的不高兴，并表示如果不安排妥当就坚决罢睡并投诉！可是临时让酒店腾出房间来实在是不可能的，因为多数团队都是提前订房的，当天的客房早就爆满了。这时小杨也意识到了问题的严重性，在和组团社联系后，发现的确是组团社无法安排而产生了工作失误，可是组团社一时也无法拿出解决的方案。此时小杨急中生智，想到了何不先让出自己的房间让给于先生，解决今晚的矛盾，再处理接下来的问题。小杨马上告诉于先生，表示愿意把自己的房间让给于先生一家，让他们今晚好好休息。于先生显得有些不好意思，但在小杨的坚持下还是接受了。小杨代表旅行社再次致歉，并告知于先生一家组团社已经在处理这个问题。回到大堂，小杨又一次拨通了组团社的电话，这时组团社也已经订好了接下来几天行程中于先生一家的房间，并安排小杨到尖东的日航酒店和社内另一在香港带团的领队拼住一个房间。时间已经接近晚上12点，小杨虽然非常疲惫，但是至少解决了客人的问题，他心里仍感到非常欣慰。

接下来的几天中，行程都非常顺利，客人们也很信任小杨。多天的接触也让小杨了解到了于先生的性格脾气。其实于先生是个很坦诚的人，一旦得到了他的肯定，便很好相处，于先生也多次向小杨道歉，承认自己确实太冲动。旅游途中，我们需要的也正是这种相互理解和相互体谅。

▶ 案例评析

本案例中，虽然旅行社计调人员的工作出了差错，或者说实在是春节期间房间不够所造成的工作失误。我们通过案例看到，问题产生时，小杨都非常镇定，不慌不忙，并且掌握主动权，而不是被动地被客人牵着走。但同时，对发生的问题也高度关注，尽心尽力地为客人处理问题。当损失自己的利益，却可以满足客人要求的时候，小杨也是毫不犹豫，坚定地让出了自己的房间。宁可自己辛苦赶路，也要保证旅游者的利益，这也是每个领队都应该做到的。

危机管理的定义有三条：第一，最大限度地减少危机对社会、组织或者机构的潜在伤害；第二，帮助组织、机构控制局面；第三，尽最大可能保护组织、机构的声誉。在案例中，小杨也正是围绕着这三条而展开相对应的工作的。小杨让自己的房间给客人，客人心里在一定程度上是感激并愧疚的，这样就避免了客人投诉和理赔的要求，减少了对组团社潜在的伤害。同时，让房的这个举动也缓解了当时组团社无处寻房的窘境，很好地控制了局面。再者，小杨多次代表旅行社向于先生致歉，其实就是为了维护旅行社的声誉。定义中的三条，小杨都出色地完成了。带团过程中，我们时时刻刻都会碰到各种各样的问题，提高服务质量，学好危机管理，是当前形势下我们所应该做的，也只有这样，才能出色地带好每一个团队。

（资料来源：徐辉．一间房换回的信任［N］．江南游报．2010.12.03.）

第三节　目的地国家或地区突发事件的处理

无论何种原因造成预定行程的延误或更改，领队必须通知目的地国家地接社以协助配合调整相关的安排。遇到其他情况，如无法前往预订的餐厅用餐等，也应通知对方。在旅游目的地出现突发情况，就是出境游领队显示本身专业技巧的最好时机，处理得当不仅能得到旅游者的谅解，并化解旅游纠纷，更深一层的意义是能够塑造领队人员的专业形象，提高旅游者对旅行社旅游品质的满意度。下面将详细介绍在目的地国家或地区的常见突发事件及相关处理方法。

一、目的地国家罢工事件

罢工在西方国家为劳资双方沟通意见的一种方式，但在团体旅游行程中，如遇交通运输业员工罢工，则团队旅游将深受影响。因为团体行程早已经安排，环环相扣，一处脱节，波及全程，故领队不可不谨慎处理。

（一）航空公司罢工

如遇某一航空公司人员罢工，出境游领队应立即联系其他航空公司确保机位，并要求原航空公司给予转乘其他航空公司的证明。否则，应要求原计划搭乘的航空公司给予合理的安排，并保证航班恢复正常后，首先让团体客人乘坐飞机先离开。

（二）陆上运输罢工

如遇铁路工人罢工、旅游大巴司机罢工等，领队人员可立即协调目的地地接社租用其他交通工具代替，如市区出租车、学校校车、公司接送车等。

（三）饭店员工罢工

饭店员工罢工可能会造成团体无法用餐及无行李人员搬运行李的情况，领队人员可事先请求团体旅游者配合，如另觅餐厅或自提行李等，以共渡难关。

二、酒店火灾事件

火灾造成的生命威胁非常大，尤其是发生在深夜旅游者都已就寝时。领队人员在酒店住宿登记的同时，应宣布房间相对应的逃生出口及紧急逃生设备摆放的位置。如发生火灾时，领队的具体工作如下：

（1）立即报警，拨打火警电话。

（2）迅速通知全团旅游者。与现场工作人员一起通过安全通道疏散旅游者。千万不要让旅游者乘电梯，应协助旅游者从安全通道或楼梯逃生。

（3）引导旅游者自救。如果只是衣服着火，可以马上脱下衣服拍打灭火，若一时不方便脱下，可就地打滚将火扑灭。如果旅游者被大火围困，即使衣服着火，也不要脱下衣服，因为衣服可以保护身体不被烧伤。遇有浓烟、一氧化碳、有毒气体时，应该注意让旅游者避免烟呛，可用湿手巾捂住口鼻，并尽量贴近地面匍匐前行。另外，可挥动色彩鲜艳的衣物呼救。

（4）处理善后事宜。组织抢救受伤者；若有死亡者，则按有关规定处理；安顿好其他旅游者，设法使旅游活动继续进行。领队还应协助处理好善后事宜，并写好书面报告。

为避免火灾事故的发生，领队人员应提醒旅游者不要携带易燃、易爆物品，不乱扔烟蒂和火种，不得将易燃、易爆物品夹带在行李里托运等。总之，领队人员在登记住宿之后，应养成巡视安全设备及逃生出口的习惯，以备不时之需，并于分房时事先向旅游者宣布。

三、治安事件

出境旅游治安事件是指在出境旅游过程中，旅游者遇到歹徒行凶、诈骗、偷窃、抢劫等，致使身心及财产遭受不同程度的损害的情形。出境旅游领队在陪同团体参观游览过程中，遇到此类治安事件，应做如下处理：

（1）坚决保护旅游者的人身和财产安全。如歹徒向旅游者行凶，在场的领队应毫不犹豫地挺身而出，以保护旅游者的生命安全及财产安全，迅速将旅游者转移到安全地点，并配合当地警察人员和当地群众捉拿罪犯，追回赃物。如旅游者不幸受伤，应立即送医治疗。

（2）协助警察迅速破案。案件发生后，如罪犯脱逃，领队应立即向当地警察机关提供案件发生的时间、地点、经过、作案人的特征（性别、年龄、体型、长相、穿着等），受害旅游者的姓名、性别、年龄、国籍，损失物品的名称、件数、大小、型号以及特征，并努力协助办案人员迅速破案。

（3）及时向主管部门报告。案件发生后，在向当地警察机关报案时，仍须及时向组团旅行社主管部门报告事故发生的基本情况，即出事地点、时间及旅游者姓名、性别、年龄、受害情况、现在何处、现状如何、领队以及其他旅游者现在何处、状况如何、受理案件部门名称、地点、电话号码及联络人姓名，并请主管部门提出处理意见。

（4）迅速写出事故情况报告。书面报告的内容，要求详细、清楚，包括受害者的姓名、性别、年龄、受害情况、脱险情况、已采取的紧急措施、案件的性质、是否已及时报案、作案人的基本情况、侦破情况、受害者以及团体中其他人目前的情绪、有何反应和要求等。

治安事件发生时，轻者只造成个人财产蒙受损失，重者将影响旅游者与领队的生命安全。旅行业者安排旅行团时宜事先避开旅游高风险的国家或地区，领队也须在治安相对比较差的国家与地区，事先告知旅游者安全注意事项，同时应督促旅游者将贵重物品与现金存放在保险箱内，并劝旅游者分组同行，切勿单独行动。

 出境游案例

杭州旅游团南非约翰内斯堡历险记

2011年11月3日，"南非阿联酋9天游"的旅游团在南非结束了所有的游览行程，正乘坐旅游巴士前往约翰内斯堡机场，准备离境回国。当时旅游大巴上共有32人：29位旅游者，1位浙江中青旅的领队，1位当地导游和1位当地旅游司机。全团人员从约翰内斯堡市中心的一家商场出来后，取道布鲁玛区ernest oppenheimer大街，前往机场。

Chapter 8 出境旅游领队实务（双语）

当时已经是当地晚上7点左右，就在旅游大巴开往机场的途中，突然从大巴的后面传来了警笛声。司机注意到后面跟上来一辆闪着警灯的平民车，警车内的警察示意让他们停车。车上的旅游者觉得很奇怪，但是因为在国外，且又不懂当地语言，也就没有注意，以为只是例行的临时检查。在大巴停靠路边后，几个穿着警察制服的男人登上了旅游大巴。这时，坐在最前排的领队和两位旅游者发现，几个穿警服的男子全都手拿枪械。有3个看似警察的人就上车问了司机团队的情况和目的地，要求司机出示证件，然后开始审查司机和客人的证件。通过这些"警察"的言行和行为，领队和旅游者很快就明白了一个事实：他们遇到了抢劫。

女领队首先对劫匪进行了阻挠。这个身材高挑的姑娘，开始并没有被吓到。但是，接下来的一幕，不得不让这位女领队感到恐惧。因为其中1位持枪劫匪伸手对着女领队的脸就是狠狠的一巴掌，其余的男性客人则被电棍电击。这一个巴掌，不只是把领队的脸"打"镇定了。通过劫匪的粗暴行为以及回想以前发生的抢劫事件，她首先想到的是旅游者的安全，劫匪们都有枪，所以绝对不可以激怒劫匪，否则旅游者们可能有生命危险。

女领队很快反应过来，她用英语和劫匪尽心交涉，她告诉劫匪："请不要动手，我们会主动把值钱的东西交出来，请你们不要伤害任何人。"对于劫匪来说，最重要的就是钱财，但是他们没有想到的是，眼前这位女领队却利用他们听不懂中文，对旅游者进行了"教育"。女领队转身对旅游者解释了整个情况，让他们不要惊慌，现在最重要的是人身安全，尽量配合劫匪。但是她同时告诉旅游者，把自己的护照、现金和贵重物品放好，尽可能把自己装杂物、零食的袋子交给嫌疑犯。这个提示很重要，因为客人中不少人之前刚刚在购物点购买了钻石。但是坐在大巴最前排的两名乘客和领队本人，因为形势紧迫只得将所有的东西如数交出，其中包括他们的护照一并被洗劫。而坐在旅游巴士后面的旅游者，全部将护照迅速藏了起来。绝大多数的贵重物品，也没有被抢走。一些旅游者甚至从后面把自己的包主动递给劫匪。不过，这些包里大多都是些水果、衣服等不值钱的物品。匆忙中，劫匪无暇仔细检查袋子里面的具体内容。

最后在清点损失时，共有16位旅游者被劫走了财物，包括钻石1颗，现金近20万。包括领队在内的3位成员被抢走了护照。随后，女领队拨打了报警电话，并通知了旅游公司相关负责人。中国驻南非共和国大使馆和驻约翰内斯堡总领馆对此事也相当重视，非常关心来自杭州的这些旅游者。

当地时间11月3日晚9点（与北京时间相差6个小时），未被抢走护照的27位旅游者按原计划搭机回国。护照被抢的领队跟两位旅游者滞留在南非机场。在使领馆的帮助和浙江省公安厅的配合下，女领队和另外两名旅游者的护照，在4个小时内补办完毕。当地时间11月4日晚，滞留的领队跟两位旅游者搭机回国。

▶▶▶ 案例评析

本案例中，旅游公司派出的女领队遇事镇定，反应灵敏，否则，可能不仅旅游者的贵重物品会被洗劫一空，也有可能会发生人员伤亡的悲剧。领队的专业知识和语言能力在这次的事件中发挥了很大的作用。领队良好的语言能力帮助她在第一时间内理解劫匪的意图，同时，领队掌握的专业知识使她及时作出正确的反应，提醒旅游者以人身安全为重，并用不值钱的物品打发劫匪，因为劫匪没有这么多的时间去检查行李袋里的物品。并且，领队用娴熟的英语与劫匪交流时能够适时地转移匪徒的注意力，让旅游者有更充分的时间来整理自己的东西，最大程度地降低旅游者的损失。

（资料来源：徐辉．杭州旅游团南非约堡历险记［N］．江南游报．2012.07.26.）

第四节 目的地国家或地区非正常交通情况的处理

交通工具是进行旅游活动的重要工具，但是在很多情况下不少旅游者无法忍受长时间乘坐长途飞机、旅游大巴或其他各种交通工具，更无法忍受航班延误或旅游途中的堵车等情况。领队是第一线的服务人员，如何一边安抚旅游者焦虑的心情，一边又能最大限度地完成旅行社给予的带团任务呢？一名合格的领队人员必须具备在目的地国家或地区突遇非正常交通状况时的危机处理能力。

一、航空公司

出境游领队与航空公司在本质上虽同属服务者，但在航空公司遇班机取消、班机机位不足或班机延迟起飞时，领队就要以公司及旅游者利益为出发点，向航空公司争取最大权益。常见突发状况及相应危机处理方式如下。

（一）航班临时取消

（1）尽可能联络最近起飞的其他航空公司，查询是否仍有机位及机票是否可以改签。

（2）是否可改乘其他交通工具前往下一目的地。

（3）与该航空公司交涉，要求其按规定负责团体善后事宜。

（二）航班机位不足

（1）除特殊情况外，不可安排团体旅游者分批行动，但不得已进行分次行动时必须安排通晓外语的旅游者为临时领队，并应关注团体持有 ADS 签证或团体签证能否分开行动。

（2）应随时与地接社保持联络，以调整团体活动时间及地区，尽可能减少损失。

（3）保持与航空公司协调，以争取对团体行程作出最有利的安排。

（三）航班延误起飞

（1）如果延误的时间不多，则领队人员应及时通知目的地地接社做适当的调整，其他方面不必变动太多。

（2）如果延误太久，影响到下一站住宿及游览行程时，应提早做安排，例如：取消酒店住宿的费用问题，剩下的时间是否足够完成游览行程，是否须马上赔偿旅游者的受损，或以其他方式弥补旅游者的损失，或与旅行社协调延长用车时间等。

（3）任何的变动领队人员都应通知当地地接社。

（4）领队人员应视情形尽量同航空公司争取等候期间的餐饮住宿，甚至短暂的额外观光安排，以弥补旅游者受到的损失。

最后，领队人员如遇以上状况，也并非一定要求航空公司完全配合旅游团体，但必须在合情合理的原则下，为旅游者争取最大的权益。所谓合情合理，也就是依国际航空法及案例，可以争取到的航空公司、旅游者及旅行业者都可以接受的平衡点。

出境游案例

客人分别从新德里、巴黎、伦敦和哥本哈根转机回上海

领队老徐所带的"法意瑞西庸城堡+金色快车11天"行程团到第10天的时候，原计划是上午游览城中之国梵蒂冈和罗马的许愿泉、古罗马废墟外景、古罗马角斗场、古罗马凯旋门等景点后，下午从罗马乘坐德国汉莎航空的航班从法兰克福转机回上海。

当导游和领队协助客人在罗马机场办理完客人购物的退税手续，过安检正准备登机时却被告知：罗马机场发生火灾，罗马飞往法兰克福的航班将延误，延误多长时间暂不知道。全团共计34名客人与领队，在法兰克福转机逗留的时间只有两个小时。时间一分一秒地过去，最后整个航班延误了3个小时才起飞，导致大家延误了下一程法兰克福飞往上海的航班。抵达法兰克福机场后，汉莎航空安排团队在法兰克福机场附近的酒店入住。

次日一早，领队与导游带着客人来到了汉莎航空值机柜台开始办理法兰克福飞上海的机票改签手续。由于同时有4个团体的145名客人均赶不上飞上海的航班，隔天法兰克福又没有飞上海的航班，这就意味着大家只有转机才能回到上海。而汉莎航空值机人员获取机票的方式是能从系统中找出几张票就先走几个人。所以就算转机，整个团体的客人也不可能安排在同一架飞机上。

此时客人就开始唧唧喳喳地议论开了，由于大部分游客均不会讲英语，让他们单独转机会带来许多困难，同时也给领队及导游造成人员分配上的困难。

领队和导游经过和客人一段时间的相处，发现团里有一组家庭的父亲是某大学的教授，其儿子也是毕业于某外国语学校的准大学生，可以考虑将这户家庭拆开，来带领并帮助别的客人一起转机。于是，在征得客人的同意后，这位教授和他的儿子临时充当领队的角色。

其中，团里有个含老人、小孩和妈妈的4人组，从法兰克福飞哥本哈根被分在两个不同的航班。领队就与航空公司商量，请航空公司安排轮椅把老人送上飞哥本哈根的第一个航班，到了哥本哈根再用轮椅将老人送往下一个航班的登机口，与带着两个小孩的妈妈汇合，这样就避免了老人单独乘坐飞机因语言问题而造成的困难。此外，领队自己带着19人从巴黎转机。期间，领队也不时通过电话联络，对仍滞留法兰克福机场、准备第3天出发的两批客人，进行了询问、安排及安抚。

就这样，连同领队在内的34名客人分两天，分别从新德里、巴黎、伦敦和哥本哈根转机回到上海。

> **案例评析**
>
> 在境外旅游由于人力等不可抗拒的因素所造成的事件是经常会发生的。本案例中,由于意大利罗马火灾造成的航班延误,影响了旅游者的下段航程。
>
> 领队遇上此类情况,应该尽量和航空公司说明团队的人员组成以及大部分中国游客没有国际转机的经验以及英语表达不流畅的情况。先让妇女、儿童、老人及残疾人飞回始发地。同时,领队、导游应利用团里英文好的团友帮助别的团友来完成转机等事宜。案例中,最后在实在没有办法将4人组家庭安排在同一航班的情况下,领队与航空公司商量,使用轮椅运送老人送机、登机的方式解决了4人分两个航班汇合的问题。
>
> (资料来源:徐辉. 客人分别从新德里、巴黎、伦敦和哥本哈根转机回上海 [N]. 江南游报. 2015.08.05.)

二、旅游车辆未及时赶到

在团队已抵达目的地时,若接待该团体的旅游车辆未按规定时间到达,就会影响到旅游者的旅游兴致,并造成领队带团时的困难。更糟糕的情况是旅游途中车辆发生状况导致行程无法完成,或旅游者因意外受伤而必须送医院治疗。以上都考验着领队处理紧急情况时的能力与技巧,其具体处理方式可归纳如下:

(1)立即联系车队,说明事故地点,请求迅速派车支援。

(2)尽快联系航空公司,说明事故原因,请求延长登机办票时间。

(3)请地接社协助先到机场办理登机办票手续。

(4)请团体旅游者集中于路侧等候支援车辆,不可零星分散,以免再次发生意外。

(5)做好全团安抚工作。事故发生后,除领队、受伤旅游者的亲属及旅行社一名导游服务员陪同伤员留在医院外,应尽可能使其他旅游者继续完成原定行程。随团的导游或领队要向其他旅游者做好精神上的安抚工作,帮助他们消除心理上的不安。事故查明后,应协同医疗人员将伤员的抢救情况一并向该旅游者交代,并向组团旅行社报告说明原因。

(6)保护现场,查明事故发生原因并厘清责任,作为事后处理的依据。在既有领队又有导游时,除了抢救受伤旅游者外,应留下一人处理现场后续情况。

(7)将受伤旅游者安排就绪后,领队应立即写出事故发生情况及处理的书面报告,内容包括时间、地点、事故的性质、事故的原因、处理经过、司机的姓名、车型、车号等,旅游团名称,受伤旅游者的姓名、性别、年龄、受伤情况、医生诊断结果、亲属,领队及团内其他旅游者的情况和对事故发生与处理的反应等。

如车辆未按时到,领队除事先准备相关联络电话与车队信息外,每日带团前也应督促司机检查车况并亲自参与。行车途中也应随时掌握司机开车状况及车子仪表显示状况,对任何意外都要有充分心理准备,多注意观察,则可以避免发生此类事故。

第五节 各种事故的预防

事故发生的原因是多方面的，而且大部分是因外界因素所造成，对出境旅游领队或者旅游者来说，都是无法预料的。事故发生时，双方都处于被动地位。但是，只要领队人员一丝不苟并善于用心，对事故的防范也会产生作用。

一、观察旅游者及其周围环境的风险因素

领队人员在和旅游者相处的过程中，须时时刻刻注意观察旅游者和周围环境的动态，对于任何异常现象都不能掉以轻心，以便及时采取措施，防患于未然。例如，发现患病旅游者病情并及时处理，可以减少对方的痛苦，也可防止病情恶化；提早发现旅游者所处周围环境中的呆傻、疯癫等精神不正常者，及时采取防范措施，避免发生意外事故。

二、做好各项预防工作，使旅游者对意外有充分的心理准备

领队人员在接待工作的每一个环节中都要设想可能出现的事故及防范措施。做好各项预防工作，可使旅游者及早做准备，从而有效地防止发生意外事故的发生。例如，根据天气预报，领队人员可先预告旅游者是否需要增减衣服、携带雨具，穿戴适宜的鞋、帽等，防止因天气变化而引起的不便甚至身体不适；提前告知旅游者目的地的地理地势环境，可使旅游者衡量自身的实际情况，量力而行，以防出现摔伤等意外事故；同时预报游览路线、出发集合地点和时间，可以防止旅游者走失；预先告知行李托运的方法和收交行李的时间；提前告知手提物件与托运行李如何分开处理，以及易碎品应随身携带等事项，可以防止或减少行李的遗失和损坏。

三、执行旅行社指定的工作程序和遵守旅行社的规章制度

执行出境旅游接待工作程序和遵守旅行社的规章制度是防止事故发生的重要保障，也是领队工作负责的表现。但领队人员不是对规章制度负责，不能简单地照章行事，而应懂得随机应变来处理各类人身安全事故。

一般来说，预防事故的重点工作如下：

（1）领队人员应与司机密切配合。为了防止车祸发生，领队应提醒司机做到行车不超速，不超车，不闯红灯，过十字路口要小心，不酒后开车，开车集中精神等。领队要随时检查车况，多照顾司机的饮食、住宿；将心比心，事先多与司机沟通，行程相互配合，并在行程结束时对其表示感谢。

（2）留意天气预报。遇到大雨、降温、大风、大雪天气时，应及时改变行程，或做好安全驾驶的预防。如遇天气不佳，应努力营造气氛，使旅游者保持愉快的心情。

（3）计算好行车时间。往返机场不要因时间紧迫而开快车，也不可把时间算得太紧，万一碰上堵车、车祸，一切都可能来不及。特别是对于有退税的国家或旅游地区应预留更多时间，以利旅游者办理退税。

（4）不随便离开。带团活动时应随时和旅游者在一起，留意四周环境和人群，防止旅

游者走失。在境外有导游时，出境游领队角色则着重于服务与保护的功能。

（5）了解楼层的防火设备。针对火灾的预防措施以及遇有火灾时的逃离线路均不可忽视；领队人员至公共场所，应随时随地了解紧急逃生设备与窗口所在方向与位置。

（6）水上活动的准备。领队或导游人员应与安全人员先行联系，做好准备工作，以确保安全。开放时间与水域应事先告知旅游者，非开放时间则应禁止下水。

（7）倡导旅游者之间互帮互助。登高、爬山、涉水等活动，要请旅游者扶老持幼，彼此协助，特别是雨天、雪天，更要提醒旅游者注意安全，以防因跌倒、滑落而受伤。

第六节 自然灾害应急处理

一、自然灾害应急处理方法

遇到台（飓）风、地震、冰雹、水灾等自然灾害，领队、导游及其他旅游从业人员应保持镇定和冷静，根据自然规律以及所掌握的常识，迅速对情况作出准确的判断，采取一切有效措施保护旅游者，及时与旅游公司和有关方面取得联系，并带领团队撤离灾区或危险地带，沿途照顾好伤病员，尽最大努力减少团队伤亡，不得弃团自行逃生。

当自然灾害影响到旅游团队的人身安全时，随团领队、导游必须按以下步骤操作：

（1）第一时间与当地有关部门取得联系，争取救援。

（2）及时向当地旅游行政管理部门和境外地接社或组团社应急指挥小组汇报情况，并在现场积极主动采取必要的救援措施，力争在最短时间内把损失降到最低。

（3）稳定旅游者情绪，保护现场、等待救援。

（4）积极主动配合有关部门的救援工作，并及时保存有关票据和书面材料。

（5）积极主动配合公司应急指挥小组对此次灾害或事故的善后处置，做到有始有终。

二、暴风雪事故应急处理方法

（1）在发生暴风雪事故后，领队人员应迅速确定旅游者的伤亡情况，与外界取得联系，汇报事故情况及可能的发展趋势，请求救援。此外，领队人员还要及时与当地的中国使领馆联系，请求他们帮助督促当地政府和救援机构加紧救援。领队应该与组团社领导保持联系，报告事故的基本情况和最新进展，通报旅游者的反应及自己对处理事故的想法，接受领导指示。在救援未到达前，指导和实施救治。

（2）旅游者应保存体力，不要盲目地耗费体力。如果被困在车上，留在车中最安全，贸然离开车辆寻求帮助是十分危险的行为；开动发动机提供热量保持车内供暖，注意开窗透气；燃料耗尽后，尽可能裹紧所有能够防寒的东西，并在车内不停地活动。如果在茫茫雪原或山野，露天受冻、过度活动会使体能迅速消耗，此时求生应减去身上一切不必要的负重，在合适的地方挖个雪洞避身，只要随身携带食物充分，这种方式可以坚持几天时间。

（3）旅游者应调整心态，适时休息。遭遇暴风雪时，由于恐惧、孤独、疲劳等，易造成人的生理、心理素质下降，此时领队要帮助旅游者保持稳定的心态。此时正确判断方位和决定路线极为重要。疲劳时适当休息,若走到筋疲力尽时才休息十分危险,许多人一睡过去就不再醒来。正确的方法是走一段,停下来休息一会儿,调整呼吸,休息时手脚要保持活动并按摩脸部。

(4)旅游者应相互激励,保持兴奋状态。思维迟钝产生头脑麻木十分危险,暴风雪中必须保持兴奋状态。此时领队要鼓励旅游者,给他们树立希望,发扬团队精神,相互搀扶、相互激励,才更有希望获救。

(5)旅游者获救以后,及时将伤病员送医院进行救护,并及时通知伤亡者亲属。领队要安顿其他旅游者的食宿,安抚旅游者的情绪,根据领导指示,要求地接社配合处理好善后事宜。

(6)写出书面报告。在事故处理以后,领队应将事故的起因、处理经过、抢救过程、伤亡情况、救治结果、旅游者的反应和满意程度阐述清楚。

三、海啸事故应急处理方法

(一)海啸防范

领队人员要在海啸发生前采取防范措施。一般来说海啸与海底地震有关,海啸可引发高达30米的巨浪,给沿海地带造成巨大破坏。

感觉强烈地震或长时间的震动时,需要立即离开海岸,快速到高地等安全处避难。不要回头去看海浪,如果你和海浪靠得太近,危险来临时就会无法逃脱。如果收到海啸警报,没有感觉到震动也需要立即离开海岸,快速到高地等安全处避难。通过收音机或电视等掌握信息,在没有解除海啸警报之前,勿靠近海岸。

感觉到地震或收到海啸预警时,领队要迅速组织旅游者有秩序地登上高处避难,抓紧时间指导旅游者携带贵重物品和所需物品,放弃多余的行李。及时与地接社、中国使领馆和当地紧急救援部门联系,了解海啸的情况,在得到海啸危险解除的消息后组织旅游者返回。

(二)海啸中的自救

如未能提前躲避海啸,在经历海啸时,领队应稳定旅游者的情绪,迅速指导他们做好自救准备,尽量牢牢抓住能够固定自己的东西,而不要到处乱跑。因为海啸发生的时间往往很短,人是跑不过海浪的。在浪头袭来的时候,要屏住一口气,尽量抓牢不要被海浪卷走,等海浪退去后,再向高处转移。万一不幸被海浪卷入海中,需要的还是冷静,关键要确信自己一定能够活下去。同时,尽量用手向四处乱抓,以抓住漂浮物,但不要乱挣扎,以免浪费体力。人尽量放松,努力使自己漂浮在海面,因为海水的浮力较大,人一般都可以浮起来。如果在海上漂浮,要尽量使自己的鼻子露在水面或者改用嘴呼吸。如果发生海啸时旅游团队乘船在海面上,领队应要求船只往深海方向跑,跑得越远,危险就越小,不能向港口或浅海行驶。因为海啸的波高跟水深成反比,所以在深海什么也看不出来,只有到近海、浅海、海浪速度减慢,能量才积累起来,形成一堵几十米高的水墙。待到海啸危险解除后,领队再带领旅游者迅速登陆上岸。

等到海啸过去以后,领队应及时寻找失散的团队旅游者,确认他们的情况,对受伤情况严重的旅游者进行救治。及时与当地救援部门以及中国使领馆联系,向国内组团社领导汇报情况。组织旅游者等待救援,指导其进行自救。

四、地震灾难应急处理方法

当发生地震时,领队应保持清醒的头脑,千万不能自乱阵脚。破坏性地震从人感觉震动到建筑物被破坏平均只有 12 秒钟，领队要在这短短的时间内安慰旅游者不要惊慌，同时根据所处环境迅速作出保障安全的抉择。若处于室外环境，则站立于空旷处，不要慌张地往室内冲；注意头顶上方可能有如招牌、花盆等掉落；远离兴建中的建筑物、电线杆、围墙、未经固定的贩卖机等。若在桥上或地下道，应镇定地迅速离开。若旅游车辆正在行驶中，勿紧急刹车，应减低车速，靠边停放，疏散旅游者到空旷处。若正行驶于高速公路或高架桥上，应小心迅速地驶离。若在郊外，远离崖边、河边、海边，找空旷的地方避难。若处于室内环境，则应保持镇定并迅速关闭电源、自来水开关；打开出入门，随手抓个垫子保护头部，暂避到洗手间等空间小的地方，或是桌子、床铺等下面，或靠建筑物中央的墙站着；切勿靠近窗户，以防玻璃震破；切记不要慌张地往室外跑；震后迅速撤离，以防强余震。

震后要迅速召集旅游者，查看是否有伤亡情况，如有伤亡应立即采取救治；立即联系地接社、当地救援部门和使领馆，及时向国内组团社报告情况；安顿旅游者，保证他们的正常生活；对旅游者的伤亡进行相关的善后处理；写书面报告。

出境游案例

一位被洋流飘走的客人得救了

"普吉岛 4 晚 6 天"的行程马上就要启程了。资深领队小冯心情无比激动，因为他即将带领 19 人的旅游团赴泰国普吉岛旅游。生活在大陆上的人们总是对大海有种向往和憧憬，每一次出发前小冯都会认真地做好出发前的旅游准备工作。

前 3 天的行程在领队的带领下进行得非常顺利。行程的第 4 天是这样安排的：上午游览被泰国政府规划为国家公园的小 PP 岛及大 PP 岛，活动的内容包括游览天涯海角情人沙滩、天堂游泳池、国家珊瑚保护区，进行海上浮潜，并与热带鱼同游、面包喂鱼等。团体在大 PP 岛午餐后，旅客们乘坐快艇到 Racha Yai 岛享受月光、沙滩及海上畅游。"Racha"在当地语言中是"皇帝"的意思，与普吉岛其他热门或不那么热门的景点相比，Racha Yai 岛算是一个非常新的面孔。但是自从被推出以来，它便以其精致而绝美的景色、纯净无污染的海水与沙滩、相对独立的地理位置以及奢华的配套服务得到了不少品味高雅的游客青睐，其中尤以欧美游客为甚，而这一切绝对当得起"皇帝岛"这个名字。

冯领队在宣布完海边游玩的注意事项及集合时间后，团员们便分头开始展开各自的活动，有部分团员游泳，部分团员浮潜。下午活动完毕的集合时间是 3 点，3 点过后，团员们陆续回到了海边指定的集合点。这时，冯领队看到远处的大海上有 1 名客人已经超出了领队、导游规定的海上活动范围，这名挥动着一只手，有求救的意思。顿时，冯领队脑子里的想法是：不管他是否是我团体的客人，救人要紧。于是，他马上要求船工将快艇开到那位呼救的客人那里。泰国的船工二话没说，以最快的速度，用最大的马力开到了游客的身边，将他救了上来。船工回到岸上，冯领队立刻将 500 泰铢给了船工，作为对船工的感谢。这时，这位被救上来的客人一再对领队和船工表示感谢。仔细一核对，这位客人确实是冯领队团体中的客人。领队问他怎么一回事，客人说他也不知道，不知不觉就被洋流冲得那么远了。

此团结束游览返回后，该游客特地赠送了一面锦旗给冯领队以示感谢。

▶ 案例评析

在海岛旅游（诸如巴厘岛、长滩岛、济州岛、塞班岛等），其中有一项项目就是赠送浮潜，且船方根据当天天气和海域的稳定性决定客人浮潜的区域。客人往往穿着救生衣带着面罩下水，但其实浮潜对普通游客来说还是有一定的技术难度。对于一些很会游泳的客人而言，他们不喜欢救生衣，喜欢直接下海游泳，胆子很大。在放客人下水前都是需要跟客人说明浮潜的区域，以防意外发生。

案例中的客人就是自己下水后漂了很远，但实际上并不是自己游了这么远，而是洋流的作用。洋流又称海流，海洋中除了由引潮力引起的潮汐运动外，海水还沿一定途径的大规模流动。引起海流运动的因素可以是风，也可以是热盐效应造成的海水密度分布不均匀。表面平静的海面，其实在海底还是有一股股的洋流。

《旅游法》第八十条规定：旅游经营者应当就旅游活动中的下列事项，以明示的方式事先向旅游者作出说明或者警示：①正确使用相关设施、设备的方法；②必要的安全防范和应急措施；③未向旅游者开放的经营、服务场所和设施、设备；④不适宜参加相关活动的群体；⑤可能危及旅游者人身、财产安全的其他情形。案例中的冯领队，在看到有人招手的瞬间，马上想到了船工出海营救的应急措施，想到的并不是"是不是自己的客人"而是"要把他救回来"，这是领队责任心和职业道德的体现。出境游领队最基本的工作之一就是保证客人的安全，每次解散客人以后就应该做到随时点清人数，这样客人的人身安全就时时掌握在出境游领队的手里。

（资料来源：徐辉．一位被洋流飘走的客人得救了［N］．江南游报．2014.04.17．）

第七节 出境旅游急救知识

《中华人民共和国旅游法》第十二条指出，旅游者在人身、财产安全遇有危险时，有请求救助和保护的权利。第八十一条指出，突发事件或者旅游安全事故发生后，旅游经营者应当立即采取必要的救助和处置措施，依法履行报告义务，并对旅游者作出妥善安排。为此，作为旅行社的一线人员，出境旅游领队应该掌握一定的急救知识，在遇到各种事故时最有效地保护自己和旅游者，从而把损失降至最低。

一、意外伤害急救原则

（1）遇到意外伤害发生时，不要惊慌失措，要保持镇静，并设法维持好现场的秩序。

（2）在周围环境不危及生命的条件下，一般不要随便搬动伤员。

（3）暂不要给伤病员喝任何饮料和给其进食。

（4）如发生意外，而现场无人时，应向周围大声呼救，请求来人帮助或设法联系有关部门，不要单独留下伤病员，使其处于无人照管的状态。

(5) 遇到严重事故、灾害或中毒时，除急救呼叫外，还应立即向有关政府、卫生、防疫、公安、新闻媒介等部门报告。报告时要讲明现场在什么地方、病伤员有多少、伤情如何、都做过什么处理等。

(6) 对呼吸困难、窒息和心跳停止的伤病员，迅速将其头抬高到后仰位、托起下颌，使其呼吸道畅通，同时施行人工呼吸、胸外心脏按压等复苏操作，实施原地抢救。

(7) 现场抢救一切行动必须服从统一指挥，不可各自为政。

二、急救的现场处理

任何急救工作都必须首先关注被救助人员的生命体征维持，应当遵守通风、呼吸和循环的原则。

（一）急救现场处理的主要任务

(1) 镇定有序的指挥。要临危不乱，如果现场人员较多，一方面要马上分派人员迅速呼叫医务人员前来现场，另一方面要对伤病员进行必要的处理。

(2) 迅速排除致命和致伤因素。应让伤病员立即脱离重压物，撤离中毒发生现场，切断电源，保持其呼吸道通畅等。

(3) 检查伤员的生命体征。检查伤病员呼吸、心跳、脉搏情况，必要时进行心脏按摩和人工呼吸。

(4) 止血。用各种有效方法及现有材料帮助出血者止血，同时尽快将其送往医院。

(5) 进行简单保护处理。如有腹腔脏器脱出或颅脑组织膨出，可用干净毛巾、软布料或搪瓷碗等加以保护；有骨折者用木板等临时固定；神志不清者，未明了病因前，注意其心跳、呼吸、两侧瞳孔大小；发现有舌后坠者，应迅速请医生将其舌头拉出来或用别针穿刺固定在口外，防止窒息。

(6) 迅速而正确地转运。按不同的伤情和病情，按轻重缓急选择适当的工具进行转运。运送途中随时注意伤病员病情变化。

（二）急救的几项禁忌

(1) 急性腹痛忌服用止痛药。
(2) 腹部受伤内脏脱出后忌立即复位。
(3) 使用止血带结扎忌时间过长。
(4) 昏迷病人忌仰卧。
(5) 脑出血病人忌随意搬动。
(6) 小而深的伤口忌马虎包扎。
(7) 腹泻病人忌乱服止泻药。
(8) 触电者忌徒手拉救。
(9) 心源性哮喘病人忌平卧。

出境游案例

在甲米,踩到海胆后

提起泰国,这个 1988 年第一个向中国公民开放的旅游目的地国家,中国国内旅游者首先想到的旅游城市可能是曼谷、帕提亚或者普吉岛。最近"普吉+甲米"的行程越来越受到旅游者的追捧。甲米岛在泰国的南部,与普吉岛隔海相望。甲米拥有 30 多个离岛,是安达曼海岸边最美丽的地方。这里有温暖而干净的沙滩,有远离世俗的慢节奏生活,无处不美景,无处不浪漫。这里的沙滩各具风情,每一片沙滩面积都不大,不会互相打扰,而是安静地分享同一片海景。甲米的海并不是一望无际的,时常可以看到眼前的大大小小的岛屿。小岛附近的海水呈绿色,然后依次是浅蓝色、水蓝色、深蓝色,逐渐递进。

今天是"普吉+甲米4晚6天豪华团"的第 3 天行程,许多客人直接换好了泳装,披着当地最有特色的沙龙从酒店出发,第一站就是乘快艇前往度假天堂珊瑚岛。珊瑚岛是欧美人士最爱日光浴的天堂,也是感受南国魅力活力四射的热情岛屿,一旦造访,就会为它的清新美丽深深着迷。这里有的只是清澈湛蓝的海洋、洁白如雪的沙滩,以及可以心情玩耍的多项水上活动供游客自愿选择参加。

客人王女士虽然年纪大了些,可是心态依然很年轻,但出于安全和身体考虑,她选择了最安全的海底太空漫步;别的客人也是根据自己的身体情况选择了不同的水上活动项目。领队和导游安排好所有客人的水上项目后,才在沙滩椅上坐下来休息,并帮客人照看他们的衣物。但没能坐上 5 分钟,就听到团员大喊领队"小程,快来帮忙!"导游和领队闻声就朝着人群堆里走去,只见王女士满脸的疼痛。"阿姨,你这是怎么了?"领队小程焦急地问。王女士好像痛得没法说话了,只是指指脚。原来王女士看见大海太兴奋了,把刚才上岛宣布的注意事项给全忘了,虽然这个岛风景怡人,但是有一些区域有很多的海胆,王女士没注意踩到海胆了。

海胆又名"海刺猬",胆壳布满棘刺,一般约 1—2 厘米长,1—2 毫米厚,呈圆锥形,棘刺本身中空易碎,断掉的棘刺可以再生长出来,某些海胆的棘刺末端更有毒囊。王女士是不小心走进了海胆区,幸好这里的海胆是无毒的,可是踩到海胆也是相当痛的一件事。"怎么办,用针挑出来吧!""不,我们还是应该上医院。"这个时候围观的人七嘴八舌地出着主意。领队小程也很紧张,这事可真棘手。经过短暂的思考后,领队对王女士说:"阿姨,这个海胆刺是空心的,针是挑不出来的,而且你脚上可是踩了一大片,就算挑也要费不少工夫。但如果不及时处理的话,你会发烧,脚也会很肿,哪都去不了。如今只有一种办法,就是当地人用的土办法,用比较硬底的拖鞋拍您的脚,直到把这些刺都拍碎了,然后您再吃点消炎片,过两天就好了,也不会发烧,只是拍打的时候非常疼。这时边上围观的人又七嘴八舌议论开了,有些人赞同,有些人反对,认为还是要去医院。领队小程也是压力很大,这事要是处理不好到时客人可是会怪领队的。看王女士还在犹豫,小程又对她说:"阿姨,我是一名专业领队,这件事情上请您相信我的专业知识及长久以来的带团经验,当然最后的选择权在您手上,您自己选择去医院,还是用土方医治。"这时导游已经从餐厅拿来了醋准备消毒,并告诉王女士领队的方法是正确的,只是真的很痛,不知道阿姨能不能忍。后来王女士在她先生的陪伴下强忍着痛被拖鞋"拍打"了好一阵,直到刺都被打碎,其间还不断用醋消毒。

两天之后,在王女士脚里的碎刺不见了,她可以走路了。只是脚被拍打过后还是有一些肿,但慢慢走路是没有问题的,阿姨脸上又露出了花一般的笑容。

▶ 案例评析

从旅行者向旅行公司咨询开始,到旅游合同履行完毕为止,都是旅行社履行告知义务的阶段。告知义务的履行必须贯穿于旅游服务的全过程。在签订旅游合同阶段,旅行社必须将旅游目的地固有情况告知旅游者,由旅游者决定是否参加旅游;在旅游合同的履行阶段,领队(导游)在服务的每一个环节都要告知旅游者注意事项,确保旅游者人身财产安全。

本案例中王女士由于看到大海一时比较激动,忘了导游、领队在上岛前宣布的注意事项。尽管领队、导游已经履行了告知义务,但客人在旅游活动中还是出了问题。领队在处理该案例时果断、快速,导游的配合也是当机立断,最终较好地解决了发生的难题。

同时,履行告知义务必须针对不同的旅游产品。常规线路有常规线路的提示和说明,非常规线路有非常规线路警示和提醒,不能千篇一律。所以,领队、导游在出团之前一定要做好功课,不但要预测可能会发生的问题,而且,要想好解决问题的方法。

(资料来源:徐辉. 在甲米,踩到海胆后[N]. 江南游报. 2013.05.30.)

三、事故的现场处理

事故现场处理的要点是:帮助病人保持最舒服的姿势,以减轻病人痛感;要垫低枕头,找平坦的地方,让病人躺倒;移动病人不要勉强硬搬,可以叫人帮忙,要小心、协调;让病人躺倒或移动时,注意不要加重其病情;对意识清楚、脸色正常者,注意保暖,通常情况下盖棉毯即可;对意识清楚、无休克症状者,可让病人保持原有姿势,不宜多搬动。

(一)出血的急救处理

对出血急救处理的要点是:用清洁的毛巾等压迫止血;迅速探明出血点;病人呼吸急促且无力时,预示着危险,应马上叫救护车。

1. 手脚出血

出血、受伤后应马上用净水器过滤的自来水或消毒凉水、冷开水清洗,无需进行特别消毒。用清洁的布块、毛巾(最好是消毒纱布)等垫在伤口上,直接压迫约10—20分钟止血。血止住后,用包带轻轻包扎,注意别包得过紧,以达到止血目的为宜,然后送医院处理。切忌用脱脂棉花、草纸垫在伤口处,也不能在伤口上涂药物。要在6小时内进行消毒处理,以防感染化脓。

如果伤口被泥沙污染,应首先用消毒凉水或冷开水冲洗。切忌用肥皂洗涤。出血伤口周围的血块、血浆等不要擦洗,伤口内的玻璃片、小刀等异物也不要勉强拔出,因为拔出后可能引起大出血,应马上送医院处理。

伤口污染后,只要在6小时内能进行充分的消毒,一般不会出现化脓。但是,如果是刃物刺入等引起的伤口，或者是刺入物残留体内，又未在 6 小时内作充分清创处理，就会出现伤口化脓。另外，要记住，无论什么原因致伤的伤口，都有发生破伤风的可能，要即时采用预防措施。

2. 体表动脉出血

要迅速探明出血部位，用手掌按住伤口约 20 分钟。如还不能止血，可用包带缠绕压迫止血，同时找到伤口至心脏段内离心脏近、能感觉搏跳的部位，用手指用力压迫（间接压迫法）止血。若手指、脚趾出血，则可用纱布垫着再用手指握紧止血。头部、腹部的出血，可用直接压迫法，边压迫止血并迅速送往医院。通常是脉搏每分钟 120 次以上、呼吸每分钟 20 次以上（成人）、人体血液丧失 1/3 以上的人就会面临生命危险。

（二）休克的急救措施

1. 放置平卧位

下肢应略抬高，以利于静脉血回流。如有呼吸困难可将头部和躯干抬高一点，以利于呼吸。

2. 保持呼吸道通畅

保持呼吸道通畅对于休克伴昏迷者尤其重要。方法是将病人颈部垫高，下颌抬起，使头部最大限度地后仰，同时头偏向一侧，以防呕吐物和分泌物误吸入呼吸道。

3. 保暖或降温

注意给体温过低的休克病人保暖，盖上被、毯。但对于伴发高烧的感染性休克病人应给予降温。

4. 必要的初步治疗

因创伤骨折所致的休克可采取止痛措施，对骨折部位进行简单固定。

5. 迅速将病人运送至医院

需尽快将病人送往有条件的医院抢救。对于休克病人搬运越轻越少越好。应送到最近的医院进行抢救。在运送途中，应有专人护理，随时观察病情变化，最好在运送过程中给病人采取吸氧和静脉输液等急救措施。

（三）野外活动中事故的处理

1. 中暑

正确处理方式是迅速将病人转移到凉快的地方，然后让病人躺下，解开衣服，或用冷水毛巾擦身，或边用酒精擦身边用口吹，促使酒精快速挥发散热。可以给患者喝凉开水或盐水。重症中暑出现抽搐者，应马上叫救护车送医院。

2. 晒伤

晒伤的症状是皮肤被晒发红并出现疼痛，此时可用冷毛巾敷在晒伤部位，直至痛感减轻或消失为止。也可以涂上防晒霜或其他防晒护肤品。晒伤部位出现水泡时，不要去挑破，用冷水浸过的毛巾敷着去医院处理。

3. 冻伤

可以用 37℃ 左右的温水慢慢浸泡冻伤部位，若出现红肿，需用纱布包好后去医院处理。注意：冻伤后不能用火烤或用热水洗，也不可以按摩冻伤部位。

4. 食物中毒

要以手指挖喉，引起反射性呕吐，迅速让病人吐出食物。如果是毒性强的食物，应马上送医院灌洗胃肠。

5. 接触性皮炎斑疹

当接触某些物质而致皮肤出现奇痒、红肿时，要赶快离开引起过敏的物质，并用水清洗过敏部位，马上更换衣服。红肿厉害时，可以涂肾上腺皮质激素软膏。容易引起斑疹的物质多种多样，比如化妆品、染发剂、洗涤剂、涂料、野漆树、银杏树、各种花粉等，领队要提醒旅游者根据个人体质加以注意。

6. 晕车

晕车者可与他人调换座位到晃动轻微的位置，打开窗户呼吸新鲜空气，解开衣服，想吐时可吐入塑料袋中。有相当一部分的晕车是心理因素引起的，所以要尽量分散晕车者的注意力，必要时也可以事先服用防晕车药物。

7. 被狗或猫咬伤

被咬后应迅速涂肥皂并用干净的水冲洗，包上纱布再去医院检查。被狗咬伤的伤口，容易化脓，所以必须进行彻底的伤口处理，并及时注射疫苗。

8. 被蛇咬伤

应首先将被咬的肢体放低位置，在伤口靠近心脏的一端用领带等轻轻地扎起来。口内无舌、龈溃破或唇裂伤口者，可以用口对伤口猛吸多次，每吸一口后马上将吸出的血吐掉，最后还须漱口。被蛇咬伤后，伤口部位应保持不动，如是脚伤，应将伤者抬着去医院。被毒蛇咬伤是危险的，即使是被无毒的蛇咬到，也必须去医院处理。

9. 蜂蜇

被蜂蜇伤后，首先要把蜂刺拔出，用手挤出毒液，然后涂上氨水和抗组织胺软膏。如果被刺后出现恶心、抽搐等症状，是危险的预兆，要赶紧去医院处理。若被刺后20分钟内无异常反应，一般说来问题不大。

10. 被毛虫刺伤

被带有毒腺的毛虫刺伤后，伤处会立即变红肿，并有痛感。此时可用手挤出毒汁，并用肥皂、自来水擦洗干净。

11. 蜈蚣咬伤

被蜈蚣咬伤后局部会马上出现红肿，并伴有剧烈疼痛。此时应用力将伤处的毒液挤出，在伤口的近心端部位用领带等扎起来，并用自来水冲洗，进行冷敷，涂上抗组织胺软膏，然后马上去医院。

思考与练习

一、简答题

1. 出境游中人身安全和财物安全分别有哪几种紧急事件的类型？
2. 危机管理的定义有哪些内容？
3. 《中华人民共和国旅游法》第八十一条的具体规定是什么？
4. 作为出境旅游领队应该如何与司机密切配合预防交通事故？
5. 请举出急救过程中的四个禁忌。

二、案例讨论题

2011年9月,中国××旅行社组织,京王府国际旅行社具体实施接待的中国商业联合会一行14人赴非洲访问。途经肯尼亚时,旅游车与一辆卡车发生追尾,造成3名旅游者死亡,两名旅游者受伤。车祸前,因路途有点颠簸,坐在后排的1名旅游者与导游调换了座位,原本坐在副驾位置的导游坐到了后排(通常情况下,导游应坐在离司机最近的位置,如司机身后或者副驾的位置,便于工作及提醒司机安全驾驶等)。根据事故鉴定调查结果,旅游车与其他车辆发生追尾,属旅游车全责。

根据上述案例,请回答以下问题:
1. 该旅游团在肯尼亚出车祸时导游是否有不当行为?
2. 领队或导游应采取哪些措施来预防出境旅游中的车辆安全事故?

三、实训题

请学生拜访一下当地的卫生局急救行政管理部门,了解一下急救的一些基本实战方法和技术。

附录：

目 录

附录1：《旅行社行前说明服务规范》
附录2：《领队导游引导文明旅游规范》
附录3：《旅行社出境旅游服务规范》
附录4：《各国报警电话一览》

附录1
《旅行社行前说明服务规范》

前 言

本标准按照 GB/T 1.1—2009 给出的规则起草。

本标准由国家旅游局监督管理司提出。

本标准由全国旅游标准化技术委员会（SAC/T 210）归口。

本标准起草单位：国家旅游局监督管理司、北京众信国际旅行社股份有限公司。

本标准主要起草人：王怡静、王春峰、赵锐、潘丽华、彭志凯、张海燕、唐兵、汪黎明、段国强、遇宏、闻清琰、董超。

1. 范围

本标准规定了旅行社为旅游者提供行前说明服务所涵盖的相关要求。

本标准适用于中华人民共和国境内旅行社提供的、签订包价旅游合同且包含行程游览服务的旅游产品。

2. 规范性引用文件

下列文件对于本文件的应用是必不可少的。凡是注日期的引用文件，仅注日期的版本适用于本文件；凡是不注日期的引用文件，其最新版本（包括所有的修改单）适用于本文件。

GB/T 19001　　质量管理体系要求

GB/T 16766　　旅游业基础术语

GB/T 31385　　旅行社服务通则

GB/T 31386　　旅行社出境旅游服务规范

3. 术语和定义

GB/T 16766 界定的以及下列术语和定义适用于本文件。

3.1

包价旅游合同 package tour contract

指旅行社预先安排行程，提供或者通过履行辅助人提供交通、住宿、餐饮、游览、导游或者领队等两项以上旅游服务，旅游者以总价支付旅游费用的合同。

注：引用《中华人民共和国旅游法》，第十章第一百一十一条第三款。

3.2

行前说明服务 pre – tour explication service

旅行社与旅游者签订包价旅游合同、约定的旅游活动成行前，就约定的服务内容，向旅游者告知重要信息、有助顺利完成旅游的活动，是旅行社提供的包价旅游产品中不可缺少的服务环节之一。

3.3

行前说明服务提供方 pre – tour explication service supplier

与旅游者签订包价旅游合同的旅行社，包括：招徕、组织、接待旅游者并提供全程旅游服务的旅行社；销售批发商的包价旅游产品且自行与旅游者签订包价旅游合同的旅游代理商、旅游零售商。

4. 基本要求

4.1　主动服务

行前说明服务区别于售前服务中的产品说明服务、旅游行程中对旅游者的提示和告知活动，旅行社应主动为旅游者提供该项服务。

提供全程旅游服务的旅行社应主动为其代理商、零售商提供行前说明服务方面的有效支持。

4.2　注重实效

旅行社应根据经营状况、产品特征、旅游者群体差异等因素，选取方便旅游者参与、服务质量易于控制的行前说明服务形式。

4.3　资源保障

旅行社应为行前说明服务提供必要的资源保障，包括：

a）建立符合旅行社实际情况的行前说明服务管理制度，明确服务流程及服务标准；
b）设置专门岗位，对行前说明服务所要达到的目标负责；
c）对行前服务人员进行培训，确保其具有为旅游者提供相关服务的专业知识及技能；
d）为行前说明服务提供场地、设备、设施等方面的支持。

5. 服务形式

5.1　一般服务形式

为保证行前说明服务的质量及效果，旅行社应优先采取以下服务形式：

a）出行前且非出发当天，旅行社、旅游者双方见面的行前说明服务形式；
b）出行前且非出发当天，不见面形式的行前说明服务：旅行社利用互联网等技术或服务手段，向旅游者送达行前说明内容的电子版本、音、视频资料并取得旅游者接收确认，且有专门渠道、专门人员解答旅游者疑问；
c）上述两种形式的结合。

5.2　应急措施、补救手段

当旅游者因故未能接受行前服务时，旅行社可采取以下服务形式作为应急措施或补救手段：

a）行程开始当天，在机场、车站、码头等公共区域临时举行；
b）在前往旅游目的地的交通工具上临时举行；
c）在旅游过程中，通过播放音频、视频资料或由履行辅助人宣讲等进行。

6. 服务内容

6.1 交付资料、物品

6.1.1 基本资料、物品

旅行社在行前说明服务环节向旅游者交付的资料、物品应符合 GB/T 31385、GB/T 31386 中的相关要求。

6.1.2 与旅游安全、文明旅游相关的资料

对与旅游安全、文明旅游相关的重要事项，应当向旅游者交付书面文件等形式的资料。重要信息在资料中应以加大字号、醒目色标注等处理方式以引起旅游者重视。如：可能严重危及旅游者人身、财产安全的旅游风险提示、多发旅游风险的提示、安全避险措施等重要安全提示内容。

6.1.3 旅行社认为应当交付的其他内容

旅行社认为应当交付的其他内容取决于旅行社自身管理需求和产品特点。

6.2 告知内容

6.2.1 出发信息

旅行社应向旅游者重点解读旅游行程，特别注意说明双方在签订包价旅游合同时尚未明确的要素，包括：交通工具的营运编号（如飞机航班号等）、集合出发的时间地点、必要的履行辅助人信息、团队标志（如导游旗、游客标志物）等。

6.2.2 重要联络信息

旅行社应告知旅游者，并提醒其在旅游过程中全程携带的重要联络信息：

a）旅行社操作部门、销售部门相关工作人员、团队领队或全陪姓名及联络方式等信息；
b）地接社及其工作人员（如地陪导游员）联络方式等信息；
c）为游客提供保险产品的保险公司联络信息；
d）遇到紧急情况时的应急联络方式。出境旅游产品还应向旅游者告知我国驻外使、领馆应急联络方式；
e）应该或能够在行程中为旅游者提供安全保障的其他机构或人员信息。

6.2.3 行前准备事项

告知旅游者国内、外运输管理相关法律、法规、行李托运须知、出入境物品管理相关法律、法规等对旅游者乘坐交通工具，托运行李，出、入国境有影响的事项，提示旅游者提前做好相应准备。

6.2.4 旅游目的地相关信息

提示旅游者旅游目的地（国家或地区）历史、地理、气候、人文风俗等信息及相关注意事项。

6.2.5 文明旅游提示

对旅游者进行的文明旅游提示应包括：

a）旅游者应当注意的旅游目的地相关法律、法规和风俗习惯、宗教禁忌等；
b）易因不了解而引起误会、冒犯、争端或遭受非议的其他事项；
c）除上述提示外，出境旅游团队还应提示国家出入境管理相关法律、法规，以及依照中国法律不宜参加的活动。

6.2.6 旅游者不适合参加旅游活动的情形

除一般旅行安全注意事项外，旅行社应根据产品行程设计内容，有针对性地提示行程中存在一定风险的旅游项目，再次询问旅游者健康状况，提示旅游者不适合参加旅游活动的情形。

6.2.7 重大安全警示

旅行社应根据旅游目的地、行程安排的差异性，就以下事项对旅游者进行说明：
a）行程中旅游者可能接触到的、操作不当有可能造成旅游者人身伤害的相关设施、设备的正确使用方法；
b）必要的安全防范和应急措施；
c）行程中未向旅游者开放的经营、服务场所和设施、设备；
d）为保障安全，部分旅游者不适宜参加的活动。

6.2.8 突发事件应急处理预案

旅行社应：
a）告知旅游者，旅行社对突发事件的处理流程；
b）告知旅游者，有危及人身或财产安全的意外发生时，旅游者应联络的人员的顺序；
c）如旅游者为旅游活动投保了保险，应告知旅游者保障内容及出险时可采取的措施；
d）突发事件发生时，有利于旅游者保护自身安全的其他信息。

6.2.9 争议和投诉受理渠道

告知旅游者，当有争议发生时旅游者可通过何种渠道与方式维护自身利益，包括：
a）旅行社受理投诉的渠道及流程；
b）政府相关部门受理投诉的渠道及流程。

7. 服务流程

7.1 告知并获得旅游者确认

旅行社应在合同签署时告知旅游者行前说明服务提供的方式、时间等信息，并申明服务的重要性，促使旅游者参与。

7.2 获取旅游者参与记录

行前说明服务过程中，旅行社应获取旅游者参与活动的签字证明或其他形式的到场记录。

7.3 宣讲及交付相关资料

交付资料、物品和宣讲告知内容见本标准的6.1、6.2。

对所有交付给旅游者的书面告知内容，旅行社宜向旅游者收取接收确认，以保证信息能有效传达。

7.4 答疑

就旅游者提出的与产品或服务有关的问题，旅行社服务人员予以解答。

采取非见面服务形式的，可由旅行社在团队出发前按约定方式对旅游者提出的疑问予以解答。

7.5 存 档

旅行社应指派专人对行前说明服务过程中的重要资料、记录进行整理、存档。存档要求应符合《中华人民共和国旅游法》对旅游者资料保存的相关规定。

8. 服务改进

旅行社应按照 GB/T 19001 的要求，建立符合质量管理体系要求的服务监督和持续改进机制，从旅游者意见调查、旅游者投诉与建议信息中识别出与行前说明服务有关的信息，对服务流程、服务内容进行定期评审，使服务得到不断改进。

当以下情况发生时，旅行社还应立即组织对行前说明服务流程、标准进行针对性评审，以确保服务的有效性：

a）国家相关法律、法规、行业管理规定颁布或发生变化时；
b）旅游目的地国家或地区局势发生重大变化时；
c）旅游经济形式发生重大变化时；
d）行业管理部门或其他政府机构有要求时；
e）旅行社经营组织结构和质量管理体系发生重大变化时；
f）行前说明服务质量引起投诉或造成旅游者人身、财产损失等情况发生时。

中华人民共和国国家旅游局
2015 年 4 月 2 日发布

附录2
《领队导游引导文明旅游规范》

前 言

本规范按照 GB/T1.1—2009《标准化工作导则 第1部分：标准的结构和编写》给出的规则起草。

本规范由国家旅游局提出。

本规范由全国旅游标准化技术委员会（SAC/TC 210）归口。

本规范起草单位：国家旅游局监督管理司、中青旅控股股份有限公司。

本规范主要起草人：李京、李广、葛磊、赵晓宇、吕倩、李任芷、彭志凯、唐兵、汪黎明、孔磊、陈晨、熊涛、杨柳、秦明、王业娜。

1. 范围

本规范规定了旅行社组织、接待旅游（团）者过程中，导游员、出境旅游领队引导旅游者文明旅游的基本要求、具体内容和相应规范。

本规范适用于旅行社组织、接待的旅游（团）者，包括中国公民境内旅游、出境旅游，以及境外国家或地区到中国境内旅游的旅游（团）者。

2. 规范性引用文件

下列文件对于本文件的应用是必不可少的。凡是注日期的引用文件，仅注日期的版本适用于本文件。凡是不注日期的引用文件，其最新版本（包括所有的修改单）适用于本文件。

GB/T 15971-2010 导游服务规范

LB/T 005　旅行社出境旅游服务规范

LB/T 008　旅行社服务通则

3. 术语和定义

3.1　导游员 tour guide

符合上岗资格的法定要求，接受旅行社委派，直接为旅游团（者）提供向导、讲解及旅游服务的人员。导游员包括全程陪同导游员和地方陪同导游员。

本定义依据 GB/T 15971-2010 导游服务规范。

3.2　出境旅游领队 outbound tour escort

依法取得从业资格，受组团社委派，全权代表组团社带领旅游团出境旅游，监督境外接待旅行社和导游人员等执行旅游计划，并为旅游者提供出入境等相关服务的工作人员。

本定义依据 LB/T 005 旅行社出境旅游服务规范

3.3　旅　行　社 travel service

从事招徕、组织、接待旅游者等活动，为旅游者提供相关旅游服务，开展旅游业务的企业法人。

4. 总体要求

4.1　引导的基本要求

4.1.1　一岗双责

4.1.1.1　导游领队人员应兼具为旅游者提供服务，与引导旅游者文明旅游两项职责。

4.1.1.2　导游领队人员在引导旅游者文明旅游过程中应体现服务态度、坚持服务原则，在服务旅游者过程中应包含引导旅游者文明旅游的内容。

4.1.2　掌握知识

4.1.2.1　导游领队人员应具备从事导游领队工作的基本专业知识和业务技能。

4.1.2.2　导游领队人员应掌握我国旅游法律、法规、政策以及有关规范性文件关于文明旅游的规定和要求。

4.1.2.3　导游领队人员应掌握基本的文明礼仪知识和规范。

4.1.2.4　导游领队人员应熟悉旅游目的地法律规范、宗教信仰、风俗禁忌、礼仪知识、社会公德等基本情况。

4.1.2.5　导游领队人员应掌握必要的紧急情况处理技能。

4.1.3　率先垂范

4.1.3.1　导游领队人员在工作期间应以身作则，遵纪守法，恪守职责，体现良好的职业素养和职业道德，为旅游者树立榜样。

4.1.3.2　导游领队人员在工作期间应注重仪容仪表、衣着得体，展现导游领队职业群体的良好形象。

4.1.3.3　导游领队人员在工作期间应言行规范，举止文明，为旅游者做出良好示范。

4.1.4　合理引导

4.1.4.1　导游领队人员对旅游者文明旅游的引导应诚恳、得体。

4.1.4.2　导游领队人员应有维护文明旅游的主动性和自觉性，关注旅游者的言行举止，在适当时机对旅游者进行相应提醒、警示、劝告。

4.1.4.3　导游领队人员应积极主动营造轻松和谐的旅游氛围，引导旅游者友善共处、互帮互助，引导旅游者相互督促、友善提醒。

4.1.5　正确沟通

4.1.5.1　在引导时，导游领队人员应注意与旅游者充分沟通，秉持真诚友善原则，增强与旅游者之间的互信，增强引导效果。

4.1.5.2　对旅游者的正确批评和合理意见，导游领队人员应认真听取，虚心接受。

4.1.6　分类引导

4.1.6.1 针对不同旅游者的引导

a. 在带团工作前，导游领队人员应熟悉团队成员、旅游产品、旅游目的地的基本情况，为恰当引导旅游者做好准备。

b. 对未成年人较多的团队，应侧重对家长的引导，并需特别关注未成年人特点，避免损坏公物、喧哗吵闹等不文明现象发生。

c. 对无出境记录旅游者，应特别提醒旅游目的地风俗禁忌和礼仪习惯，以及出入海关、边防（移民局）的注意事项，提前告知和提醒。

d. 旅游者生活环境与旅游目的地环境差异较大时，导游领队应提醒旅游者注意相关习惯、理念差异，避免言行举止不合时宜而导致的不文明现象。

4.1.6.2 针对不文明行为的处理

a. 对于旅游者因无心之过而与旅游目的地风俗禁忌、礼仪规范不协调的行为，应及时提醒和劝阻，必要时协助旅游者赔礼道歉。

b. 对于从事违法或违反社会公德活动的旅游者，或从事严重影响其他旅游者权益的活动，不听劝阻、不能制止的，根据旅行社的指示，导游领队可代表旅行社与其解除旅游合同。

c. 对于从事违法活动的旅游者，不听劝阻、无法制止，后果严重的，导游领队人员应主动向相关执法、管理机关报告，寻求帮助，依法处理。

4.2 引导的主要内容

4.2.1 法律法规

导游领队人员应将我国和旅游目的地国家和地区文明旅游的有关法律规范和相关要求向旅游者进行提示和说明，避免旅游者出现触犯法律的不文明行为；引导旅游者爱护公物、文物，遵守交通规则，尊重他人权益。

4.2.2 风俗禁忌

导游领队人员应主动提醒旅游者尊重当地风俗习惯、宗教禁忌。在有支付小费习惯的国家和地区，应引导旅游者以礼貌的方式主动向服务人员支付小费。

4.2.3 绿色环保

导游领队人员应向旅游者倡导绿色出游、节能环保，宜将具体环保常识和方法向旅游者进行说明。引导旅游者爱护旅游目的自然环境，保持旅游场所的环境卫生。

4.2.4 礼仪规范

导游领队人员应提醒旅游者注意基本的礼仪规范：仪容整洁，遵序守时，言行得体。提醒旅游者不在公共场合大声喧哗、违规抽烟，提醒旅游者依序排队、不拥挤争抢。

4.2.5 诚信善意

导游领队人员应引导旅游者在旅游过程中保持良好心态，尊重他人、遵守规则、恪守契约、包容礼让，展现良好形象。通过旅游提升文明素养。

5. 具体规范

5.1 出行前

5.1.1 导游领队应在出行前将旅游文明需要注意的事项以适当方式告知旅游者。

5.1.2 导游领队参加行前说明会的，宜在行前说明会上，向旅游者讲解《中国公民国内旅游文明行为公约》或《中国公民出境旅游文明行为指南》，提示基本的文明旅游规范，并将旅游目的地的法律法规、宗教信仰、风俗禁忌、礼仪规范等内容系统、详细告知旅游者，使旅游者在出行前具备相应知识，为文明旅游做好准备。

5.1.3 不便于召集行前说明会或导游领队不参加行前说明会的，导游领队宜向旅游者发送电子邮件、传真或通过电话沟通等方式，将文明旅游的相关注意事项和规范要求进行说明和告知。

5.1.4 在旅游出发地机场、车站等集合地点，导游领队应将文明旅游事项向旅游者进行重申。

5.1.5 如旅游产品具有特殊安排，如乘坐的廉价航班上不提供餐饮、入住酒店不提供一次性洗漱用品的，导游领队应向旅游者事先告知和提醒。

5.2 登机（车、船）与出入口岸

5.2.1 导游领队应提醒旅游者提前办理检票、安检、托运行李等手续，不携带违禁物品。

5.2.2 导游领队应组织旅游者依序候机（车、船），并优先安排老人、未成年人、孕妇、残障人士。

5.2.3 导游领队应提醒旅游者不抢座、不占位，主动将上下交通工具方便的座位让给老人、孕妇、残障人士和带婴幼儿的旅游者。

5.2.4 导游领队应引导旅游者主动配合机场、车站、港口以及安检、边防（移民局）、海关的检查和指挥。与相关工作人员友好沟通，避免产生冲突，携带需要申报的物品，应主动申报。

5.3 乘坐公共交通工具

5.3.1 导游领队宜利用乘坐交通工具的时间，将文明旅游的规范要求向旅游者进行说明和提醒。

5.3.2 导游领队应提醒旅游者遵守和配合乘务人员指示，保障交通工具安全有序运行；如乘机时应按照要求使用移动电话等电子设备。

5.3.3 导游领队应提醒旅游者乘坐交通工具的安全规范和基本礼仪，遵守秩序，尊重他人：如乘机（车、船）时不长时间占用通道或卫生间，不强行更换座位，不强行开启安全舱门。避免不文雅的举止，不无限制索要免费餐饮等。

5.3.4 导游领队应提醒旅游者保持交通工具内的环境卫生，不乱扔乱放废弃物。

5.4 住宿

5.4.1 导游领队应提醒旅游者尊重服务人员，服务人员问好时要友善回应。

5.4.2 导游领队应指引旅游者爱护和正确使用住宿场所设施设备，注意维护客房和公用空间的整洁卫生，提醒旅游者不在酒店禁烟区域抽烟。

5.4.3 导游领队应引导旅游者减少一次性物品的使用，减少环境污染，节水节电。

5.4.4 导游领队应提醒旅游者在客房区域举止文明，如在走廊等公共区域衣着得体，出入房间应轻关房门，不吵闹喧哗，宜调小电视音量，以免打扰其他客人休息。

5.4.5 导游领队应提醒旅游者在客房内消费的，应在离店前主动声明并付费。

5.5 餐饮

5.5.1 导游领队应提醒旅游者注意用餐礼仪，有序就餐，避免高声喧哗干扰他人。

5.5.2 导游领队应引导旅游者就餐时适量点用，避免浪费。

5.5.3 导游领队应提醒旅游者自助餐区域的食物、饮料不能带离就餐区。

5.5.4 集体就餐时，导游领队应提醒旅游者正确使用公共餐具。

5.5.5 旅游者如需在就餐时抽烟，导游领队应指示旅游者到指定抽烟区域就座，如就餐区禁烟的，应遵守相关规则。

5.5.6 就餐环境对服装有特殊要求的，导游领队应事先告知旅游者，以便旅游者准备。

5.5.7 在公共交通工具或博物馆、展览馆、音乐厅等场所，应遵守相关规则，勿违规饮食。

5.6 游览

5.6.1 导游领队宜将文明旅游的内容融合在讲解词中，进行提醒和告知。

5.6.2 导游领队应提醒旅游者遵守游览场所规则，依序文明游览。

5.6.3 在自然环境中游览时，导游领队应提示旅游者爱护环境、不攀折花草、不惊吓伤害动物，不进入未开放区域。

5.6.4 观赏人文景观时，导游领队应提示旅游者爱护公物、保护文物，不攀登骑跨或胡写乱划。

5.6.5 在参观博物馆、教堂等室内场所时，导游领队应提示旅游者保持安静，根据场馆要求规范使用摄影摄像设备。不随意触摸展品。

5.6.6 游览区域对旅游者着装有要求的（如教堂、寺庙、博物馆、皇宫等），导游领队应提前一天向旅游者说明，提醒准备。

5.6.7 导游领队应提醒旅游者摄影摄像时先后有序，不妨碍他人。如需拍摄他人肖像或与他人合影，应征得同意。

5.7 娱乐

5.7.1 导游领队应组织旅游者安全、有序、文明、理性参与娱乐活动。

5.7.2 导游领队应提示旅游者观赏演艺、比赛类活动时遵守秩序：如按时入场、有序出入。中途入场或离席以及鼓掌喝彩应合乎时宜。根据要求使用摄像摄影设备，慎用闪光灯。

5.7.3 导游领队应提示旅游者观看体育比赛时，尊重参赛选手和裁判，遵守赛场秩序。

5.7.4 旅游者参加涉水娱乐活动的，导游领队应事先提示旅游者听从工作人员指挥，注意安全，爱护环境。

5.7.5 导游领队应提示旅游者在参加和其他旅游者、工作人员的互动活动时，文明参与、大方得体，并在活动结束后对工作人员表示感谢，礼貌话别。

5.8 购物

5.8.1 导游领队应提醒旅游者理性、诚信消费，适度议价，善意待人，遵守契约。

5.8.2 导游领队应提醒旅游者遵守购物场所规范，保持购物场所秩序，不哄抢喧哗，试吃试用商品应征得同意，不随意占用购物场所非公共区域的休息座椅。

5.8.3 导游领队应提醒旅游者尊重购物场所购物数量限制。

5.8.4 在购物活动前，导游领队应提醒旅游者购物活动结束时间和购物结束后的集合地点，避免旅游者迟到、拖延而引发的不文明现象发生。

5.9 如厕

5.9.1 在旅游过程中，导游领队应提示旅游者正确使用卫生设施；在如厕习惯特别的国家或地区，或卫生设施操作复杂的，导游领队应向旅游者进行相应说明。

5.9.2 导游领队应提示旅游者维护卫生设施清洁、适度取用公共卫生用品，并遵照相关提示和说明不在卫生间抽烟或随意丢弃废弃物、不随意占用残障人士专用设施。

5.9.3 在乘坐长途汽车前，导游领队应提示旅游者行车时间，提醒旅游者提前上卫生间。在长途行车过程中，导游领队应与司机协调，在中途安排停车如厕。

5.9.4 游览过程中，导游领队应适时提示卫生间位置，尤其应注意引导家长带领未成年人使用卫生间，不随地大小便。

5.9.5 在旅游者众多的情况下，导游领队应引导旅游者依序排队使用卫生间，并礼让急需的老人、未成年人、残障人士。

5.9.6 在野外无卫生间等设施设备的情况下，导游领队应引导旅游者在适当的位置如厕，避免污染水源或影响生态环境。并提示旅游者填埋、清理废弃物。

6. 特殊/突发情况处理

6.1 旅游过程中遭遇特殊/突发情况，如财物被抢被盗、重大传染性疾病、自然灾害、交通工具延误等情形，导游领队应沉着应对，冷静处理。

6.2 需要旅游者配合相关部门处理的，导游领队应及时向旅游者说明，进行安抚劝慰，导游领队还应积极协助有关部门进行处理。在突发紧急情况下，导游领队应立即采取应急措施，避免损失扩大，事态升级。

6.3 导游领队应在旅游者和相关机构和人员发生纠纷时，及时处理、正确疏导，引导旅游者理性维权、化解矛盾。

6.4 遇旅游者采取拒绝上下机（车、船）、滞留等方式非理性维权的，导游领队应与旅游者进行沟通、晓以利害。必要时应向驻外使领馆或当地警方等机构报告，寻求帮助。

7. 总结反馈

7.1 旅游行程全部结束后，导游领队向旅行社递交的带团报告或团队日志中，宜有总结和反馈文明旅游引导工作的内容，以便积累经验并在导游领队人员中进行培训、分享。

7.2 旅游行程结束后，导游领队宜与旅游者继续保持友好交流，并妥善处理遗留问题。

7.3 对旅游过程中严重违背社会公德、违反法律规范，影响恶劣，后果严重的旅游者，导游领队人员应将相关情况向旅行社进行汇报，并通过旅行社将该旅游者的不文明行为向旅游管理部门报告，经旅游管理部门核实后，纳入旅游者不文明旅游记录。

7.4 旅行社、导游行业组织等机构应做好导游领队引导文明旅游的宣传培训和教育工作。

中华人民共和国国家旅游局
2015 年 4 月 2 日发布

附录 3
《旅行社出境旅游服务规范》

前　　言

本标准按照 GB/T 1.1－2009 给出的规则起草。

本标准代替 LB/T 005—2002《旅行社出境旅游服务质量》，与 LB/T 005—2002 相比，主要技术变化如下：

——；
——；
——。

本标准由全国旅游标准化技术委员会（SAC/TC 210）提出并归口。

本标准起草单位：国家旅游局质量规范与管理司、广州广之旅国际旅行社股份有限公司。

本标准主要起草人：李任芷、刘士军、汪黎明、刘莉莉、张源、郑烘、朱少东、虞国华、赵文志、钟妮、李晓慧。

本标准所代替标准历次版本发布情况为：

——LB/T 005—2002。

1. 范围

本标准规定了旅行社组织出境旅游活动所应具备的产品和服务质量的要求。

本标准适用于中华人民共和国境内旅行社提供的出境旅游业务。

2. 规范性引用文件

下列文件对于本文件的应用是必不可少的。凡是注日期的引用文件，仅注日期的版本适用于本文件。凡是不注日期的引用文件，其最新版本（包括所有的修改单）适用于本文件。

GB/T 15971－2010　导游服务规范

GB/T 16766　旅游业基础术语

GB/T 26359　旅游客车设施与服务规范

LB/T 008－2011　旅行社服务通则

LB/T 009－2011　旅行社入境旅游服务规范

3. 术语和定义

GB/T 15971-2010、GB/T 16766 和 LB/T 008-2011 界定的以及下列术语和定义适用于本文件。

3.1
组团社 outbound travel service
依法取得出境旅游经营资格的旅行社。

3.2
出境旅游 outbound tour
组团社组织的以团队旅游的方式，前往中国公布的旅游目的地国家/地区的旅行游览活动。

3.3
出境旅游领队 outbound tour escort
依法取得从业资格，受组团社委派，全权代表组团社带领旅游团出境旅游，监督境外接待旅行社和导游人员等执行旅游计划，并为旅游者提供出入境等相关服务的工作人员。

3.4
出境旅游产品 outbound tour product
组团社为出境旅游者提供的旅游线路及其相应服务。

3.5
旅游证件 tour certification
因私护照和/或来往港澳/台湾地区的通行证。

3.6
出境旅游合同 outbound tour contract
组团社与旅游者（团）双方共同签署并遵守、约定双方权利和义务的合同。

3.7
奖励旅游 incentive travel
组织为其业绩优秀的员工提供所需经费，并委托专业旅游机构（组团社）精心组织，以弘扬企业文化、传达组织对其员工的感谢与关怀为创意，以增强员工的荣誉感和企业凝聚力、刺激业绩增长形成良性循环为主要目的的旅游活动。

3.8
同业合作 travel agencies' community cooperation
组团社之间互为代理对方的出境旅游产品，或者组团社委托其零售商代理销售其出境旅游产品并代为招徕出境旅游者的业务合作活动。

4. 出境旅游产品

4.1 产品要求

组团社应编制并向旅游者提供《旅游线路产品说明书》（以下简称《说明书》）。《说明书》应符合 LB/T 008-2011 的要求。

4.2 设计要求

出境旅游产品设计除应满足 LB/T 008-2011 的要求外，还应：
a) 符合国家法律法规、部门规章、国家或行业标准的要求；
b) 突出线路的主题与特色，适时开发并推出新产品；
c) 优化旅游资源的配置与组合，控制旅游者消费成本；
d) 充分考虑旅游资源的时令性限制；
e) 确保旅游目的地及其游览/观光区域的可进入性；
f) 具有安全保障，正常情况下能确保全面履约，发生意外情况时有应急对策；
g) 产品多样化，能满足不同消费档次、不同品味的市场需求，符合旅游者的愿望。

5. 服务提供通用要求

5.1 总要求

5.1.1 组团社应在受控条件下提供出境旅游服务，以确保服务过程准确无误。为此，组团社应：
a) 下工序接受上工序工作移交时进行检验复核，以确认无误；
b) 确保其工作人员符合规定的资格要求和具备实现出境旅游服务所必需的能力，以证实自身的服务过程的质量保障能力和履约能力；
c) 确立有效的服务监督方法并组织实施；
d) 为有关工序提供作业指导书；
e) 提供适当的培训或其他措施，以使员工符合规定的资格要求并具备必需的能力；
f) 认真查验登记并妥善保管旅游者提供的相关旅游证件及资料，需要移交时保留移送交接记录。

5.1.2 组团社应安排旅游团队从国家开放口岸整团出入境，并按照出境旅游合同的约定，为旅游者提供服务。

在旅游过程中，组团社及其领队人员应：
a) 对可能危及旅游者人身、财产安全的因素：
1) 向旅游者作出真实的说明和明确的警示；
2) 采取防止危害发生的必要措施。
b) 尊重旅游者的人格尊严、宗教信仰、民族风格和生活习惯。

5.2 营销服务

5.2.1 门市部营业环境与销售人员

门市部营业环境与销售人员应符合 LB/T 008-2011 第 6 章的要求。

5.2.2 接受旅游者报名

接受旅游者报名时，营业销售人员除应符合 LB/T 008-2011 第 6 章的要求外，还应：
a) 向旅游者提供有效的旅游产品资料，并为其选择旅游产品提供咨询；
b) 告知旅游者填写出境旅游有关申请表格的须知和出境旅游兑换外汇有关须知；
c) 认真审验旅游者提交的旅游证件及相关资料物品，以使符合外国驻华使领馆的要求，对不适用或不符合要求的及时向旅游者退换；
d) 向旅游者/客户说明所报价格的限制条件，如报价的有效时段或人数限制等；

e) 对旅游者提出的参团要求进行评价与审查，以确保所接纳的旅游者要求均在组团社服务提供能力范围之内；

f) 与旅游者签订出境旅游合同及相关的补充协议，并提供《旅游线路产品说明书》作为旅游合同的附件；

g) 接受旅游者代订团队旅游行程所需机票和代办团队旅游行程所需签证/注的委托；

h) 计价收费手续完备，收取旅游费用后开具发票，账款清楚；

i) 提醒旅游者有关注意事项，并向旅游者推荐旅游意外保险；

j) 妥善保管旅游者在报名时提交的各种资料物品，交接时手续清楚；

k) 将经评审的旅游者要求和所作的承诺及时准确地传递到有关工序。

5.3 团队计调运作

5.3.1 旅游证件

组团社应确保旅游者提交的旅游证件在送签和移送过程中在受控状态下交接和使用。

5.3.2 境外接团社的选择与管理

5.3.2.1 组团社应对境外接团旅行社进行评审，在满足下列条件的旅行社中优先选用，并与其签订书面接团协议，以确保组团社所销售的旅游产品质量的稳定性：

a) 依法设立；

b) 在目的地国家/地区旅游部门指定或推荐的名单内；

c) 具有优良的信誉和业绩；

d) 有能够满足团队接待需要的业务操作能力；

e) 有能够满足团队接待需要的设施和设备；

f) 有能够满足团队接待需要且符合当地政府资质要求的导游人员队伍，并不断对其进行培养和继续教育，以使其不断提高其履行出境旅游合同约定的意识和服务技能，持续改进服务质量；

g) 订立了符合出境旅游合同要求的导游人员行为规范，并能在导游人员队伍中得到有效实施。

5.3.2.2 组团社应定期对境外接待社进行再评审，并建立境外接团社信誉档案。评审间隔不应超过1年。

5.3.2.3 相关的记录应予保存。

5.3.3 旅游签证/注

组团社应按照旅游者的委托和旅游目的地国驻华使领馆/我公安等部门的要求为旅游者代办团队旅游签证/注。对旅游者提交的自办签证/注，接收时应认真查验，以使符合外国驻华使领馆的要求。

代办签证/注过程中产生的相关交接记录应予保存。

5.3.4 团队计划的落实

组团社应根据其承诺/约定、旅游线路以及经评审的旅游者要求/委托，与有关交通运输、移民机关、接团社等有关部门/单位落实团队计划的各项安排/代办事项，确保准确无误。

组团社在落实团队计划过程中发现任何不适用的旅游者物品资料，应及时通知旅游者更换/更正。

与境外接待社落实团队接待计划确认信息的书面记录应予保存。

公商务旅游团队，组团社应与出团单位的联系人保持有效沟通，并对出团单位审定的方案进行评审并保存记录，以确保所需服务在组团社的提供能力范围内。超出能力范围的，应与出团单位协商解决。

团队计划落实妥当后，计调人员应做好如下工作并保存相应的移送交接记录：

a) 将如下信息如实告知领队人员，并提供相应的书面资料：
1) 团队计划落实情况，如团队行程；
2) 团队名单；
3) 旅游者的特殊要求。

b) 向领队移交：
1) 团队的旅游证件；
2) 团队机票；
3) 团队出入国境时需使用的有关表格；
4) 公安边检查验用的团队名单表（需要时）；
5) 另纸签证（需要时）；
6) 团队的其他相关资料。

5.3.5 行前说明会

出团前，组团社应召开出团行前说明会。在会上，组团社应向旅游者：

a) 重申出境旅游的有关注意事项以及外汇兑换事项与手续等；
b) 发放并重点解读根据《旅游产品计划说明书》细化的《行程须知》；
c) 发放团队标识和《游客旅游服务评价表》；

注：参照 LB/T 009-2011 附录 C 给出的参考样式。

d) 详实说明各种由于不可抗力/不可控因素导致组团社不能（完全）履行约定的情况，以取得旅游者的谅解。

《行程须知》除细化并如实补充告知《说明书》中交通工具的营运编号（如飞机航班号等）和集合出发的时间地点以及住宿的饭店名称外，还应列明：

a) 前往的旅游目的地国家或地区的相关法律法规知识和有关重要规定、风俗习惯以及安全避险措施；
b) 境外收取小费的惯例及支付标准；
c) 组团社和接团社的联系人和联络方式；
d) 遇到紧急情况的应急联络方式（包括我驻外使领馆的应急联络方式）。

5.3.6 国内段接送旅游汽车

国内段接送旅游汽车应符合 GB/T 26359 的要求。

5.4 领队接待服务

5.4.1 总要求

出境旅游团队应配备符合法定资质的领队。

5.4.2 领队素质要求

领队人员应：

a) 符合 GB/T 15971—2010 要求的基本素质；

b）切实履行领队职责、严格遵守外事纪律；
c）已考取领队证并具备：
1）英语或目的地国家/地区语言表达能力；
2）导游工作经验和实操能力；
3）应急处理能力。

5.4.3 领队职责

领队应：

a）维护旅游者的合法权益；
b）与接待社共同实施旅游行程计划，协助处理旅游行程中的突发事件、纠纷及其他问题；
c）为旅游者提供旅游行程的相关服务；
d）代表组团社监督接待社和当地导游的服务质量；
e）自觉维护国家利益和民族尊严，并提醒旅游者抵制任何有损国家利益和民族尊严的言行；
f）向旅游者说明旅游目的地的法律法规、风土人情及风俗习惯等。

5.4.4 领队服务规范

5.4.4.1 通则

领队服务应符合 GB/T 15971—2010 的相关要求。

领队应认真履行领队职责（见5.4.3），按旅游合同的约定完成旅游行程计划。

5.4.4.2 出团准备

领队接收计调人员移交的出境旅游团队资料时应认真核对查验。

注：出境旅游团队资料通常包括团队名单表、出入境登记卡、海关申报单、旅游证件、旅游签证/签注、交通票据、接待计划书、联络通讯录等。

领队应提前到达团队集合地点，召集、率领团队按时出发，并在适当的时候代表组团社致欢迎词。

5.4.4.3 出入境服务

领队应告知并向旅游者发放通关时应向口岸的边检/移民机关出示/提交的旅游证件和通关资料（如：出入境登记卡、海关申报单等），引导团队依次通关。

向口岸的边检/移民机关提交必要的团队资料（如：团队名单、团体签证、出入境登记卡等），并办理必要的手续。

领队应积极为旅游团队办妥乘机和行李托运的的有关手续，并依时引导团队登机。

飞行途中，领队应协助机组/空乘人员向旅游者提供必要的帮助和服务。

5.4.4.4 旅行游览服务

领队应按组团社与旅游者所签的旅游合同约定的内容和标准为旅游者提供符合 GB/T 15971—2010 要求的旅游行程接待服务，并督促接待社及其导游员按约定履行旅游合同。

入住饭店时，领队应向当地导游员提供团队住宿分房方案，并协助导游员办好入店手续。

在旅游途中，领队应：

a）积极协助当地导游为旅游者提供必要的帮助和服务；

b) 劝谕引导旅游者遵守当地的法律法规，尊重当地风俗习惯；
c) 随时注意团队安全。

旅游行程结束时，应通过向旅游者发放并回收《游客旅游服务评价表》征询旅游者对旅游行程服务的意见，并代表组团社致欢送词。

5.4.4.5 特殊/突发情况的处理

组团社应建立健全应急预案和应急处理机制，建立保持畅通的沟通渠道。

旅游者在旅游过程中遇到特殊困难、旅游者在境外滞留不归或出现特殊/突发情况，如事故伤亡、行程受阻、财物丢失或被抢被盗、重大传染性疾病、自然灾害等，领队应积极协助有关机构或直接作出有效的处理，并向我驻当地使领馆报告，获得帮助，以维护旅游者的合法权益。

注：GB/T 15971—2010 附录 A 提供了应急处理的原则。

6. 服务提供特别要求

6.1 奖励旅游

组团社应为组织者度身定做奖励旅游专项产品。奖励旅游产品应与组织者奖励旅游的创意和目的相匹配。组团社应参照本标准 5.3.4 条款的要求提供相关服务。

6.2 同业合作

6.2.1 导则

组团社之间或者组团社与其零售商之间，可依法建立批发与零售代理关系。

6.2.2 组团社

组织出团的组团社应：
a) 向负责收客的旅行社提供符合本标准第 4 章要求的旅游产品；
b) 向负责收客的旅行社招徕的旅游者提供符合本标准要求的出境旅游服务。

6.2.3 负责收客的旅行社

收客时，负责收客的旅行社应：
a) 向旅游者披露组团社，并使用组团社指定的旅游合同；
b) 向旅游者提供符合本标准要求的销售服务；
c) 销售旅游线路产品时使用该产品组团社的《说明书》；
d) 非经组团社同意，不向旅游者作出超出《说明书》范围的承诺。

6.2.4 转团

旅游团队因组团社原因不能按约成行，需将旅游者转到另外的组团社出团的，原签约的组团社应与旅游者签订转团合同，并与承担出团任务的组团社签订合作协议。

6.2.5 沟通

组团社、负责收客的旅行社与旅游者应保持有效的沟通，相关资料得到及时传递，客源交接的相关手续与信息清楚并保留相应的记录。

6.2.6 信誉档案

组团社与负责收客的旅行社应互建对方的信誉档案。

旅游者投诉时，属负责收客的旅行社自身责任所致的，负责收客的旅行社应及时作出处理；属组团社责任所致的，应及时会同组团社作出处理。

7. 服务质量的监督与改进

7.1 总要求

7.1.1 组团社应按照本标准的要求并参照 GB/T 19001 的要求建立出境旅游服务质量管理体系。

7.1.2 组团社应建立健全出境旅游服务质量检查机构和监督机制，依据本标准对出境旅游服务进行监督检查。

7.2 服务质量的监督

组团社应通过《游客旅游服务评价表》、《领队日志》、电话回访、对自身出境旅游产品的定期评价、每年度对地接社及其地陪的服务供方评价及其他方式认真听取各方面的意见；对收集到的旅游者反馈信息进行统计分析，了解旅游者对出境旅游服务的满意度。

7.3 服务质量的改进

7.3.1 组团社应根据旅游者的满意度对存在的质量问题进行分析，确定出现质量问题的原因。

7.3.2 组团社应针对出现质量问题的原因采取有效措施，防止类似问题再次发生，达到出境旅游服务质量的持续改进。

7.4 投诉处理

7.4.1 组团社对旅游者的投诉应认真受理、登记记录，依法作出处理。

7.4.2 组团社应设专职人员负责处理旅游者投诉。对于重大旅游投诉，组团社主要管理人员应亲自出面处理。

7.4.3 组团社应建立健全投诉档案管理制度。

中华人民共和国国家旅游局
2011 年 2 月 1 日发布

附录 4
《各国报警电话一览》

阿富汗

区号：0093

当地常用报警电话：100-119

阿联酋

区号：00971

当地常用报警电话：999

韩国

区号：0082

当地常用报警电话：112

菲律宾

区号：0063

当地常用报警电话：117

柬埔寨

区号：00855

当地常用报警电话：117

马来西亚

区号：0060

当地常用报警电话：112

马尔代夫

区号：00960

当地常用报警电话：119

缅甸

区号：0095

当地常用报警电话：199

尼泊尔

区号：00977

当地常用报警电话：100

日本

区号：0081

当地常用报警电话：110

泰国

区号：0066

当地常用报警电话：191

土耳其

区号：0090

当地常用报警电话：155

文莱

区号：00673

当地常用报警电话：993

新加坡

区号：0065

当地常用报警电话：999

印度

区号：0091

当地常用报警电话：100

印度尼西亚

区号：0062

当地常用报警电话：110

越南

区号：0084

当地常用报警电话：113

埃及

区号：0020
当地常用报警电话：122

津巴布韦

区号：00263
当地常用报警电话：995

肯尼亚

区号：00254
当地常用报警电话：112、999

毛里求斯

区号：00230
当地常用报警电话：999、112

南非

区号：0027
当地常用报警电话：10111

坦桑尼亚

区号：00255
当地常用报警电话：111、112

爱尔兰

区号：00353
当地常用报警电话：999

奥地利

区号：0043
当地常用报警电话：133

冰岛

区号：00354
当地常用报警电话：112

波兰

区号：0048

当地常用报警电话：997、112

英国

区号：0044

当地常用报警电话：999

丹麦

区号：0045

当地常用报警电话：112

德国

区号：0049

当地常用报警电话：110

俄罗斯

区号：007

当地常用报警电话：02

法国

区号：0033

当地常用报警电话：17

芬兰

区号：00358

当地常用报警电话：112

荷兰

区号：0031

当地常用报警电话：112、0900-8844

捷克

区号：00420

当地常用报警电话：158

卢森堡

区号：00352

当地常用报警电话：113

挪威

区号：0047

当地常用报警电话：112

葡萄牙

区号：00351
当地常用报警电话：112

瑞典

区号：0046
当地常用报警电话：112、11414

瑞士

区号：0041
当地常用报警电话：117

西班牙

区号：0034
当地常用报警电话：091

希腊

区号：0030
当地常用报警电话：100

匈牙利

区号：0036
当地常用报警电话：107

意大利

区号：0039
当地常用报警电话：112（宪兵）、113（警察）

阿根廷

区号：0054
当地常用报警电话：101

巴西

区号：0055
当地常用报警电话：190

美国

区号：001

当地常用报警电话：911

墨西哥

区号：0052

当地常用报警电话：066

澳大利亚

区号：0061

当地常用报警电话：000

斐济

区号：00679

当地常用报警电话：911、3311222

新西兰

区号：0064

当地常用报警电话：111

参考文献

[1] 黄荣鹏. 领队实务 [M]. 台湾：扬智文化事业股份有限公司，2012.
[2] 徐辉. 出境旅游领队实务 [M]. 北京：中国旅游出版社，2014.
[3] 徐辉. 国际旅游业对客服务艺术案例 [M]. 杭州：浙江科学技术出版社，2008.
[4] 李天元. 旅游学概论 [M]. 天津：南开大学出版社，2003.
[5] 中国旅游研究院. 中国出境旅游发展年度报告2015 [M]. 北京：旅游教育出版社，2015.
[6] 北京凤凰假期国际旅行社有限公司. 出境旅游操作实务 [M]. 北京：兵器工业出版社，2006.
[7] 曹银玲. 出境领队实务 [M]. 北京：旅游教育出版社，2012.
[8] 黄荣鹏. 观光导游与领队 [M]. 台湾：松根出版社，2013.
[9] 饶华清. 中国出境旅游目的地概况 [M]. 北京：中国人民大学出版社，2014.
[10] 石定乐，孙螺. 旅游跨文化交流 [M]. 北京：旅游教育出版社，2014.
[11] 王建民. 出境旅游领队实务（第四版）[M]. 北京：旅游教育出版社，2013.
[12] 周彩屏. 导游技能训练（第二版）[M]. 北京：高等教育出版社，2015.
[13] 杨天庆. 沿途导游掌中宝 [M]. 北京：旅游教育出版社，2007.
[14] 张瑞奇，刘原良. 领队与导游实务 [M]. 台湾：扬智文化事业股份有限公司，2013.
[15] 潘海颖，王菘. 酒水服务与酒吧经营 [M]. 武汉：华中科技大学出版社，2015.
[16] 仇向明，黄恢月. 出境旅游领队工作案例解析 [M]. 北京：旅游教育出版社，2008.
[17] 国家旅游局. 中国旅游年鉴 [M]. 北京：中国旅游出版社，1997－2015.
[18] 关肇远. 导游英语口语 Oral English for Tourist Guides [M]. 北京：高等教育出版社，2004.
[19] 姚宝荣. 模拟导游教程 A Simulated Course for Tour Guides [M]. 北京：旅游教育出版社，2007.
[20] 张延，张迅. 超越完美—国际导游理论与实务 Beyond Competence – Professional Operations of International Tour Guiding [M]. 北京：中国科学文化出版社，2003.
[21] 袁良平. 外国人品味杭州 Hang zhou from Foreigners' Perspectives [M]. 北京：科学普及出版社，2010.
[22] Alan A. Lew, Lawrence Yu, John Ap, Zhang Guangrui. *Tourism in China* [M]. American: The Haworth Hospitality Press. 2003.
[23] Haiyan Song, Kaye Chon. *Experiencing China: Travel Stories by Tourism Experts* [M]. Hongkong: The Hong Kong Polytechnic University School of Hotel & Tourism Management. 2008.
[24] http://www.cnta.com. 2015